LA BOÎTE À OUTILS du Commercial

2e édition

Pascale **BÉLORGEY**
Stéphane **MERCIER**

DUNOD

ISBN : 978-2-10-058761-2

5 rue Laromiguière, 75005 Paris
www.dunod.com

Remerciements

Pour cette seconde édition, nous tenons à remercier nos lecteurs et contributeurs pour la pertinence de leurs commentaires et le temps qu'ils nous ont consacré. Nous remercions tout particulièrement Christine Courvoisier-Baudez, Alizée et Coline Baudez, Yves Blanchard, Nicolas Dugay, Gilles Mounissens, Irianja Razafimihary, Philippe Petit, Nathan, Laurent Proux, Marc Corcos.

Nous sommes toujours redevables aux personnes qui nous ont aidés, soutenus, conseillés et encouragés lors de la rédaction de la première édition.

Nos familles et nos amis, qui nous ont fait confiance, nous ont encouragés et soutenus depuis les prémices de notre projet et jusqu'à la rédaction de la dernière ligne de ce livre.

Colette Bélorgey, pour ses relectures attentives et sa patience.

Sara Tucker pour son perfect English, qui a enrichi nos Insights de ses expressions idiomatiques.

Olivier Bélorgey, Bob Zywiecki, Alain Elorza pour leurs talents de photographes.

Les excellents commerciaux rencontrés sur notre route, les collègues et amis qui ont guidé notre réflexion et ont été source d'inspiration : Jean-Pierre Mercier, Frédéric Bonnin, Jérôme Brisebourg, Henri Fraisse, Marielle Jordan, Gaëlle Menin-Urien, Gérard Collignon.

Vous pouvez retrouver les auteurs :

- par mail : baoducommercial@free.fr
- sur Facebook : http://fr-fr.facebook.com/pages/Stéphane-Mercier/128900483791820

Avant-propos

La fonction commerciale a fortement évolué en l'espace de quelques années. Avec le développement des nouvelles technologies qui impacte les habitudes d'achat des consommateurs en *B to C*, la recherche de marge et d'efficacité dans les secteurs *B to B*, les clients sont de plus en plus exigeants vis-à-vis de leurs interlocuteurs commerciaux. Ils attendent une vraie valeur ajoutée à la relation commerciale, des conseils personnalisés, une disponibilité étendue, une réactivité à toute épreuve. Stimulés par les développements technologiques rapides et les cycles de plus en plus courts de lancement de nouveaux produits, leurs besoins changent très vite.

Dans ce contexte mouvant, pour tirer votre épingle du jeu, vous devez aiguiser vos compétences commerciales :

› Organiser de façon plus rigoureuse votre activité commerciale, pour éviter la dispersion de votre temps et de vos moyens. Cela nécessite de choisir vos cibles avec pertinence, de définir votre approche commerciale en conséquence, de piloter votre activité pour garder le cap de votre stratégie.

› Optimiser vos entretiens commerciaux en les préparant de façon professionnelle. Vous devez sans cesse vous adapter à votre client, comprendre plus largement ses besoins et ses enjeux, prendre en compte son environnement, adapter votre offre et suivre vos affaires pour ne pas vous laisser distancer par la concurrence.

› Développer votre puissance de négociation pour faire face à la pression grandissante des acheteurs et satisfaire la rentabilité de votre propre entreprise. En comprenant mieux les processus d'achat et les tactiques de vos interlocuteurs et en préparant vos négociations très en amont dans le processus de vente, vous gagnerez en efficacité et augmenterez la marge de votre entreprise.

Vous trouverez dans cet ouvrage des outils ciblés en fonction des problématiques qui sont les vôtres. Nous vous souhaitons de prendre autant de plaisir et d'intérêt à le lire que nous en avons eu à l'écrire !

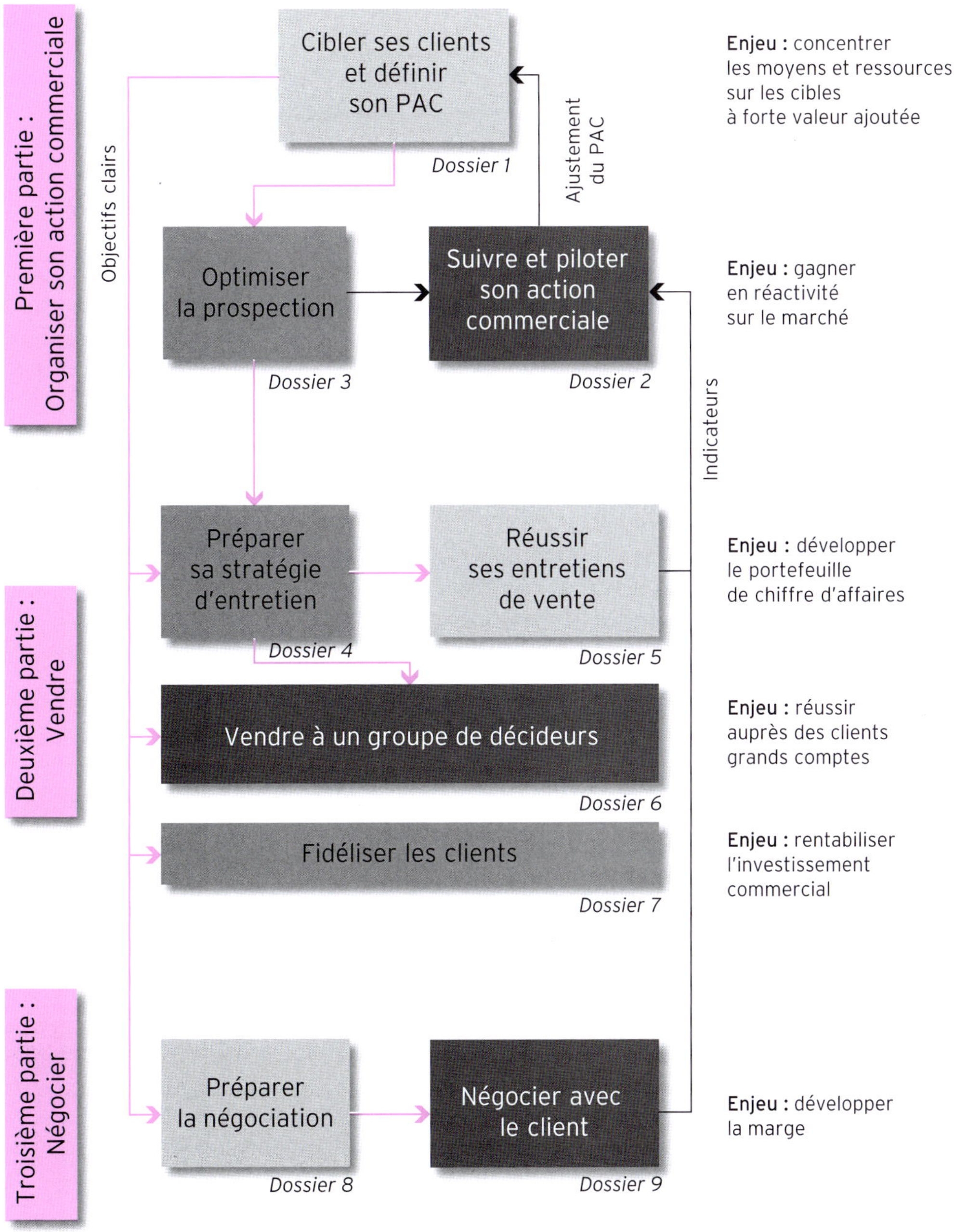
Première partie :
Organiser son action commerciale
Deuxième partie :
Vendre
Troisième partie :
Négocier
Objectifs clairs
Cibler ses clients et définir son PAC
Dossier 1
Ajustement du PAC
Enjeu : concentrer les moyens et ressources sur les cibles à forte valeur ajoutée
Optimiser la prospection
Dossier 3
Suivre et piloter son action commerciale
Dossier 2
Enjeu : gagner en réactivité sur le marché
Indicateurs
Préparer sa stratégie d'entretien
Dossier 4
Réussir ses entretiens de vente
Dossier 5
Enjeu : développer le portefeuille de chiffre d'affaires
Vendre à un groupe de décideurs
Dossier 6
Enjeu : réussir auprès des clients grands comptes
Fidéliser les clients
Dossier 7
Enjeu : rentabiliser l'investissement commercial
Préparer la négociation
Dossier 8
Négocier avec le client
Dossier 9
Enjeu : développer la marge

Sommaire

La Boîte à outils,
Mode d'emploi

Comment utiliser les QR codes de ce livre ?

1. Téléchargez un lecteur de QR code gratuit et ouvrez l'application de votre smartphone.
2. Photographiez le QR code avec votre mobile.
3. Découvrez les contenus interactifs sur votre smartphone.

Les outils sont classés par dossier

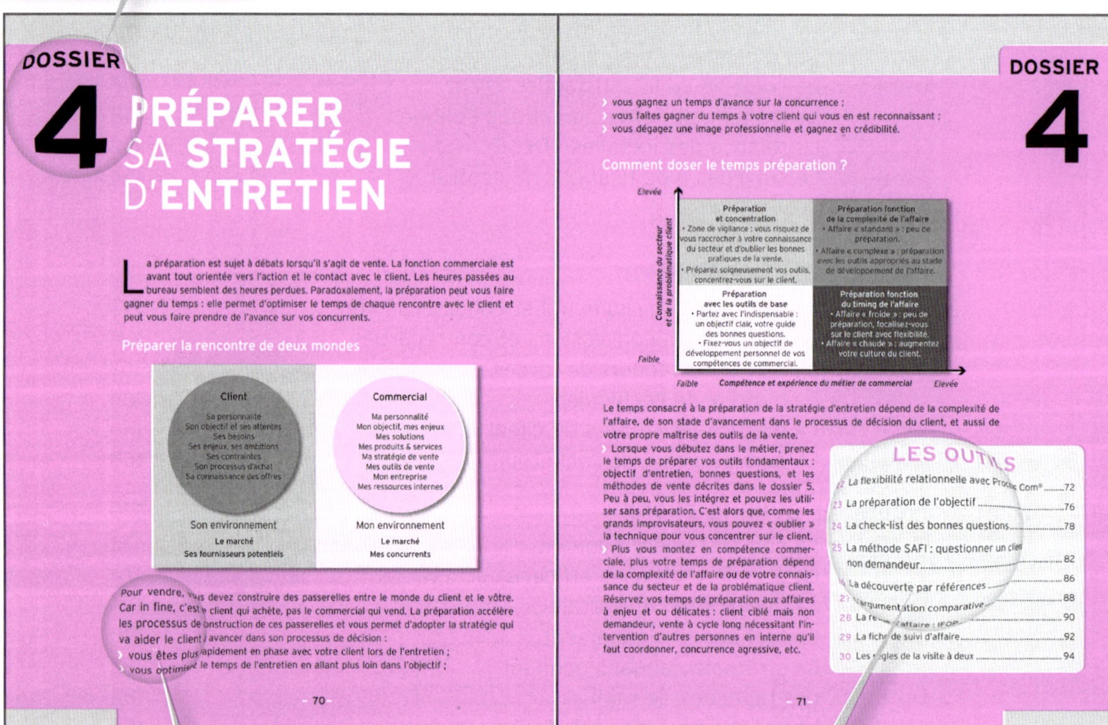
DOSSIER 4

PRÉPARER SA STRATÉGIE D'ENTRETIEN

La préparation est sujet à débats lorsqu'il s'agit de vente. La fonction commerciale est avant tout orientée vers l'action et le contact avec le client. Les heures passées au bureau semblent des heures perdues. Paradoxalement, la préparation peut vous faire gagner du temps : elle permet d'optimiser le temps de chaque rencontre avec le client et peut vous faire prendre de l'avance sur vos concurrents.

Préparer la rencontre de deux mondes

Pour vendre, vous devez construire des passerelles entre le monde du client et le vôtre. Car in fine, c'est le client qui achète, pas le commercial qui vend. La préparation accélère les processus de construction de ces passerelles et vous permet d'adopter la stratégie qui va aider le client à avancer dans son processus de décision :

- vous êtes plus rapidement en phase avec votre client lors de l'entretien ;
- vous optimisez le temps de l'entretien en allant plus loin dans l'objectif ;

- 70 -

DOSSIER 4

- vous gagnez un temps d'avance sur la concurrence ;
- vous faites gagner du temps à votre client qui vous en est reconnaissant ;
- vous dégagez une image professionnelle et gagnez en crédibilité.

Comment doser le temps préparation ?

Le temps consacré à la préparation de la stratégie d'entretien dépend de la complexité de l'affaire, de son stade d'avancement dans le processus de décision du client, et aussi de votre propre maîtrise des outils de la vente.

- Lorsque vous débutez dans le métier, prenez le temps de préparer vos outils fondamentaux : objectif d'entretien, bonnes questions, et les méthodes de vente décrites dans le dossier 5. Peu à peu, vous les intégrez et pouvez les utiliser sans préparation. C'est alors que, comme les grands improvisateurs, vous pouvez « oublier » la technique pour vous concentrer sur le client.
- Plus vous montez en compétence commerciale, plus votre temps de préparation dépend de la complexité de l'affaire ou de votre connaissance du secteur et de la problématique client. Réservez vos temps de préparation aux affaires à enjeu et ou délicates : client ciblé mais non demandeur, vente à cycle long nécessitant l'intervention d'autres personnes en interne qu'il faut coordonner, concurrence agressive, etc.

LES OUTILS

- 71 -

L'intérêt de la thématique vu par un expert

Un menu déroulant des outils

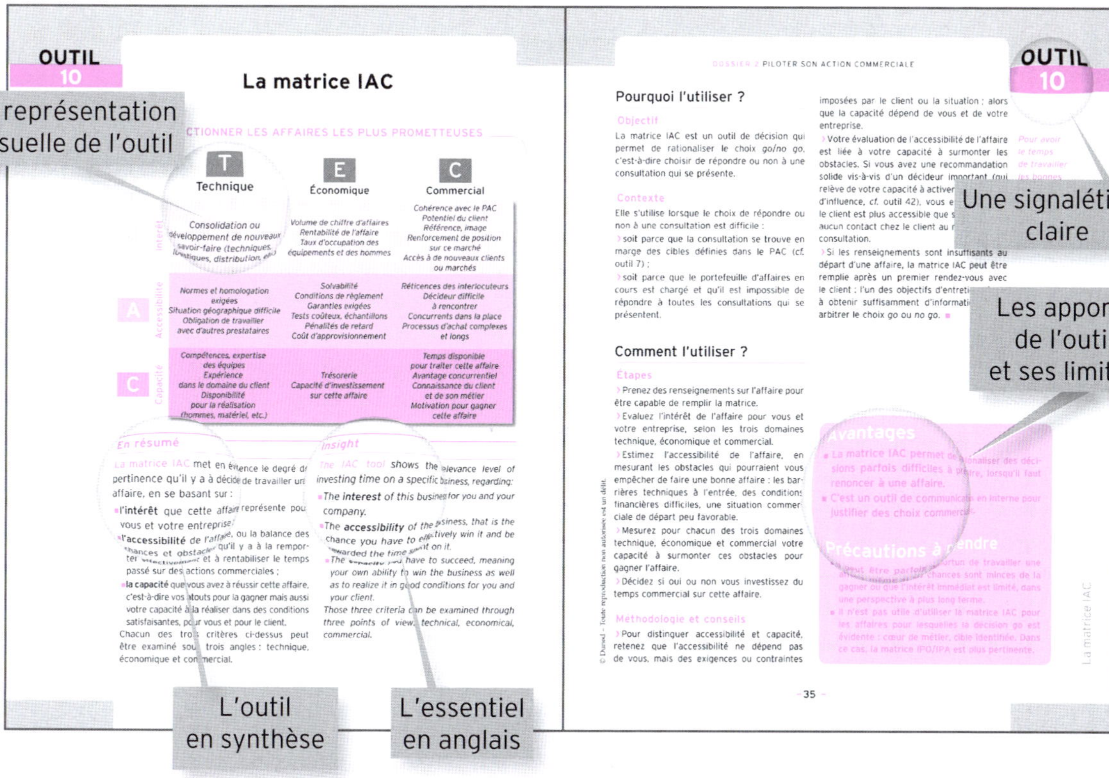
OUTIL 10
La matrice IAC
La représentation visuelle de l'outil
Une signalétique claire
Les apports de l'outil et ses limites
L'outil en synthèse
L'essentiel en anglais
Pourquoi l'utiliser ?
Comment l'utiliser ?
35

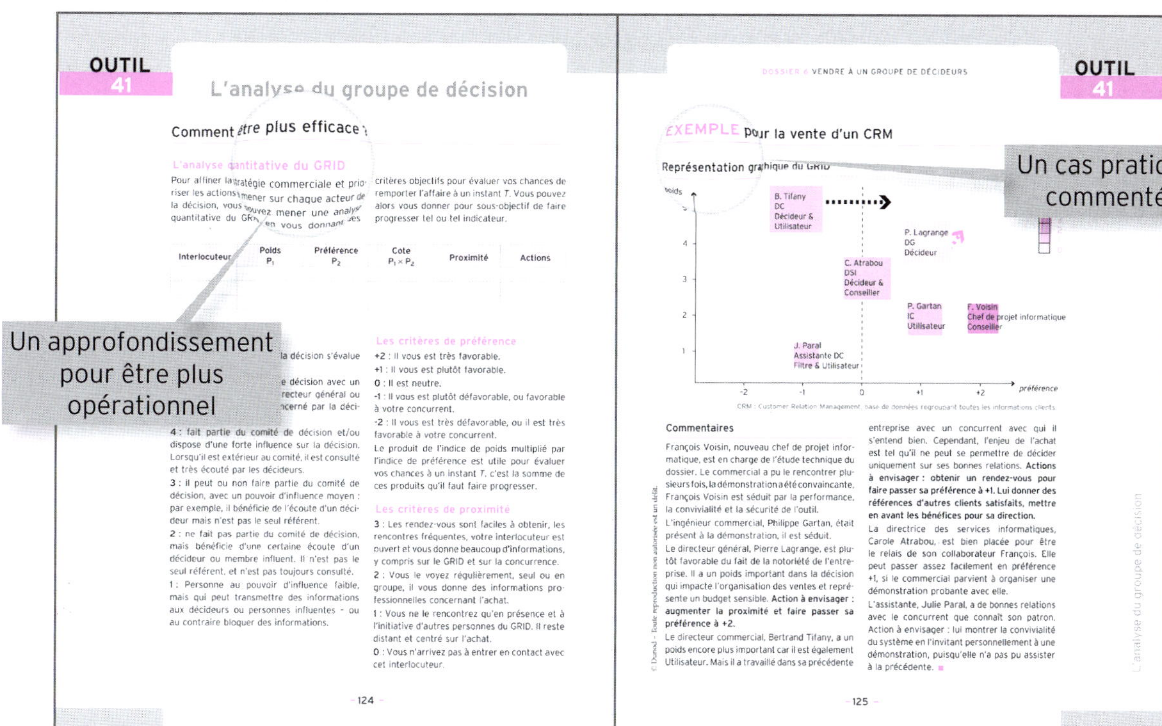
OUTIL 41
L'analyse du groupe de décision
Comment être plus efficace ?
Un approfondissement pour être plus opérationnel
EXEMPLE pour la vente d'un CRM
Un cas pratique commenté
Commentaires
124
125

1 CIBLER SES CLIENTS ET DÉFINIR SON PLAN D'ACTION COMMERCIALE

« Le marché est plus grand que nos rêves. »

Jack Welch, ancien PDG de General Electric

L'efficacité commerciale repose sur votre capacité à gérer vos ressources et à consacrer votre temps et votre énergie aux clients qui ont le plus de chances de vous donner le meilleur retour sur investissement. Il s'agit d'organiser la rencontre entre vos atouts sur votre marché et les attentes d'une clientèle choisie. Si ce travail de sélection est bien fait et le plan d'action commerciale rationnel, alors vos talents de vendeur pourront s'exprimer dans un contexte favorable que vous aurez vous-même créé.

Les étapes de l'élaboration du PAC (plan d'action commerciale)

Analyser les faits → Faire le diagnostic → Choisir les cibles → Définir le plan d'action

› **L'analyse des faits** repose sur deux clés de succès.

– Une **collecte** rigoureuse et complète des données commerciales : le listing des affaires gagnées mais aussi des affaires perdues, l'origine des affaires, le potentiel des clients, le niveau de marge et le volume de chaque affaire.

– Des **outils d'analyse** synthétiques et parlants, que vous découvrirez dans ce dossier.

› **Le diagnostic** reprend en synthèse les points forts et les faiblesses internes vis-à-vis d'un marché qui offre des opportunités mais qui présente aussi des menaces. La matrice EMOFF (ou SWOT) permet d'avoir cette vision d'ensemble et de commencer à dessiner la rencontre entre les prestations que vous avez à offrir et votre marché de manière à mettre toutes les chances de votre côté.

› **Le choix des cibles** est la partie la plus délicate du processus. Nombre de commerciaux éprouvent des difficultés à renoncer à certaines cibles. En conséquence, leurs actions se trouvent diluées, les ressources saupoudrées et les meilleures affaires sont prises par la concurrence. Les clients diront, en guise d'explication : « nous avons senti vos concurrents plus engagés, plus disponibles ». Pour réussir cette phase, procédez en deux étapes :

- Opérez une **projection dans le futur** à moyen terme, en vous posant les questions suivantes : « Quelles sont nos ambitions à 3 ans ? » ; « Quelle image voulons-nous que nos clients retiennent ? » ; « Sur quels marchés voulons-nous être les premiers ? ». Votre stratégie commerciale doit vous permettre de réaliser des ventes à court terme, mais aussi préparer le terrain pour assurer votre réussite à l'avenir.
- Faites des choix clairs, **sachez renoncer.** Commencez par noter vos cibles prioritaires, estimez le temps qu'il vous faudra dans l'année pour réussir avec elles.

› **Le plan d'action commerciale** est la traduction sous forme d'actions concrètes de votre stratégie commerciale. Il décrit le « comment » parvenir à atteindre vos cibles.

- Il doit être clair, synthétique et précis, concret.
- Il doit être communiqué à l'ensemble des collaborateurs *front* et *back office*, qui contribuent à l'efficacité commerciale ou à la fidélisation des clients, pour aligner toutes les forces de l'entreprise sur un même objectif et aider ces collaborateurs à prendre des initiatives pertinentes.

La nécessaire adaptation du PAC en cas d'imprévu

Le PAC donne les grandes orientations des actions à mener par rapport à des cibles choisies en début d'année. Il arrive que des événements viennent perturber ce bel alignement stratégique : par exemple, la perte d'un client majeur, la suppression d'une ligne de produit décidée par le marketing, un segment de clientèle secoué par une crise propre au secteur, etc.

Il est alors important de sélectionner quelques outils pertinents pour réagir et réactualiser le PAC à la nouvelle donne, sans forcément conduire toute l'analyse dans son intégralité :

- la matrice EMOFF pour analyser l'impact de l'événement ;
- la matrice ABC croisée pour choisir de nouvelles cibles à potentiel ;
- la matrice prestations/clienteles et la matrice de diversification pour travailler d'autres secteurs devenus plus porteurs que votre cible initiale.

LES OUTILS

La courbe ABC

LA LOI DE PARETO (OU LOI DES 80/20) APPLIQUÉE AU PORTEFEUILLE CLIENTS

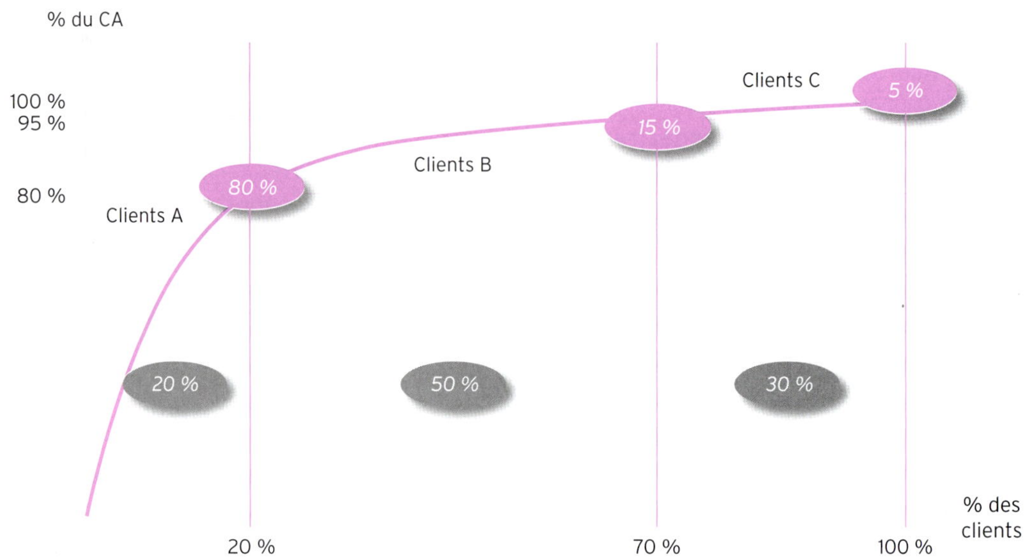

En résumé

La courbe ABC analyse la répartition des clients selon le volume de chiffre d'affaires. Un portefeuille client équilibré se répartit comme suit :

- 20 % des clients apportent 80 % du CA. Ce sont les plus gros clients, appelés **clients A** ;
- 50 % des clients - les clients de taille moyenne, ou **clients B** - contribuent pour 15 % du CA ;
- 30 % des clients - les petits clients ou **clients C** - apportent les derniers 5 % de CA.

Tout écart par rapport à cette statistique doit être analysé. Par exemple :

- si 5 % des clients apportent 80 % du CA la dépendance vis-à-vis de quelques gros clients peut s'avérer dangereuse ;
- si les clients B représentent 30 % et les clients C 50 %, il faut s'interroger sur l'optimisation des ressources commerciales engagées par rapport au résultat obtenu.

Insight

The ABC chart is used to analyse how the turnover is split up among clients, depending on the volume they generate. A well-balanced portfolio looks as follows:

- *20% of clients generate 80% of turnover. These are the biggest clients, they are called A clients.*
- *50% of clients - medium sized, called B clients - generate 15% of turnover.*
- *30% of clients - small ones or C clients - generate the remaining 5% of turnover.*

Any variation between reality and this statistic is worth analysing. For example:

- *If only 5% of the clients generate 80% of turnover, then dependency on too few clients can be dangerous.*
- *If B clients are only 30% when C clients are 50%, one should consider whether the sales force is being appropriately utilised, given the result obtained.*

http://goo.gl/1PRKk

Retrouvez en ligne un modèle de courbe ABC à compléter

Pourquoi l'utiliser ?

Objectif

La courbe ABC permet d'analyser l'équilibre du portefeuille clients pour adapter l'affectation des ressources commerciales :

› Rechercher de nouveaux clients pour éviter d'être dépendant d'un trop petit nombre.

› Rationnaliser l'efficacité commerciale en fonction du volume apporté par chaque segment de clientèle.

Contexte

Au moins une fois par an, pour conduire l'analyse préalable à l'élaboration du plan d'action commerciale.

Comment l'utiliser ?

Étapes

› Dans une feuille de calcul, inscrivez en 1e colonne le nom de vos clients, en 2e colonne le CA total réalisé avec chacun d'eux. Classez-les par CA décroissant.

› Pour chaque ligne client, calculez dans une 3e colonne le CA cumulé c'est-à-dire la somme des chiffres d'affaires de tous les clients jusqu'à cette ligne.

› Lorsque le CA cumulé représente 80 % de votre CA total, calculez le pourcentage de clients A en divisant le rang du client de cette ligne par le nombre total de clients. Le CA réalisé avec ce client est **le seuil de CA** qui sépare vos clients A de vos clients B.

› Lorsque vous arrivez en CA cumulé à 95 % de votre CA total, calculez le pourcentage de clients B.

› Le pourcentage de clients C est déduit par soustraction des pourcentages de A et B.

› Reportez sur une courbe vos résultats et analysez votre portefeuille :

– Suis-je en position de faiblesse vis-à-vis de certains clients qui pèsent lourd dans mon portefeuille ? Comment faire passer des clients B en catégorie A ?

– A contrario, si 80 % de mon CA est réalisé avec 40 % de mes clients, je dépense beaucoup d'énergie pour un résultat modeste. Je peux y remédier en augmentant le panier moyen de mes plus gros clients : quels sont ceux qui ont le plus fort potentiel ? Comment augmenter les ventes avec eux ?

– Comment gagner du temps avec les clients C ? Ont-ils tous la même importance ? Apportent-ils un volant d'affaire stable qui sécurise mes résultats ?

Un portefeuille équilibré sécurise le CA et optimise le résultat par rapport à l'énergie dépensée.

Méthodologie et conseils

› En cas d'écart important, prenez pour seuil de CA entre les clients B et C, un seuil calculé équivalent à 10 % du seuil entre clients A et B. ■

Avantages

- La courbe ABC peut être automatisée facilement sous tableur.
- Elle fournit en un coup d'œil une première analyse de l'efficacité commerciale en volume et les clés pour une réflexion.
- Son utilisation d'une période sur l'autre permet de mesurer l'efficacité du plan d'action commerciale.

Précautions à prendre

- Dans certains secteurs, des écarts peuvent être justifiés, lorsque structurellement le panier moyen des clients est faible. Cette éventualité ne doit pas masquer l'hypothèse d'un frein personnel : est-ce que je me donne les moyens de vendre plus aux clients à fort potentiel ?
- La courbe ABC donne une analyse statique en volume du portefeuille client. Des approches complémentaires sont nécessaires, pour tenir compte des notions de potentiel et de marge (*cf.* outils 2 et 3).

OUTIL 2

La matrice ABC croisée

CIBLER SES CLIENTS EN FONCTION DU VOLUME POTENTIEL DE CHIFFRE D'AFFAIRES

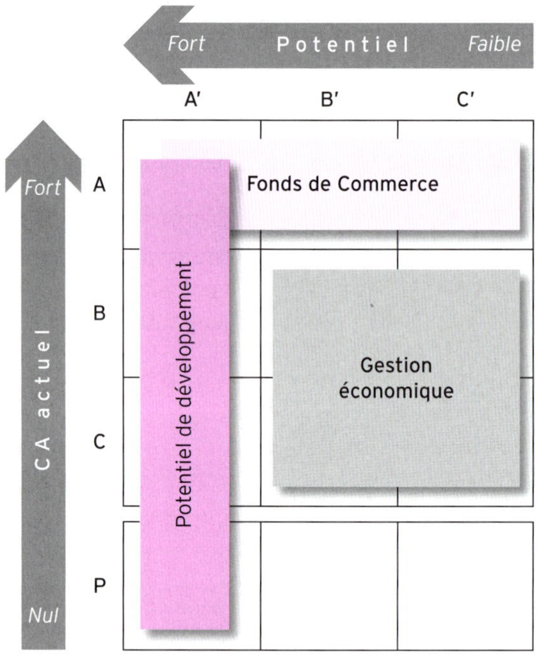

En résumé

La matrice ABC croisée met en perspective le chiffre d'affaires réalisé avec les clients et leur potentiel. Aux catégories de clients A, B, C définies par la courbe ABC (*cf.* outil 1) s'ajoutent les catégories A', B', C' qui regroupent les clients selon leur potentiel. Une ligne P pour prospects (CA actuel = 0) complète l'analyse du marché. Trois domaines se distinguent.

- Le **fond de commerce** : même si certains clients sont amenés à décroitre, ils restent une source de CA importante.
- Le **potentiel de développement** : c'est sur ces clients qu'il faut investir pour préparer l'avenir.
- Il faut **gérer à l'économie** les autres clients pour réserver les meilleures ressources commerciales au potentiel de développement.

Insight

The ABC matrix puts into perspective what turnover you do with your clients, and their potential. In addition to the ABC categories of the ABC curve (cf. tool 1), we find categories A', B', C' where the clients are classified according to their potential. A fourth line called P for prospects completes the chart. This creates three domains:

- *The **main business** should be cultivated, even if some of the clients are bound to decrease, because they are a major source of turnover.*
- *The **development potential** those clients are worth investing in, to secure future business.*
- *All other clients must be dealt with in an **economical way**, in order to save precious time and resources for investing in the development potential.*

http://goo.gl/1PRKk

Retrouvez en ligne un modèle de matrice ABC à compléter

Pourquoi l'utiliser ?

Objectif

La matrice ABC croisée permet de cibler les clients sur lesquels faire porter l'effort commercial, en fonction du potentiel qu'ils représentent pour l'avenir :

- les clients actuellement « moyens » BA' qui seront les plus gros clients de demain ;
- les petits clients CA' ou les prospects PA' pour constituer un vivier à plus long terme.

Contexte

Au moins une fois par an, à la suite de la courbe ABC, pour conduire l'analyse préalable à l'élaboration du plan d'action commerciale.

Comment l'utiliser ?

Étapes

- Le point de départ est la feuille de calcul utilisé pour la courbe ABC (*cf.* outil 1).
- Définissez ensuite des critères de potentiel et estimez pour chaque client le potentiel probable de la période à venir. Dans l'absolu, le potentiel d'un client correspond au CA total qu'il réalise dans votre secteur d'activité (c'est-à-dire la somme du CA réalisé avec vous et du CA réalisé avec vos concurrents directs), additionné de l'accroissement prévisible de ses achats dans ce même secteur du fait du développement de son activité.
- À l'intérieur de chaque catégorie A, B, C, effectuez un tri secondaire par ordre décroissant de potentiel. Reprenez les mêmes seuils pour délimiter les catégories A', B', C', que ceux que vous aviez calculés pour délimiter les catégories A, B, C.
- Reportez dans la matrice les noms de vos clients (et prospects) et procédez à l'analyse :
  - Quelle baisse de CA puis-je anticiper parmi mes clients fonds de commerce ?
  - La relève est-elle assurée par des clients BA' ? Y a-t-il des clients CA' actuellement sous-exploités ?
  - Comment réduire le temps passé avec les clients « gestion économique » ?

Méthodologie et conseils

Dégager du temps pour travailler les clients à fort potentiel.

- Essayez autant que possible de définir des critères objectifs de potentiel : par exemple le nombre de salariés d'une entreprise, son chiffre d'affaires ou le nombre de machines de tel type, etc.
- Pensez à poser des questions sur le potentiel lorsque vous rencontrez vos clients et alimentez votre base de données au fur et à mesure.
- Pour les secteurs *B to C* qui comptent un très grand nombre de clients, faites des catégories homogènes et effectuez l'analyse ABC croisée par segment de clientèle.
- Faites le total du nombre de visites que vous pouvez faire dans une année et attribuez un nombre de visites annuelles par client en fonction de son potentiel.
- Lorsque vous organisez vos visites clients, planifiez en priorité celles des clients A et A'. Arrangez-vous pour rencontrer les clients à potentiel plus faible du même secteur géographique pour optimiser le rapport déplacement/rentabilité du compte. ■

Avantages

- La matrice ABC croisée donne une vision claire des clients à prioriser.
- Très visuel, c'est un outil facile à exploiter pour communiquer sur les priorités commerciales en interne.

Précautions à prendre

- Au-delà du potentiel, il existe d'autres critères pour cibler les clients et l'utilisation d'outils complémentaires est nécessaire.

OUTIL 3

La matrice prestations/clientèles

REPÉRER LES COMBINAISONS LES PLUS RENTABLES

	Prestation de type 1	Prestation de type 2	Prestation de type 3	Etc.	TOTAL
Segment clientèle 1	2 000 k€ ☺ (faible rentabilité)	200 k€ ☹	150 k€ ☺ (faible rentabilité)		2 350 k€
Segment clientèle 2	200 k€ ☺ (faible rentabilité)	100 k€ ☹	300 k€ ☺		600 k€
Segment clientèle 3	100 k€ ☺	50 k€ ☺ (faible rentabilité)	50 k€ ☺		200 k€
Etc.					
TOTAL	2 300 k€	350 k€	500 k€		3 150 k€

☺ *Affaire rentable* ☺ (pâle) *Affaire à faible rentabilité* ☹ *Affaire non rentable*

En résumé

La matrice prestations/clientèles examine le résultat obtenu pour chaque combinaison associant un type donné de produits ou de prestations vendues avec un segment donné de clientèle.

Les critères d'analyse sont libres et peuvent combiner des éléments quantitatifs et qualitatifs : volume de chiffre d'affaires de chaque couple prestation/clientèle ; marge dégagée ; taux de transformation des affaires, etc.

La visualisation des lignes et des colonnes permet de repérer :

- les combinaisons gagnantes à développer ;
- les combinaisons, les prestations ou les segments de clientèle au résultat mitigé pour envisager un plan d'action correctif ;
- les combinaisons au résultat pénalisant, qui posent la question de l'abandon de la cible.

Insight

The offer/customer matrix shows the result of each product/service combination offered, when linked to a given customer segment. You are free to put into the matrix whatever criterion are most useful to you, whether quantitative or qualitative: Turnover volume. Margin achieved. Win rate, etc.

The lines and columns make it easy for you to spot:

- *Winning combinations to be developed.*
- *Combinations, offers or customer segments where the result is not good enough and for which a specific action plan should be determined.*
- *Combinations with a poor result which suggest you need to consider whether or not to abandon the relevant target.*

Pourquoi l'utiliser ?

Objectif

La matrice prestations/clientèles a pour but de visualiser les meilleures cibles : les prestations, les segments de clientèle les plus rentables et les combinaisons gagnantes. Cette analyse est utile pour faire des choix stratégiques de cibles.

Contexte

Au moins une fois par an, pour conduire l'analyse préalable à l'élaboration du plan d'action commerciale.

Comment l'utiliser ?

Étapes

› Regroupez par segments homogènes vos prestations d'une part, vos clients d'autre part, et disposez-les dans la matrice.

› Choisissez les critères qu'il vous semble pertinent d'analyser.

- Remplissez chaque case du tableau en attribuant la valeur du critère à chaque combinaison prestation/clientèle.

› Analysez le résultat de vos affaires :

- Quelles sont les combinaisons gagnantes à développer ? Les prestations à résultat positif que vous pouvez envisager de proposer à d'autres types de clients ? Les clients les plus rentables à qui vous pouvez proposer d'autres prestations ?
- Quelles sont les combinaisons, prestations ou segments de clientèles dont le résultat pourrait être amélioré moyennant un plan d'action ?
- Y a-t-il des combinaisons, des prestations ou des segments dont le résultat est insuffisant ? Quel serait le risque à abandonner la cible ? Quelles cibles développer à la place pour compenser la perte de chiffre d'affaires ?

Méthodologie et conseils

› Plutôt que des chiffres difficiles à appréhender en un seul coup d'œil, placez dans les cases des pictogrammes ou des couleurs : les points forts de votre matrice ressortiront parfaitement, ainsi que les cibles dilemmes.

› La mention du volume de chaque combinaison permet d'éviter d'écarter trop vite une cible dont le volume contribue à la rentabilité des équipements : il faut d'abord déterminer un plan d'action pour compenser le volume perdu avant de renoncer à la cible.

› Certains couples prestation/clientèle sont inexistants, parce qu'un segment de clientèle donné n'est pas forcément acheteur de toutes vos prestations.

› Vous pouvez modifier la segmentation de vos prestations selon ce que vous voulez étudier, pour tester le nouveau concept d'une option par exemple. ■

Il faut parfois savoir couper la branche malade pour redonner plus de sève aux jeunes pousses.

Avantages

- La matrice prestations/clientèles laisse libre les critères d'analyse, qui peuvent être multiples.
- Elle permet de dégager les premiers éléments pour envisager une diversification intelligente (*cf.* outil 4) avant de se séparer des cibles peu rentables.

Précautions à prendre

- Certaines combinaisons peu rentables méritent tout de même d'être conservées, selon des critères absents de la matrice : lorsqu'il faut rentabiliser des équipements ou des équipes et faire tourner un volume, ou lorsque la cible contribue à la construction de l'image de l'entreprise.

OUTIL 4

La matrice de diversification

SÉCURISER L'AVENIR EN DÉVELOPPANT DE NOUVEAUX BUSINESS

Savoir-faire techniques / Clientèles	Acquis	Dérivés	Nouveaux
Acquises	1 *Sans risque… mais ce marché est-il pérenne ?*	2 *Proposer des prestations connexes ou des solutions innovantes à des clients fidèles et prêts à accorder leur confiance.*	3 *Proposer des prestations nouvelles à des clients fidèles : attention au risque d'éroder leur confiance pour tester des solutions non stabilisées*
Dérivées	4 *Profiter des points forts acquis chez d'autres clients pour prospecter avec légitimité.*	5 *Des bases relativement solides pour acquérir une légitimité avec des moyens commerciaux de conquête importants : jouable.*	6 *Tester des nouvelles prestations sur une clientèle non acquise : sans risque sur le CA actuel, mais pénalisant pour une expansion future de type 4.*
Nouvelles	7 *Conquérir de nouveaux marchés sur la base d'une notoriété acquise dans un autre secteur : une légitimité à acquérir par des moyens de conquête importants.*	8 *Proposer des solutions innovantes pour conquérir un marché jusque-là inaccessible : nécessité de gros moyens pour un résultat incertain. Mesurer les risques financiers.*	9 *Risque de perte sèche de l'investissement pour conquérir ce marché inconnu sans légitimité : les réussites sont exceptionnelles.*

Matrice créée par Ansoff en 1957, étoffée par H. Fraisse dans *Le manuel de l'ingénieur d'affaire*, 4e éd., Dunod, 2004.

En résumé

La matrice de diversification étudie le degré de risque associé à différentes stratégies de croissance :

- du risque le plus faible au risque le plus fort à proposer sur le marché des produits ou prestations plus ou moins proches de l'offre actuelle ;
- du risque le plus faible au risque le plus fort à prospecter des clientèles plus ou moins proches des clients habituels.

Plus on s'éloigne sur chacun des deux axes des savoir-faire ou clientèles acquis, plus l'investissement de la conquête est lourd et le résultat incertain.

Insight

The diversification matrix shows the different risk levels for several growth strategies:

- *From the lowest to the highest risk, depending on the extent to which the products/services bear a resemblance to an existing offering.*
- *From the lowest to the highest risk, depending on the similarity between your existing customers and the new clientele to be targeted.*

The more you drift away from what you're used to on the two competency axes, the higher the investment in acquisition of new business, and the more uncertain the result.

Pourquoi l'utiliser ?

Objectif

La matrice de diversification permet de mesurer les risques liés à la conquête de nouvelles cibles commerciales, de nouvelles prestations ou de nouvelles typologies de clientèles.

Contexte

› La matrice de diversification s'utilise principalement dans un contexte de croissance.

› Elle est très utile lorsque à la suite d'une analyse de vos affaires et de votre portefeuille client (*cf.* outil 3), vous souhaitez reporter vos efforts commerciaux sur des cibles plus rentables et remplacer un chiffre d'affaires que vous vous apprêtez à abandonner.

Comment l'utiliser ?

Étapes

› Identifiez les clientèles dérivées et nouvelles liées à votre métier : par exemple, pour une entreprise qui vend des enrobés bitumineux, les hypermarchés sont dérivés des supermarchés, alors que les usines sont des clientèles nouvelles.

› Identifiez les prestations dérivées et nouvelles de votre activité : par exemple, si la fabrication de routes est l'activité traditionnelle, les parkings peuvent constituer une activité dérivée et la signalétique une activité nouvelle.

› Mesurez dans chaque case de la matrice les risques possibles et les efforts nécessaires à fournir pour réussir sur ce nouveau business. Si vous avez une idée de nouvelle activité à développer, posez-vous la question de savoir s'il y a des étapes préalables qui pourraient être judicieuses : pour démarrer sur un terrain plus sécurisé, avec une cible client plus proche de votre clientèle habituelle par exemple.

› Sélectionnez les cibles en vous appuyant sur vos points forts, investissez avec parcimonie sur les cibles les plus risquées.

Méthodologie et conseils

Vos savoir-faire techniques comprennent non seulement la technicité de vos produits, mais aussi les savoir-faire logistiques et commerciaux nécessaires pour vous adresser à la cible. Exemples :

› Vos commerciaux ont-ils les compétences pour réussir auprès d'acheteurs aguerris lorsque leurs clients habituels sont des ingénieurs ?

› Savez-vous livrer un produit clé en main en 24 heures sur catalogue lorsque vous faisiez du sur-mesure ? ■

Choisir les nouvelles cibles à développer en capitalisant sur les points forts.

Avantages

- La matrice de diversification permet de déceler des opportunités de business.
- Elle permet aussi de visualiser les risques liés à un développement trop éloigné du métier d'origine.

Précautions à prendre

- Il arrive que des entrepreneurs réussissent brillamment à se diversifier sur un marché éloigné de leur métier d'origine (case 9), lorsqu'ils flairent une niche sans concurrence.

OUTIL 5

La matrice amont/aval

CHOISIR SON APPROCHE COMMERCIALE EN FONCTION DE SES POINTS FORTS

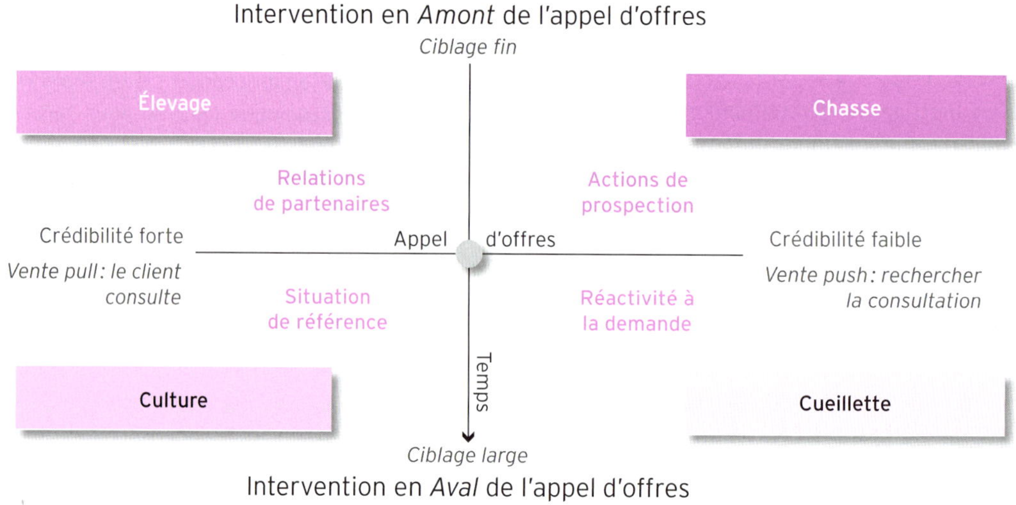

En résumé

La matrice amont/aval analyse l'origine des affaires selon deux axes :

- l'axe du temps, avant ou après la consultation du client ;
- l'axe de la crédibilité, qui mesure l'attractivité ou la notoriété de l'offre sur son marché.

Quatre types d'approche commerciale se distinguent :

- **l'élevage** cible des clients acquis avec lesquels on entretient des relations de partenaires pour développer un savoir-faire en phase avec leurs attentes ;
- **la chasse** cible des clients à conquérir, dont les besoins sont susceptibles de correspondre à l'offre de l'entreprise ;
- **la culture** met en place des actions de notoriété importantes pour attirer des clients ;
- **la cueillette** réussit aux offres différenciantes et nécessite une forte réactivité.

Insight

The Before-After matrix considers where the business comes from by crossing two axes:

- *The time axis, before or after a Request for Proposal.*
- *The credibility axis, which measures the level of attractiveness or awareness of the company and its products in its chosen market.*

Four commercial approaches can be identified:

- ***Farming** consists of building close relationships with a select group of clients, developing the required know-how with their direct input.*
- ***Hunting** is about defining clearly some target customers who may be interested in your products, and prospecting them.*
- ***Harvesting** involves investing in strong market-awareness activities, with a view to obtaining business in the medium or long term.*
- ***Cherry-picking** requires a high degree of responsiveness to customer requirements.*

Pourquoi l'utiliser ?

Objectif

La matrice amont-aval est utile pour analyser l'efficacité de l'approche commerciale et décider de priorités concernant le choix des cibles et/ou les moyens affectés à l'action commerciale.

Contexte

Au moins une fois par an, pour conduire l'analyse préalable à l'élaboration du plan d'action commerciale.

Comment l'utiliser ?

Étapes

› Notez d'une couleur les affaires gagnées de la période écoulée et reportez-les sur la matrice, selon qu'elles ont été traitées en amont ou en aval de la consultation, et selon le degré de crédibilité ou de notoriété de votre entreprise vis-à-vis du client.

› Indiquez de même dans une autre couleur les affaires perdues de la période.

› Procédez à l'analyse de votre efficacité commerciale : avec quel type d'approche obtenez-vous le meilleur taux de transformation ?

› Deux solutions s'offrent à vous : modifier votre ciblage de clientèles pour travailler les affaires sur lesquelles vous avez le plus de chances de réussir ou adapter votre approche commerciale et les moyens mis en place pour mieux réussir auprès de cibles déterminées.

- Votre offre est-elle suffisamment différenciante et êtes-vous assez réactif pour réussir dans l'approche par cueillette ? Avez-vous un système de veille efficace pour repérer les appels d'offres et consultations ?
- Consacrez-vous assez de temps et de moyens pour construire de vrais partenariats avec vos meilleurs clients ?
- Vous donnez-vous les moyens d'une chasse efficace ? Vos canaux de prospection sont-ils adaptés (*cf.* outil 14) ? Vos clients sont-ils suffisamment bien ciblés au regard des points forts de votre offre (*cf.* outil 4, matrice de diversification) ?
- Communiquez-vous suffisamment pour drainer des contacts entrants et alimenter le volume d'affaires réalisées en culture ?

Pour pérenniser vos actions commerciales, combinez au moins deux approches différentes.

Méthodologie et conseils

› Vous pouvez combiner plusieurs approches commerciales selon les différents segments de prestations et de clientèles que vous ciblez.

› Vous pouvez ajouter des pictogrammes à côté des affaires représentées sur votre schéma, pour signifier leur volume ou leur rentabilité. Cela vous indiquera également selon quelle approche commerciale vous réalisez vos meilleures affaires. ■

Avantages

- La matrice amont/aval met en évidence l'adéquation entre votre approche commerciale et le segment sur lequel vous intervenez.

Précautions à prendre

- La matrice amont/aval doit être réactualisée régulièrement : il est toujours possible de modifier sur le long terme la crédibilité d'une offre. Elle ne doit pas être un frein à l'action, mais un élément de réflexion pour mettre en adéquation les moyens et les cibles.

OUTIL 6

La matrice EMOFF ou SWOT

SYNTHÉTISER L'ANALYSE POUR PRÉPARER LE PLAN D'ACTION COMMERCIALE

Enjeux : Objet de l'analyse et contexte
Subject of SWOT analysis : subject of the analysis and context

Opportunités *Opportunities*	**Menaces** *Threats*
Segments en croissance *Market developments*	**Cadre législatif peu favorable** *Negative legislative effects*
Faiblesses de concurrents *Competitors' vulnerabilities*	**Stratégies offensives concurrentielles** *Competitor intentions-various*
Innovations technologiques *Technology development and innovation*	**Demande du marché en baisse** *Market demand*
Nouveaux marchés *New market*	**Influences défavorables** *Global negative influences*
Partenariats *Partnerships*	
Forces *Strengths*	**Faiblesses** *Weaknesses*
Avantage concurrentiel, positionnement *Competitive advantages, positioning*	**Écarts de performance** *Performance gaps*
Innovation *Innovative aspects*	**Vulnérabilités** *Vulnerabilities*
Prix *Price, value*	**Mauvais résultats dans le cœur d'activités** *Negative effects on core activities*
Niveau de qualité *Quality*	**Aspects financiers** *Financial aspects*

En résumé

La matrice EMOFF pose de façon synthétique les données de l'analyse externe et interne de la situation commerciale en fonction de l'enjeu poursuivi :

- les **menaces** extérieures à contrer ;
- les **opportunités** à saisir ;
- les **faiblesses** à corriger en interne pour contrer les menaces ou saisir les opportunités ;
- les **forces** ou leviers à utiliser ou développer pour contrer les menaces ou saisir les opportunités.

Insight

*The SWOT matrix analyses in a single chart the external and internal situation, with respect to your **objective**:*

- *The **strengths** that you can use or develop to achieve your goal, avoid a threat or exploit an opportunity.*
- *The **weaknesses** you must tackle if you want to avoid a threat or exploit an opportunity.*
- *The **threats** you have to face.*
- *The **opportunities** which, if seized, can help you develop your business.*

http://goo.gl/1PRKk

Retrouvez en ligne un modèle de matrice SWOT à compléter

Pourquoi l'utiliser ?

Objectif

La matrice EMOFF sert à synthétiser les données de l'analyse commerciale pour établir un diagnostic de la situation et repérer facilement les leviers du plan d'action commerciale.

Contexte

› Au moins une fois par an, juste avant de définir le plan d'action commerciale, à l'issue d'une analyse approfondie menée avec d'autres outils (*cf.* outils 1 à 5).

› Avant toute décision stratégique, pour analyser la situation :
- pour dresser un plan d'action correctif en cas d'écart d'un indicateur par rapport aux objectifs définis dans le PAC ;
- dans le cadre d'une affaire particulière où vous êtes en concurrence.

Comment l'utiliser ?

Étapes

› Commencez par déterminer un objectif clair pour clarifier vos enjeux commerciaux : ambition à moyen terme, résultat à atteindre sur un marché, stratégie à décliner, etc.

› Remplissez ensuite la matrice en commençant par l'environnement externe :
- Quelles sont les menaces extérieures qui pourraient vous empêcher d'atteindre votre objectif ? Quelles sont au contraire les opportunités à saisir pour y arriver ?
- Quelles faiblesses devez-vous corriger ? Quelles forces pouvez-vous consolider ou développer pour contrer les menaces et saisir les opportunités ?

Méthodologie et conseils

› Prenez le temps de réfléchir à votre ambition à moyen terme avant de remplir la matrice.

› Pour remplir chacune des cases examinez un large spectre de paramètres.
- **Les données externes** visent évidemment vos concurrents : pensez également aux nouveaux entrants, aux technologies innovantes qui menacent vos positions.
- Elles touchent aussi vos clients : groupements, fusions, acquisitions, disparitions, mais aussi changements d'interlocuteurs, nouvelle politique d'achat, etc.
- Et plus largement votre environnement : législation, normes, environnement économique, social, climatique...
- **Les données internes** concernent bien sûr le service commercial : l'équipe et ses compétences, mais aussi l'organisation, les process, les outils de vente.
- Intéressez-vous aussi aux autres départements de l'entreprise qui interagissent avec vous et peuvent vous aider à atteindre vos objectifs : ingénierie, marketing, logistique, service client, direction financière, direction générale...

› Surlignez sur la matrice les idées clés qui dessinent déjà les premières pistes d'action. ■

À l'origine, l'outil SWOT a été créé par A. Humphrey à l'issue d'une étude conduite auprès des 500 premières sociétés des années 1960-1970.

Avantages

- En concentrant l'essentiel des données d'analyse dans un seul tableau, la matrice EMOFF permet de dégager les premières pistes d'actions.
- Le même outil peut être utilisé en version simplifiée pour faire une analyse rapide après un changement de contexte impactant les affaires (concurrence, marché, législation, etc.).

Précautions à prendre

- Cette matrice regroupe vos opinions et réflexions. Pour avoir une analyse juste, appuyez-vous sur des données factuelles en utilisant en amont des outils complémentaires (*cf.* outils 1 à 5).

OUTIL 7

Le plan d'action commerciale (PAC)

CHOISIR SES CIBLES ET DÉFINIR SES ACTIONS PRIORITAIRES

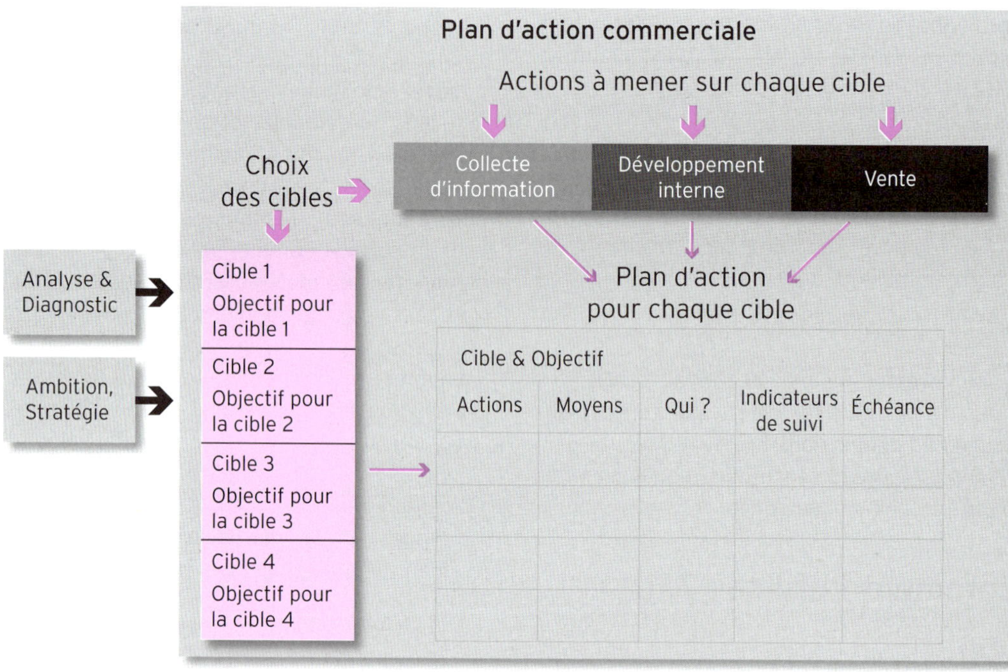

En résumé

Le plan d'action commerciale est à la fois un outil de décision et un outil de communication. Il montre dans un même document :

- le choix des **cibles prioritaires** à travailler pour l'année ou la période à venir ;
- les **actions** à engager sur ces cibles pour mieux les connaître afin d'affiner son approche commerciale, pour s'adapter en interne et augmenter ses chances de succès auprès d'elles, pour remporter des ventes.

Un plan d'action détaillé doit être déterminé sur chaque cible, même si une présentation plus synthétique est recommandée lors de la présentation du PAC :

- une présentation par type d'actions avec une vue globale du planning par thème ;
- une présentation par secteur ou par responsable commercial, etc.

Insight

The commercial action plan is both a decision-making tool and a communication document. It shows in a single file:

- *The **priority target customers** that you want to work on during the coming year or period.*
- *The **actions** to be taken in order to know them better, with a view to adapting your sales strategy ; to develop internal resources and increase your chance of success with them; to win business with them.*

A detailed action plan must be defined for each target customer, although you may prefer to present a summary Action plan to your team, by:

- *Grouping all of the actions by type, and showing an overall plan per type of action.*
- *Showing an action plan per area or sales person, etc.*

http://goo.gl/1PRKk

Retrouvez en ligne un modèle de PAC à compléter

Pourquoi l'utiliser ?

Objectif

› Décliner la stratégie de l'entreprise de manière opérationnelle.

› Optimiser l'affectation des ressources commerciales sur des cibles choisies.

› Impliquer et responsabiliser les différents acteurs en interne.

Contexte

› Au moins une fois par an.

› Le PAC est élaboré à la suite du diagnostic marketing et commercial de votre secteur, obtenu en analysant les résultats de la période précédente, et après avoir défini les orientations stratégiques majeures (ambition à moyen et long terme) (*cf.* outils 1 à 6).

Comment l'utiliser ?

Étapes

› La première étape du PAC consiste à faire des **choix clairs de cibles** :
- un client particulier, un segment de clientèle ;
- un produit ou une prestation que vous voulez développer ;
- un couple prestation/clientèle (développer telle prestation chez tel type de clients).

› Pour chaque cible, définissez un **objectif** à atteindre.

› Déterminez ensuite pour chaque cible les **pistes d'actions** à mener concernant trois domaines :
- les actions de collecte d'information sur la cible ;
- les actions de développement en interne pour réussir sur la cible ;
- les actions de vente sur la cible.

› Pour chaque piste d'action, précisez le **plan d'action** :
- les actions ou étapes successives pour atteindre le résultat souhaité ;
- les moyens à mettre en place ;
- les intervenants et la personne responsable à chaque étape ;
- les indicateurs de suivi ;
- le planning avec les échéances et éventuellement le nombre d'occurrences (par exemple, le nombre de visites chez tel client).

› Communiquez ce plan en interne à l'équipe commerciale, mais aussi à l'ensemble des personnes en contact avec les clients (*back office*, service après-vente, etc.)

› Pilotez le PAC à l'aide des indicateurs de suivi tout au long de l'année (*cf.* outil 11).

« Qu'est-ce que la stratégie si ce n'est l'allocation des ressources ? » (Jack Welch, ancien PDG de General Electric).

Méthodologie et conseils

› Choisir, c'est renoncer : un PAC doit être sélectif sur des cibles définies pour éviter le saupoudrage des ressources.

› Pour communiquer le PAC de manière percutante, explicitez-le en utilisant les schémas des outils qui ont marqué votre analyse et influencé votre diagnostic. Présentez les actions sous forme de synthèse par thème.

Avantages

- Le PAC est un guide qui permet de prendre des décisions rapides en cours d'année : l'investissement temps est vite rentabilisé grâce à l'optimisation des ressources et moyens commerciaux.
- L'équipe gagne en cohérence et en synergie dans ses actions auprès des clients.

Précautions à prendre

- Le PAC déterminé en début d'année peut devenir obsolète si des changements importants interviennent par la suite. Pensez à le réactualiser.

SUITE OUTIL 7 →

Le plan d'action commerciale (PAC)

Comment être plus efficace ?

Chacune des **pistes d'actions** regroupe des réalités qui peuvent varier d'un secteur d'activité à l'autre, selon que vous êtes dans un contexte B to C ou B to B, que vous vendiez des produits, des services ou des projets, et selon la marge de manœuvre qui est la vôtre au sein de votre entreprise. **Sur une cible donnée, des actions relevant de chacun des trois types peuvent se combiner.**

Les actions de collecte d'information sur la cible

› Si la cible est une ligne de produits ou de prestations :

- étude de la concurrence sur des prestations similaires ou proches ;
- enquêtes auprès d'un échantillon de clients pour affiner les problématiques en rapport avec la prestation et tester leurs réactions ;
- test grandeur nature avec les conditions réelles du secteur.

› Si la cible est un segment de clientèle ou un client en particulier, les actions visent à mieux connaître leurs problématiques, leurs habitudes ou circuits d'achat, les interlocuteurs à contacter. Plusieurs sources d'informations peuvent être étudiées :

- recherches sur Internet, achat de fichiers clients ;
- recherche d'informations auprès des réseaux d'influence (prescripteurs, clubs, etc.) ;
- présence sur les salons pour rencontrer les clients.

Les actions de développement interne

› Le développement ou l'adaptation de produits spécifiques pour la cible.

› La mise en place de nouveaux canaux de distribution ou circuits logistiques.

- ouverture de boutiques ;
- extension des horaires d'ouverture ou de réception des appels ;
- organisation de tournées de réassort.

› La mise en place d'outils spécifiques :

- outils informatiques de gestion des clients (CRM, serveur d'appel vocal, etc.) ;
- équipement des commerciaux avec des moyens issus des nouvelles technologies pour répondre à un besoin de réactivité de la cible.

› Le développement des compétences de l'équipe commerciale (au sens large) :

- formation sur des nouveaux produits ;
- formation aux techniques de vente, négociation, prospection ;
- formation à la relation client des équipes *back office*, à la vente additionnelle...

Les actions de vente

Elles regroupent trois notions différentes.

› Les actions de notoriété qui visent à faire connaître votre entreprise ou une offre spécifique pour générer des consultations spontanées (approche type culture, *cf.* outil 5) :

- publicité dans les journaux spécialisés, publications diverses ;
- présence sur les salons professionnels, participation à des conférences ;
- organisation d'événements, conférences de presse, sponsoring... ;
- mise en place de références chez des clients partenaires.

› Les actions de chasse sur une cible de prospects (*cf.* dossier 3).

› Les actions de fidélisation et de développement de clients partenaires (approche type élevage).

EXEMPLE de PAC dans une SSII

	Collecte	Développement	Vente
Cible 1 : Secteur Banque & Assurance	Enquête pour mieux définir les problématiques de ce secteur : enquête quantitative (marketing) et qualitative (auprès des clients actuels). Étude des circuits de décision selon la nature des projets.	Adaptation des configurations systèmes aux besoins de ce secteur. Formation d'une équipe spécialisée d'ingénieurs.	Rencontrer les DSI (prospection). Profiter des missions en cours chez les clients actuels pour élargir l'offre. Présence sur les salons du secteur.
Cible 2 : Les projets de plus de 100 k€	Recueillir des informations chez nos clients infogérance actuels, sur d'éventuels projets futurs (particulièrement les grands groupes).	Sensibilisation et formation des équipes techniques pour qu'ils recueillent les informations. Enrichir l'équipe technique de profils « chef de projet » (recrutement ou formation).	Présence du commercial à chaque réunion de bilan chez les clients à potentiel. Rencontrer les DSI hors affaire pour détecter les projets.
Cible 3 : Les solutions CRM	Obtenir le fichier des directeurs commerciaux et enquêter sur leurs besoins, problématiques & enjeux, et système CRM actuel (télémarketing). Etude concurrence (presse, sites Internet, salons).	Renforcer l'équipe spécialisée CRM au cours de l'année. Anticiper des formations. Prévoir des versions de démonstration.	Mettre en valeur nos compétences CRM dans la présentation générale de l'entreprise. Rencontrer les directeurs commerciaux. Participer au salon des DirCo.

Le diagnostic réalisé à l'aide des outils 1 à 6 révélait :

- La matrice ABC croisée (*cf.* outil 2) faisait apparaître un risque de perte de volume lié à la baisse des contrats dans le secteur industriel, du fait d'une tendance à la délocalisation. La SSII réalisait en revanche assez peu de volume avec les clients du secteur Banque & Assurance, à fort potentiel.
  Décision : se développer chez les clients Banque & Assurance
- La matrice prestations/clientèles (*cf.* outil 3) mettait en évidence une meilleure marge sur les contrats de projets que sur les contrats réalisés en infogérance, à condition que leur taille soit suffisante (supérieure à 100 k€) pour limiter le nombre de jours d'inter-contrats.
  Décision : promouvoir les contrats de projets de plus de 100 k€ chez les clients.
- La même matrice donnait un résultat positif pour les projets d'implémentation de CRM, tant en volume (contrats en général supérieurs à 100 k€) qu'en marge. Mais le taux de transformation sur ces affaires était faible, ces affaires provenant essentiellement de la cueillette, comme indiqué par la matrice amont/aval (*cf.* outil 5).
  Décision : promouvoir les solutions CRM.
- La matrice EMOFF (*cf.* outil 6) a mis en valeur les points forts sur lesquels s'appuyer (les équipes techniques, la qualité des solutions) et les points à travailler pour saisir les opportunités et limiter les risques de perte de volume à terme.

Les étapes ultérieures suivant l'élaboration du PAC sont les suivantes :

- Rassembler dans un document synthétique les actions marketing et communication pour travailler avec l'équipe marketing.
- Exposer le PAC à l'équipe des ingénieurs et techniciens pour les motiver.
- Faire le planning des rendez-vous à prendre avec les clients. ■

DOSSIER

2 PILOTER SON ACTION COMMERCIALE

Le PAC annuel défini, les grandes lignes de l'action commerciale sont tracées. Mais la vie sur le terrain des affaires est pleine de surprises, d'incertitudes, d'aléas, d'échecs aussi. Ce contexte de changement permanent où les prévisions sont sans cesse soumises à l'épreuve de la réalité nécessite une constante adaptation. Pour ne pas subir les événements, vous devez faire preuve de réactivité, et mettre en place les actions correctives avant que l'écart ne se creuse entre vos objectifs et vos résultats.

Les leviers de la performance commerciale

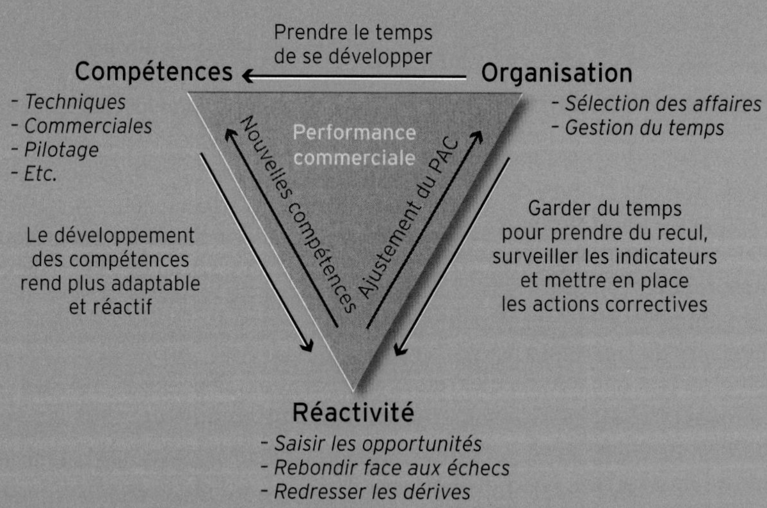

› **L'organisation** agit de façon à la fois directe et indirecte sur la performance commerciale.

– Elle a un impact positif **direct** lorsque vous sélectionnez les affaires pour investir votre temps sur celles qui ont le plus de probabilité de réussir. En effet, le marché est complexe et un même segment recouvre des réalités différentes. Les chances de remporter

la vente ne sont pas égales chez tous les clients. Confronté à la multiplicité des affaires potentielles, vous devez encore faire des choix pour consacrer vos efforts et vos ressources sur les plus prometteuses.
– Elle a un impact positif **indirect** car, en vous focalisant sur les affaires qui rapportent, vous dégagez du temps pour piloter votre activité et développer vos compétences.

› **La réactivité** est un état d'esprit. Si vous partez du postulat que les secousses du terrain sont inévitables et normales, vous vous tenez prêt à réagir et vos actions correctrices sont plus rapides et plus pertinentes. Pour augmenter votre réactivité :
– **soyez à l'écoute des frémissements du marché**, écoutez vos clients, lisez la presse, consultez régulièrement les sites Internet des secteurs sur lesquels vous opérez, écoutez les rumeurs, questionnez vos clients pour les recouper ;
– **surveillez les indicateurs** qui vous renseignent sur vos résultats et votre propre performance. Ils vous alerteront si vous déviez de la route qui mènent à vos objectifs, ils vous aideront à comprendre les écarts de performance.

› Les actions correctives sont de deux ordres :
– **un ajustement du PAC**, la sélection de nouvelles cibles qui étaient en réserve et jusqu'alors non prioritaires, la mise en place de nouveaux moyens de communication ou de vente, etc. ;
– **le développement des compétences**, pour mieux réussir auprès des cibles identifiées et augmenter le taux de transformation, le volume ou la marge.

Quel retour sur investissement privilégier ?

Un retour sur investissement rapide de vos actions est bien sûr indispensable pour atteindre les objectifs annuels. Tout retard pris dans les résultats est difficile à rattraper a posteriori. Cependant, il serait dangereux de ne privilégier que les actions court terme, car alors un événement imprévu vous rendrait fragile : le temps de développer les compétences adéquates, les opportunités de ventes auront été saisies par vos concurrents.

Pensez à semer pour l'avenir :

› **consacrez une part relative de votre temps à travailler des cibles long terme à potentiel**, pour vous donner du confort dans le futur et augmenter vos chances de réussite ;

› **pensez à développer certaines compétences qui vous seront utiles à plus long terme**, vous serez plus réactif si vous devez actionner un plan de secours plus tôt que prévu.

LES OUTILS

OUTIL 8

La matrice IPO/IPA

CHOISIR PARMI LES CIBLES IDENTIFIÉES, QUELS CLIENTS TRAVAILLER EN PREMIER

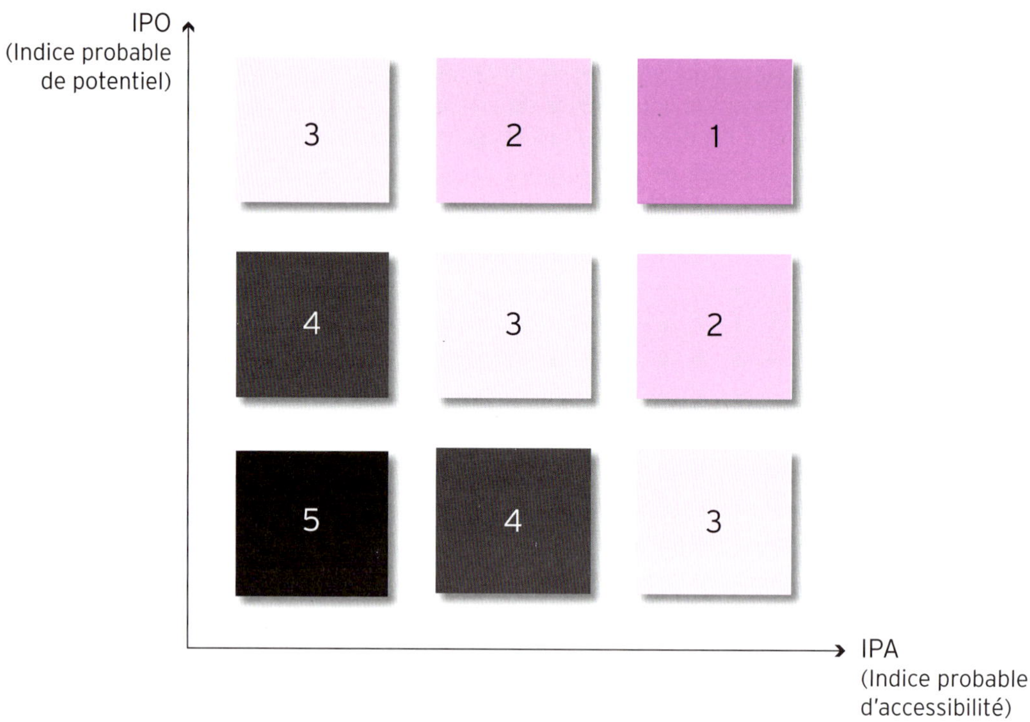

En résumé

La matrice IPO/IPA mesure pour chaque cible client deux indices :

- l'indice probable de **potentiel** ;
- l'indice probable d'**accessibilité**.

Le croisement de ces deux indices permet d'opérer des priorités de choix de cibles, parmi des cibles potentielles identifiées.

Insight

The Opportunity/Accessibility matrix measures for each target customer two values:

- *The likely **potential** business volume.*
- *The likely **accessibility** of the account.*

When crossed, those two values give a priority ranking that allows you to choose among the identified target customers, which one(s) you will work on as a priority.

http://goo.gl/1PRKk

Retrouvez en ligne un modèle de matrice IPO/IPA à compléter

Pourquoi l'utiliser ?

Objectif

La matrice IPO/IPA permet d'opérer une sélection fine à l'intérieur d'une cible, des clients les plus prometteurs, soit par la taille de leur potentiel d'achat, soit par la probabilité de succès.

Contexte

Lorsque le PAC (plan d'action commerciale, *cf.* outil 7) est défini et qu'il est difficile de choisir, parmi les clients d'une cible donnée, lesquels travailler en priorité.

Comment l'utiliser ?

Étapes

› Définissez des critères tangibles de potentiel et d'accessibilité.

› Attribuez une « note » selon les deux critères IPO et IPA à chacun des clients de la cible.

› Rangez vos clients dans la matrice.

› Sélectionnez les clients à travailler en premier : ceux à plus fort potentiel et à plus forte accessibilité.

Méthodologie et conseils

› Utilisez le plus souvent possible des indices rationnels.

- Potentiel : nombre de salariés, CA du client, parc de machines installées, etc.
- Accessibilité : connaissance d'un interlocuteur, relations avec une autre filiale, bon moment pour entrer en contact ou présenter une offre (ex. : changement d'interlocuteur, période budgétaire, etc.).

› Lorsque vous rencontrez vos clients, posez des questions pour connaître leur potentiel.

› N'utilisez pas plus de trois indices pour chaque critère IPO et IPA.

› Définir les clients prioritaires sur une **cible d'offre**, revient à vous poser deux questions.

- Potentiel : quels sont les clients les plus concernés par cette problématique ?
- Accessibilité : quels sont les clients les plus réceptifs à ce type d'offres ? Par exemple, les plus réceptifs aux nouvelles technologies si je cible une offre Internet.

› Pour choisir les clients en priorité 2 sur la matrice, référez-vous à votre objectif :

- en prospection sur un terrain nouveau, commencez par les cibles les plus accessibles, pour rester motivé (*cf.* outil 17, préparation mentale) et pour engranger des succès qui permettront de faire connaître votre offre ;
- si vous recherchez du volume, commencez par les cibles à plus fort potentiel. ■

Travailler en priorité les clients accessibles à fort potentiel permet d'amorcer le succès rapidement.

Avantages

- La matrice IPO/IPA est applicable quelle que soit la cible : un segment d'offres aussi bien qu'un segment de clientèle.
- Elle peut aussi être utilisée en prospection pour évaluer à l'intérieur d'un compte quel interlocuteur contacter en premier. (*cf.* outil 16 check-list des outils d'organisation).

Précautions à prendre

- La matrice IPO/IPA est réalisée très en amont des affaires et de la connaissance du client. Il est parfois nécessaire de réviser les indices après un premier contact avec le client, ce qui peut changer l'ordre de priorité.
- Gardez une place dans votre agenda pour travailler les clients à fort potentiel et accessibilité faible : ce sont des actions de chasse que vous rentabiliserez à moyen ou long terme (*cf.* outil 5).

OUTIL 9

La revue de compte

RATIONNALISER L'APPROCHE DES CLIENTS GRAND COMPTE

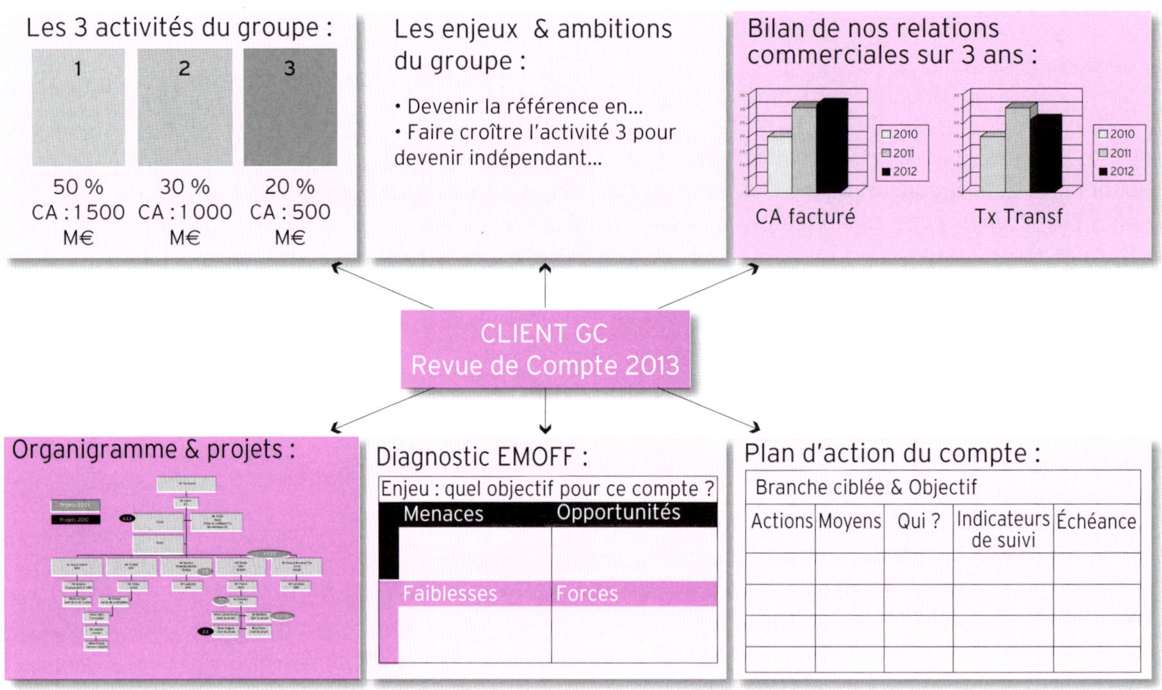

En résumé

La revue de compte synthétise les informations d'un grand compte client, pour élaborer une stratégie commerciale et communiquer en interne les enjeux commerciaux. Elle rassemble :

- une présentation générale du compte, ses branches et activités, quelques chiffres clés ;
- les enjeux du groupe ;
- l'organisation et l'organigramme du groupe ;
- l'historique des relations commerciales des trois dernières années ;
- les projets pour l'avenir décelés à ce jour, les branches et interlocuteurs concernés, les problématiques associées si elles sont connues ;
- un diagnostic EMOFF (*cf.* outil 6) ;
- un plan d'action commerciale spécifique.

Insight

The Key Account Review provides an overview of a specific major account. Its purpose is to build a commercial strategy, and to communicate internally the opportunities at stake. It pulls together:

- *A general view of the account, its activities, some key figures.*
- *What is at stake for the customer group itself.*
- *The group organisation chart.*
- *A record of the relationship over the past three years.*
- *Future projects, as far as they are known, in which sector, with whom, what are their needs and why.*
- *A SWOT analysis (cf. tool 6).*
- *A specific action plan for this account.*

Pourquoi l'utiliser ?

Objectif

Le but de la revue de compte est de déterminer la stratégie d'approche commerciale d'un grand compte et de communiquer cette stratégie en interne pour aligner les ressources nécessaires au succès auprès de cette cible.

Contexte

Au moins une fois par an, pour structurer et coordonner l'action commerciale sur le compte.

La revue de compte s'applique aux clients Grand Compte qui sont déjà dans le portefeuille clients ou qui sont ciblés à la suite de l'élaboration du PAC (plan d'action commerciale).

Comment l'utiliser ?

Étapes

› Recueillez sur Internet et auprès des interlocuteurs du compte des données concernant :

- la présentation générale du compte, ses branches et activités, quelques chiffres clés ;
- les principaux enjeux du groupe (sa stratégie sur ses propres marchés, etc.) ;
- l'organigramme du groupe ;
- le potentiel d'achat et les projets futurs relatifs aux solutions que vous proposez.

› Rassemblez en interne les informations concernant l'historique de vos relations commerciales : taux de transformation des affaires, projets, CA facturé.

› Effectuez un diagnostic de la situation en vous aidant de la matrice EMOFF (*cf.* outil 6).

› Proposez un plan d'action en sélectionnant les branches du groupe à travailler en priorité.

› Communiquez votre revue de compte aux personnes concernées en interne par ce client et faites valider votre plan d'action.

Méthodologie et conseils

› Pour fiabiliser vos données, croisez les informations que vous obtenez des différentes sources. Mettez en place un réseau d'informateurs chez le client.

› Faites des mises à jour en cours d'année pour ne rien oublier d'important.

› Faites apparaître vos points forts selon les branches du groupe : c'est en vous appuyant sur des positions solides que vous renforcerez votre pénétration du compte.

› Préférez des schémas clairs au texte : par exemple l'organigramme avec l'historique des projets facile à appréhender d'un coup d'œil.

› Responsabilisez les gens autour de vous en interne, confiez-leur des missions pour vous aider à réussir dans le compte : les services techniques et *back office* peuvent remonter des informations, vos managers rencontrer les directeurs de branche, etc. ■

L'efficacité commerciale repose aussi sur la synergie déployée en interne pour travailler un compte client.

Avantages

- Présentée de façon claire, la revue de compte fait apparaître les priorités d'action et les liens possibles entre les différentes branches pour prospecter en utilisant la recommandation (*cf.* outil 20).
- La communication en interne permet de coordonner les actions de chacun et d'exploiter au maximum les synergies.

Précautions à prendre

- La qualité de la revue de compte dépend de votre capacité à faire un recueil efficace des informations, notamment concernant le potentiel d'achat des différentes branches.

OUTIL 10

La matrice IAC

SÉLECTIONNER LES AFFAIRES LES PLUS PROMETTEUSES

	T Technique	E Économique	C Commercial
I Intérêt	*Consolidation ou développement de nouveaux savoir-faire (techniques, logistiques, distribution, etc.)*	*Volume de chiffre d'affaires Rentabilité de l'affaire Taux d'occupation des équipements et des hommes*	*Cohérence avec le PAC Potentiel du client Référence, image Renforcement de position sur ce marché Accès à de nouveaux clients ou marchés*
A Accessibilité	*Normes et homologation exigées Situation géographique difficile Obligation de travailler avec d'autres prestataires*	*Solvabilité Conditions de règlement Garanties exigées Tests coûteux, échantillons Pénalités de retard Coût d'approvisionnement*	*Réticences des interlocuteurs Décideur difficile à rencontrer Concurrents dans la place Processus d'achat complexes et longs*
C Capacité	*Compétences, expertise des équipes Expérience dans le domaine du client Disponibilité pour la réalisation (hommes, matériel, etc.)*	*Trésorerie Capacité d'investissement sur cette affaire*	*Temps disponible pour traiter cette affaire Avantage concurrentiel Connaissance du client et de son métier Motivation pour gagner cette affaire*

En résumé

La matrice IAC met en évidence le degré de pertinence qu'il y a à décider de travailler une affaire, en se basant sur :

- **l'intérêt** que cette affaire représente pour vous et votre entreprise ;
- **l'accessibilité** de l'affaire, ou la balance des chances et obstacles qu'il y a à la remporter effectivement et à rentabiliser le temps passé sur des actions commerciales ;
- **la capacité** que vous avez à réussir cette affaire, c'est-à-dire vos atouts pour la gagner mais aussi votre capacité à la réaliser dans des conditions satisfaisantes, pour vous et pour le client.

Chacun des trois critères ci-dessus peut être examiné sous trois angles : technique, économique et commercial.

Insight

The IAC tool shows the relevance level of investing time on a specific business, regarding:

- *The **interest** of this business for you and your company.*
- *The **accessibility** of the business, that is the chance you have to effectively win it and be rewarded the time spent on it.*
- *The **capacity** you have to succeed, meaning your own ability to win the business as well as to realize it in good conditions for you and your client.*

Those three criteria can be examined through three points of view: technical, economical, commercial.

Pourquoi l'utiliser ?

Objectif

La matrice IAC est un outil de décision qui permet de rationaliser le choix *go/no go*, c'est-à-dire choisir de répondre ou non à une consultation qui se présente.

Contexte

Elle s'utilise lorsque le choix de répondre ou non à une consultation est difficile :

› soit parce que la consultation se trouve en marge des cibles définies dans le PAC (*cf.* outil 7) ;

› soit parce que le portefeuille d'affaires en cours est chargé et qu'il est impossible de répondre à toutes les consultations qui se présentent.

Comment l'utiliser ?

Étapes

› Prenez des renseignements sur l'affaire pour être capable de remplir la matrice.

› Evaluez l'intérêt de l'affaire pour vous et votre entreprise, selon les trois domaines technique, économique et commercial.

› Estimez l'accessibilité de l'affaire, en mesurant les obstacles qui pourraient vous empêcher de faire une bonne affaire : les barrières techniques à l'entrée, des conditions financières difficiles, une situation commerciale de départ peu favorable.

› Mesurez pour chacun des trois domaines technique, économique et commercial votre capacité à surmonter ces obstacles pour gagner l'affaire.

› Décidez si oui ou non vous investissez du temps commercial sur cette affaire.

Méthodologie et conseils

› Pour distinguer accessibilité et capacité, retenez que l'accessibilité ne dépend pas de vous, mais des exigences ou contraintes imposées par le client ou la situation ; alors que la capacité dépend de vous et de votre entreprise.

› Votre évaluation de l'accessibilité de l'affaire est liée à votre capacité à surmonter les obstacles. Si vous avez une recommandation solide vis-à-vis d'un décideur important (qui relève de votre capacité à activer votre réseau d'influence, *cf.* outil 42), vous estimerez que le client est plus accessible que si vous n'avez aucun contact chez le client au moment de la consultation.

› Si les renseignements sont insuffisants au départ d'une affaire, la matrice IAC peut être remplie après un premier rendez-vous avec le client : l'un des objectifs d'entretien visera à obtenir suffisamment d'informations pour arbitrer le choix *go* ou *no go*. ■

Pour avoir le temps de travailler les bonnes affaires, il faut être sélectif et ne pas courir tous les lièvres.

Avantages

- La matrice IAC permet de rationaliser des décisions parfois difficiles à prendre, lorsqu'il faut renoncer à une affaire.
- C'est un outil de communication en interne pour justifier des choix commerciaux.

Précautions à prendre

- Il peut être parfois opportun de travailler une affaire même si les chances sont minces de la gagner ou que l'intérêt immédiat est limité, dans une perspective à plus long terme.
- Il n'est pas utile d'utiliser la matrice IAC pour les affaires pour lesquelles la décision *go* est évidente : cœur de métier, cible identifiée. Dans ce cas, la matrice IPO/IPA est plus pertinente.

OUTIL 11

Les indicateurs de pilotage

SURVEILLER LES VARIATIONS POUR GARDER LE CAP SUR LES OBJECTIFS

Objectifs du PAC		Indicateurs de résultat		Indicateurs d'activité
1. *Augmenter le panier moyen des clients à fort potentiel*	→	1. *• Chiffre d'affaires moyen des clients classés à fort potentiel* *• Nombre de ventes de plus de 100 ke*	+	1. *• Nombre de visites chez les clients à fort potentiel* *• Largeur de gamme : nombre moyen de produits proposés ou vendus à ces clients* *• Nombre d'interlocuteurs rencontrés chez ces clients* *• Nombre de ventes additionnelles proposées*
2. *Développement d'une nouvelle cible de clientèle*	→	2. *• Nombre de nouveaux clients appartenant à cette cible* *• CA dégagé sur la cible*	+	2. *• Taux de prise de rendez-vous : nombre de rendez-vous pris/ nombre d'appels* *• Taux de transformation : nombre d'affaires gagnées/ nombre de propositions émises.*
		COMBIEN ?		**COMMENT ?**

En résumé

Les indicateurs sont des données chiffrées qui permettent de piloter l'activité commerciale. On distingue :

- les **indicateurs de résultat** qui renseignent sur la progression de l'objectif, « le combien ? ». Leur fonction est d'alerter sur toute dérive constatée par rapport aux prévisions. Ils sont souvent disponibles via le système de gestion des entreprises ;
- les **indicateurs d'activité** qui renseignent sur les moyens mis en place pour atteindre l'objectif, le « comment ? ». Leur fonction est d'apporter un éclairage qualitatif sur les carences éventuelles à corriger. Ils peuvent parfois être obtenus via le système de gestion, ou mis en place ponctuellement par un système de reporting spécifique.

Insight

The indicators are numbers or statistics that allow you to drive your sales activities. There are two distinct kinds:

- *The **result rates** provide information on progress against objectives: the "how much?". They alert you to any variations between the actual result and the forecast. You can generally find them in your sales management database.*
- *The **activity rates** provide information on what actions have been done to achieve the objectives: the "how?". They offer a qualitative view of what should be improved to obtain a better result. They may be obtained via the sales management database; if not, they can be set and reviewed from time to time, via a specific reporting system.*

Pourquoi l'utiliser ?

Objectif

Les indicateurs de pilotage permettent de suivre l'activité commerciale en temps réel pour mettre en place les actions correctives en cas de dérive par rapport aux objectifs.

Contexte

Les indicateurs sont mis en place dès l'élaboration du plan d'action commerciale (*cf.* outil 7), et mesurés à intervalles réguliers, tous les mois ou toutes les semaines selon le secteur.

Comment l'utiliser ?

Étapes

› Pour chaque objectif de votre PAC, faites la liste des indicateurs de résultat qui vous permettent d'en suivre la progression.

› Notez les actions nécessaires pour parvenir au résultat et choisissez les indicateurs d'activité les plus pertinents.

› Si nécessaire, mettez en place un système de reporting adéquat.

› Tous les mois ou toutes les semaines, mesurez vos indicateurs et analysez-les :

- Les indicateurs de résultat sont-ils conformes aux prévisions ?
- Si non, quels indicateurs d'activité relatifs à l'objectif permettent de diagnostiquer les causes de la dérive ?

› Mettez en place le plan d'action correctif, assorti si nécessaire de nouveaux indicateurs pour suivre la progression des actions d'amélioration.

Méthodologie et conseils

› Pour éviter de manipuler des tableaux de bord lourds et complexes, suivez un nombre limité d'indicateurs liés à vos objectifs majeurs, vous gagnerez en réactivité.

› Vous pouvez changer vos indicateurs de résultat en cours d'année si vos objectifs évoluent ou si vous déployez une opération spéciale.

› Les indicateurs d'activité sont destinés à être mis en place de façon ponctuelle, pour suivre vos plans d'actions ou le développement de vos compétences (*cf.* outil 12, le TAC). Une fois les processus en place et les compétences acquises, vous pouvez cesser de les suivre.

› Utilisez de préférence les indicateurs faciles à extraire de votre système de gestion par des requêtes automatiques. Si l'indicateur que vous voulez suivre n'existe pas en tant que tel, mettez en place un système de reporting où chaque commercial - vous-même ou une assistante - note au fur et à mesure les données à exploiter mensuellement. ■

Les meilleurs commerciaux pilotent leur activité avec des indicateurs simples pour être réactifs.

Avantages

- Les indicateurs permettent d'être réactif en cas de dérive par rapport aux objectifs, et d'anticiper les actions à mettre en place.
- Ils sont souples à mettre en place, et s'adaptent aux priorités du moment.
- Ils sont exploitables à titre individuel pour les commerciaux et à titre collectif par le manager commercial.

Précautions à prendre

- Attention à ne pas confondre indicateur d'activité et objectif : le moyen n'est pas le résultat. Faire six visites par jour peut être un moyen de vendre plus, mais s'obliger à faire six visites - rapides - peut pénaliser la découverte de nouvelles opportunités chez les clients.

OUTIL 12

Le tableau d'analyse des compétences (TAC)

IDENTIFIER LES COMPÉTENCES À DÉVELOPPER POUR ATTEINDRE LES OBJECTIFS

	Commercial A	Commercial B	Commercial C	Commercial D
Compétence 1				
Compétence 2	↗		🙂🙂	🙂🙂
Compétence 3			🙂🙂	
Compétence 4	↗	↗	↗	↗
Compétence 5	↗	↗		🙂🙂

🙂🙂	Maîtrisée/expertise
	Acquise
↗	À développer

En résumé

Le tableau d'analyse des compétences (TAC) croise

- les **compétences utiles** pour atteindre les objectifs, qu'elles soient techniques (liées aux produits et solutions vendues), commerciales (les techniques de vente à maîtriser dans le contexte de l'entreprise) ou liées au métier, aux processus et outils de l'entreprise ;
- le **niveau de maîtrise** de chacun des membres de l'équipe vis-à-vis de ces compétences : à développer pour celles qui ne sont pas ou insuffisamment maîtrisées pour garantir le succès et l'atteinte des objectifs ; acquises pour celles qui permettent le succès dans les situations courantes ; maîtrisées/niveau d'expertise pour celles qui relèvent d'une aisance dans la pratique, même dans les situations complexes.

Insight

The Competencies Analysis Tool (TAC) combines two elements.

*The **necessary competencies** to meet the sales goals, whether they be:*

- *Technical knowledge of the products and solutions you sell.*
- *Selling skills that are needed in the context of your company's business.*
- *Professional skills relevant to your environment, processes and company tools, etc.*

*The **competency level** of each member of the team for these competencies:*

- *To be developed: for those which are not yet mastered, or not sufficiently mastered to ensure success.*
- *Achieved: for those which lead to success in most current situations.*
- *Mastered or expert level: for skills that show real ease of use, even in complex situations.*

http://goo.gl/1PRKk

Retrouvez en ligne un modèle de TAC à compléter

Pourquoi l'utiliser ?

Objectif

Le tableau d'analyse des compétences (TAC) permet d'établir un diagnostic fin des compétences à développer au niveau d'une équipe pour atteindre les objectifs. Il permet de prioriser les actions de formation et de choisir les moyens à engager.

Contexte

› Suite à l'élaboration du plan d'action commerciale (*cf.* outil 7), pour pallier certaines faiblesses identifiées lors du diagnostic EMOFF (*cf.* outil 6).

› En cours d'année lorsque les indicateurs de pilotage font apparaître des lacunes.

› Au moment de la mise en place ponctuelle d'un objectif particulier.

Comment l'utiliser ?

Étapes

› Faites la liste des compétences nécessaires pour atteindre vos objectifs.

› Evaluez pour chaque membre de l'équipe le niveau de compétences :

- à développer ;
- acquise ;
- maîtrisée/niveau d'expertise.

› Analysez le tableau pour en tirer les lignes directrices de votre plan de développement des compétences.

› Mettez en place les actions de développement en commençant par celles qui contribuent le plus rapidement à la réalisation de vos objectifs :

- des actions collectives pour les compétences à développer par plusieurs personnes ;
- des actions individuelles (formation, accompagnement et coaching, binômes, etc.) pour les personnes qui ont des besoins spécifiques.

› Contrôlez le développement des compétences en suivant les résultats (*cf.* outil 11, indicateurs) ou en réalisant des accompagnements (*cf.* outil 13, coaching), et mettez à jour votre TAC.

Méthodologie et conseils

› Trois niveaux de maîtrise suffisent pour bâtir un plan de développement efficace et cohérent. Mais il peut être utile de découper les compétences en sous-compétences.

› Commencez par développer les compétences qui génèrent rapidement des résultats : le succès augmente la confiance en soi et l'envie d'apprendre.

› Utilisez l'expertise des meilleurs : présenter un argumentaire en réunion d'équipe, animer un entrainement collectif, tourner en binôme, voire même faire des accompagnements. Aidez-les à préparer leur intervention pour qu'ils fassent preuve de pédagogie.

L'acquisition des compétences est plus efficace lorsqu'elle est orientée vers un but opérationnel.

Avantages

- Le TAC est utilisable pour dresser le panorama général des compétences de l'équipe, et aussi ponctuellement pour mettre en place les moyens d'atteindre un objectif spécifique.
- Le TAC permet de rationnaliser les actions de développement pour se concentrer sur les plus rentables au regard des objectifs.

Précautions à prendre

- Lors de la communication à l'équipe du TAC, utilisez des mots positifs et valorisants : parlez de compétences à développer et jamais de lacunes.
- D'autres clés de succès existent au-delà de la compétence, notamment la motivation et l'allocation de moyens.

SUITE OUTIL 12 →

OUTIL 12

Le tableau d'analyse des compétences (TAC)

Comment être plus efficace ?

Le développement des compétences est le plus souvent associé à « formation » et à « accompagnement terrain et coaching individuel ». S'ils sont très efficaces à l'échelle de l'individu, ces moyens sont les plus coûteux pour l'entreprise. Vous aurez donc intérêt à faire l'inventaire des moyens dont vous disposez pour augmenter la performance de l'équipe et faire votre choix parmi un panel large de solutions.

INVENTAIRE DES MOYENS POUR FAIRE PROGRESSER L'ÉQUIPE

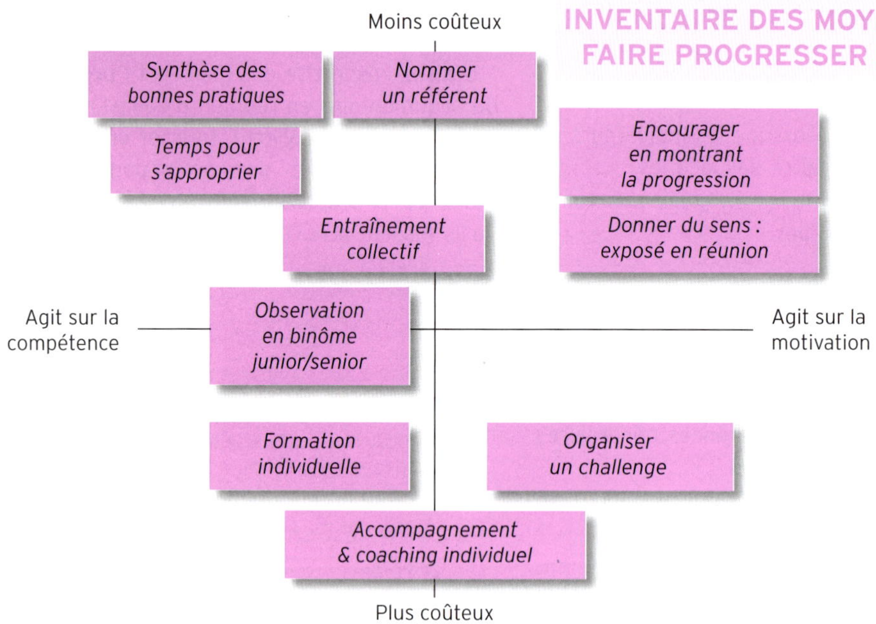

La performance individuelle est dépendante de trois facteurs

› Les compétences.

› La motivation.

› Les moyens à disposition : par exemple, les moyens matériels, un fichier qualifié pour prospecter (*cf.* dossier 3, outil 15), une marge de manœuvre pour négocier (*cf.* dossiers 8 et 9).

Lorsque les résultats sont inférieurs aux prévisions, intégrez ces trois facteurs à votre réflexion, et voyez si d'autres moyens plus rapides et moins coûteux que la formation ou le coaching peuvent contribuer à l'amélioration des résultats.

Pour sélectionner les moyens à mettre en place pour augmenter la performance de l'équipe choisissez dans l'ordre :

- les plus efficaces à court terme, pour un résultat même partiel, car la dynamique de succès stimule la motivation et l'envie de progresser ;
- les moins coûteux.

EXEMPLE de TAC chez GDF Suez

Les prénoms sont fictifs.	Objectif : augmenter les ventes d'offre duale 2 énergies				
	Coralie (en poste depuis 8 mois)	Hervé (en poste depuis 4 ans)	Monique (en poste depuis 15 ans)	Jamel (en poste depuis 4 ans)	Benjamin (récemment arrivé de chez EDF)
Argumenter l'offre Gaz					↗
Argumenter l'offre Électricité	↗				
Présenter les avantages d'un contrat 2 énergies					↗
Rebondir sur une vente additionnelle	↗	↗	↗		↗

Diagnostic de la situation

Le diagnostic résulte de l'exploitation des indicateurs de pilotage (*cf.* outil 11) et d'interviews avec les membres de l'équipe pour valider les interprétations possibles.

- Hervé et Monique ne pratiquent pas la vente additionnelle. Ils ont le sens du service mais ne proposent jamais une offre si le client n'en fait pas la demande. Si le client parle des deux énergies, ils savent présenter les avantages d'un contrat unique.
- Jamel pratique de façon naturelle la vente additionnelle. Il connaît suffisamment bien l'offre Électricité pour réussir à vendre l'offre duale, et s'appuie sur les avantages d'un contrat unique.
- Benjamin maitrise parfaitement l'offre Électricité car il vient EDF ; il apprend le métier de la vente dans le cadre de GDF Suez.
- Coralie connaît mal l'offre Électricité. Les quelques ventes d'offre duale qu'elle a réalisées ont été initiées par le client. Dans ce cadre rassurant, elle a su présenter les avantages d'un contrat unique.

Les leviers d'efficacité

Actions à mettre en place très rapidement en vue d'un **retour rapide sur investissement** :

- Redonner du sens à la vente additionnelle en mettant en avant le service rendu au client : Hervé et Monique pourront être très rapidement opérationnels s'ils sont convaincus du bien-fondé de leur démarche.
- Former toute l'équipe à la vente additionnelle : ces techniques peuvent s'acquérir très rapidement (*cf.* outil 39). Si l'offre duale est proposée systématiquement, les résultats augmenteront très rapidement. Le coût est faible, le retour sur investissement fort. Impliquer Jamel qui fera bénéficier l'équipe de son expérience quant aux réactions des clients.

Actions à mettre en place à **moyen terme** :

- Poursuivre la formation de Benjamin qui vient d'arriver, selon un cursus individuel.
- Augmenter l'expertise de l'équipe sur les aspects techniques de l'offre Électricité, grâce à un partage d'expérience avec Benjamin. ■

OUTIL 13

La grille de coaching

L'ART DE POSER LES BONNES QUESTIONS POUR FAIRE GRANDIR LES COMPÉTENCES

1	Questions pour amener le commercial à faire son auto analyse	- Comment as-tu vécu l'entretien, quel est ton ressenti ? - Qu'as-tu bien fait ? - Quels résultats positifs as-tu obtenus ? - Quel était ton objectif ? - Qu'est-ce que tu aurais pu faire mieux ? - Si c'était à refaire, que changerais-tu ?
2	Questions pour amener le commercial à prendre conscience d'un axe de progrès	- Lorsque tu as dit « telle chose » au client, quelle était ton intention ? - Comment a réagi le client ? À ton avis, pourquoi ? - Si on te disait « telle chose », à toi, que ressentirais-tu ? - Quelles peuvent être les conséquences ? - Si dans 3 mois le client se rend compte qu'il aurait pu bénéficier d'un meilleur service, que pensera-t-il ?
3	Questions pour amener le commercial à trouver par lui-même la bonne pratique	- Comment pourrais-tu l'amener à prendre conscience de son besoin sans dénigrer sa solution actuelle ? Quelle technique pourrait t'aider ? - Qu'est-ce qui t'empêche de lui poser la question ? - En quoi est-ce gênant s'il refuse de répondre ? - Quel argument pourrais-tu utiliser pour mettre en valeur « tel aspect » ? - Quel est le bénéfice de notre solution pour le client ?

En résumé

La grille de coaching est un outil d'accompagnement individuel des collaborateurs, qui est à la fois :

- **une méthodologie**, la grille suit un ordre chronologique rigoureux : analyse de la pratique observée, en commençant par les points forts ; prise de conscience des points de progrès ; formalisation des bonnes pratiques ;
- **une check-list des bonnes questions** à poser pour que l'entretien de coaching soit efficace : le principe du debriefing est de **faire réfléchir** le commercial pour faciliter la mémorisation des bonnes pratiques.

Insight

The coaching grid is used to assist employees in doing their job. It is both:

- *A **method**, since the grid follows a logical path: analysis of what has been done and strong points identified, awareness of behaviours to be improved, definition of the relevant best practice.*
- *A **check-list of questions** to make the coaching discussion more productive: the debriefing must make the sales people **think for themselves**, to help them better remember and apply best practice techniques.*

Pourquoi l'utiliser ?

Objectif

La grille de coaching s'utilise pour faire monter un collaborateur en compétences sur la base de la pratique concrète du métier.

Contexte

› La grille de coaching est principalement utilisée lors des accompagnements terrain, à la suite d'une visite menée à deux, pour analyser les actions menées par le commercial.

› Des variantes peuvent être utilisées pour aider un commercial à la préparation d'une visite ou pour débriefer après-coup un entretien auquel le manager n'a pas assisté.

› Laissez-lui le temps de la réflexion : avant d'analyser, il doit reconstituer le fil de l'entretien. Au besoin, aidez-le en citant des passages du dialogue avec le client.

› Plus le collaborateur est en difficulté, plus il faut passer de temps à valoriser ce qu'il a bien fait : la confiance en soi est un facteur clé du processus d'apprentissage.

› Refreinez votre envie d'apporter votre analyse ou la solution : le plus important est que le collaborateur fasse le chemin lui-même.

› Pour lui faire prendre conscience d'un point de progrès, utilisez la perception inversée : faites-lui imaginer sa propre réaction s'il était lui-même client dans une situation analogue.

On retient ce que l'on entend à 20 %. On retient ce que l'on trouve soi-même à 60 %.

Comment l'utiliser ?

Étapes

› Présentez au commercial les objectifs de l'accompagnement :
- le principe (une aide au développement des compétences) et la méthodologie ;
- définissez avec lui l'objectif de progrès pour cette séance.

› Réalisez l'accompagnement : observez et prenez des notes factuelles, sans intervenir.

› Isolez-vous pour débriefer et posez les questions dans l'ordre de la grille, en veillant à faire réfléchir le commercial à chaque étape avant de donner votre avis :
- faites-lui analyser sa performance, en commençant par les points positifs ;
- faites-lui prendre conscience de ce qu'il aurait pu améliorer ;
- faites-lui trouver ce qu'il aurait pu faire différemment pour être plus efficace.

Méthodologie et conseils

› Pour les entretiens difficiles, commencez par évacuer les émotions du commercial - en les lui faisant exprimer - pour qu'il puisse se concentrer sur l'analyse ensuite.

Avantages

- C'est une grille universelle qui s'applique quel que soit le domaine (secteur d'activité, et déclinable aussi sur des métiers non commerciaux).
- Elle est principalement utilisée dans une relation manager-collaborateur, mais peut s'envisager dans le cadre d'un binôme senior-junior au sein d'une équipe.

Précautions à prendre

- L'accompagnement est l'une des façons les plus coûteuses de faire monter un collaborateur en compétences.
- En coaching opérationnel, il faut maîtriser soi-même les bonnes pratiques pour être capable de coacher dans la bonne direction.
- Gardez une attitude bienveillante, le commercial doit se sentir soutenu et compris, pas évalué.
- Ne confondez pas l'objectif du coaching et l'objectif opérationnel pour orienter le debriefing : concentrez-vous sur la façon de procéder.

SUITE OUTIL 13 →

OUTIL 13

La grille de coaching

Comment être plus efficace ?

L'accompagnement sur le terrain est très efficace, mais c'est aussi la manière la plus coûteuse de faire monter en compétence un collaborateur : une part importante de temps managérial est employée à faire progresser un seul membre de l'équipe. Par ailleurs, les entretiens auxquels assiste le manager ne donnent pas toujours l'occasion de mettre en pratique les points de progrès à travailler.

La grille de coaching peut être aménagée pour être employée de manière plus souple, pour aider le commercial à préparer ou à analyser ses entretiens, sans que le manager y assiste.

En amont, pour aider le commercial à préparer un entretien client

Dans ce cas, une étape préalable est nécessaire : questionner le commercial sur ses intentions, son objectif opérationnel. Cette étape 0 permet déjà de l'aider à clarifier ses idées, et sert de guide pour l'évaluation de la façon de procéder ensuite.

Les étapes 1, 2 et 3 sont analogues à celles de la grille standard, à ceci près que l'on situe « l'action » du commercial dans l'imaginaire du futur entretien.

0	Questions pour définir l'objectif	- Quel est ton objectif ? - Quel résultat veux-tu obtenir à la fin de l'entretien avec ton client ? - À quoi veux-tu que le client s'engage à la fin de l'entretien ?
1	Questions pour amener le commercial à décrire et analyser ce qu'il compte faire	- Comment comptes-tu t'y prendre ? - Quels sont les points forts de ton approche ? - Comment te sens-tu avec cela ? - Qu'est-ce qui pourrait te gêner ?
2	Questions pour amener le commercial à prendre conscience d'un axe de progrès	- Tu proposes « telle chose », quelle est ton intention ? - Comment peut réagir le client ? - Si on te disait « telle chose », à toi, que ressentirais-tu ? - Quelles peuvent être les conséquences ? - Et si un nouvel interlocuteur est présent à l'entretien, que peut-il se passer ?
3	Questions pour amener le commercial à trouver par lui-même la bonne pratique	- Comment pourrais-tu l'amener à prendre conscience de son besoin sans dénigrer sa solution actuelle ? Quelle technique pourrait t'aider ? - Qu'est-ce qui t'empêche de lui poser la question ? - En quoi est-ce gênant s'il refuse de répondre ? - Quel argument pourrais-tu utiliser pour mettre en valeur « tel aspect » ? - Quel est le bénéfice de notre solution pour le client ?

En aval, pour aider le commercial à améliorer sa pratique pour les entretiens ultérieurs

› Soit après un entretien donné, à la demande du commercial ou pour suivre une affaire importante, ou encore pour suivre la progression du commercial sur une pratique donnée.

› Soit dans le cadre du suivi des indicateurs de performance, lorsqu'une dérive est constatée.

Dans les deux cas, le manager qui n'a pas assisté aux entretiens, devra au préalable reconstituer les événements de la manière la plus factuelle possible pour être en mesure de procéder à l'analyse avec son collaborateur. Cette étape 0 peut être assez longue.

EXEMPLE de grille de coaching utilisée suite à l'analyse des indicateurs de performance

0	Questions pour reconstituer les faits	- Comment prépares-tu tes négociations ? - Comment fixes-tu le prix de ta proposition initiale ? - Lorsque le client te demande une concession, comment réagis-tu ? - Comment réagit le client ensuite ? - Qu'a-t-il répondu lors de la dernière négociation ? - Qu'as-tu fait ensuite ?
1	Questions pour amener le commercial à faire son auto analyse	- Comment vis-tu ces négociations, quel est ton ressenti ? - Quels sont tes points forts ? Quels sont ceux de ton offre ? - À quel moment sens-tu que tu perds du pouvoir ? - Comment te comportes-tu alors ? - Qu'est-ce que tu pourrais faire différemment ? - Lors de tes prochaines négociations, que changeras-tu ?
2	Questions pour amener le commercial à prendre conscience d'un axe de progrès	- Lorsque tu baisses ton prix à la première demande, à ton avis, que peut penser le client ? - Comment réagit le client ? À ton avis, pourquoi ? - Si tu demandais une remise lorsque tu achètes un appareil sophistiqué, et que le commercial te l'accorde immédiatement, que penserais-tu ? - Quelles peuvent être les conséquences ?
3	Questions pour amener le commercial à trouver par lui-même la bonne pratique	- Comment pourrais-tu valoriser ton offre quand le client demande une baisse du prix ? Quels arguments ? - En quoi est-ce gênant de les répéter ? Comment peux-tu les formuler ? - Si tu dois baisser le prix, comment peux-tu malgré tout garder ta crédibilité et maintenir la marge de l'entreprise ? - Quelles contreparties pourrais-tu demander au client ?

Commentaires

Dans cet exemple, le manager a constaté en réalisant le suivi de ses indicateurs de pilotage (*cf.* outil 11) que la marge dégagée sur les affaires de l'un de ses commerciaux était inférieure en moyenne à la marge ciblée dans les objectifs.

Il prendra soin d'introduire la séquence de façon bienveillante, pour éviter que le commercial ne se sente pris en défaut. Le but de l'entretien est de le faire progresser et de l'inviter à réfléchir positivement, non à se justifier :

« Les chiffres de tes négociations sont inférieurs de 10 % par rapport aux objectifs fixés. Je souhaite examiner avec toi ta pratique, pour t'aider à progresser. Pouvons-nous reprendre ensemble tes derniers dossiers de négociation ? »

Puis il suivra la méthodologie de la grille, en invitant le commercial, si nécessaire, à reconstituer les faits d'une négociation en particulier, pour avoir des éléments suffisamment factuels pour procéder à l'analyse.

Commercial et manager prendront à la fin de leur réunion un rendez-vous pour une nouvelle rencontre, située après un nouvel entretien de négociation chez un client. Le but est de mesurer la mise en pratique et de lever les éventuelles difficultés qui subsisteraient. Le manager utilisera la même méthode et la même grille de coaching. ■

DOSSIER

3 OPTIMISER LA PROSPECTION

En géologie, la prospection est une discipline qui consiste à rechercher dans une mine, une matière spécifique comme des minéraux ou des métaux précieux. Dans le domaine commercial, il s'agit de trouver de nouveaux clients potentiels.

Quels moyens pour prospecter de nos jours ?

Nous entendons par prospection tout moyen qui permet de capter les prospects. La mise en place d'une boutique dans une rue piétonne de Toulouse, avec une excellente zone de chalandise est une forme de prospection dite *pull* puisqu'elle va attirer des prospects. De même que la mise en place d'un bandeau sur Internet valorisant les avantages d'un nouveau produit d'assurance voiture. Dans ce cas, quelques clics par l'internaute-prospect permettent de se faire identifier voire même de passer du stade de surfeur au stade de client. Si en *B to C*, le *pull* apporte des résultats, le *B to B* préfèrera les méthodes dites *push* c'est-à-dire une démarche active vers les prospects. Depuis la loi du 22 juin 1989, le démarchage qui correspondait toujours à une visite physique au domicile ou sur le lieu de travail du prospect a été étendu au téléphone et aux moyens assimilables. Les nouveaux médias font émerger des canaux indispensables pour capter les prospects : e-mailing, bannières, référencement sur les moteurs, blogs et forums. Mais les canaux traditionnels, réseaux de prescripteurs, téléprospection, porte à porte subsistent.

Définir sa stratégie pour conquérir ses prospects

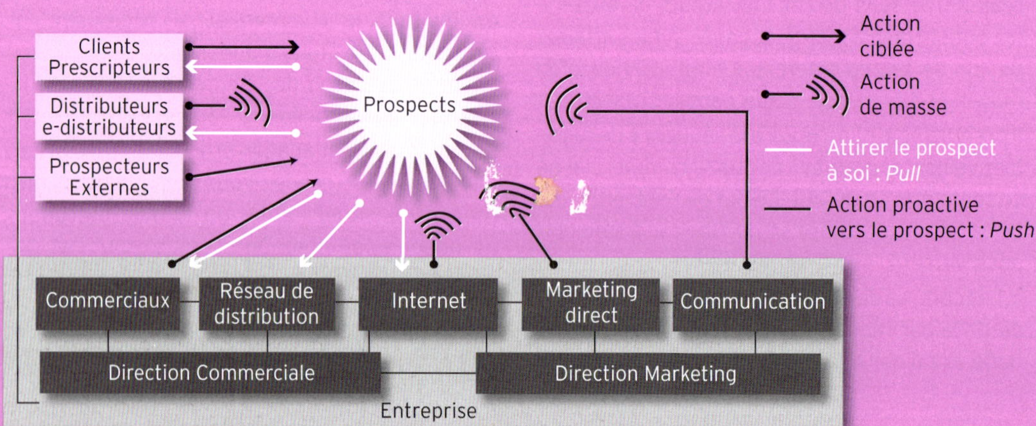

DOSSIER 3

Prospecter, une nécessité mais pas à n'importe quel prix !

Compte tenu de la multiplication des canaux et de la volonté de prendre des parts de marché au plus vite, la prospection doit être optimisée. Les nouveaux enjeux consistent à définir une stratégie de conquête au regard du plan d'action commerciale et des ressources de l'entreprise (marketing, commercial, communication). Certaines entreprises réorientent leur investissement de prospection en faveur des canaux dits *on line* au détriment des canaux *off line*. Ainsi, des grands noms de la distribution spécialisée Fnac, Darty ont créé des sites Internet pour capter une autre clientèle, conserver la clientèle qui fuit les magasins et concurrencer les autres ebay.fr, mistergooddeal.com, pixmania.com. Ces derniers ont utilisé la communication, le marketing direct pour se faire connaître au lancement afin de générer du flux et capter des prospects (*cf. La boîte à outils du Responsable Communication*, dossier 4 : « Communiquer par le Web », Dunod). Mais même si Internet est omniprésent, les actions de masse ne correspondent pas à tous les plans d'action commerciale, et plus de 85 % des ventes de services et de solutions en *B to B* se font par mise en relation *off line*. Ainsi, être au plus près de ses prospects, comprendre leur fonctionnement, leur problématique, être capable de les accrocher soit par téléphone, soit grâce à ses prescripteurs, soit par recommandation, reste le terrain de prédilection des commerciaux.

LES OUTILS

OUTIL 14

Les critères de sélection des canaux

LA CONQUÊTE, LE CHOIX DES TROUPES, LE CHOIX DES ARMES !

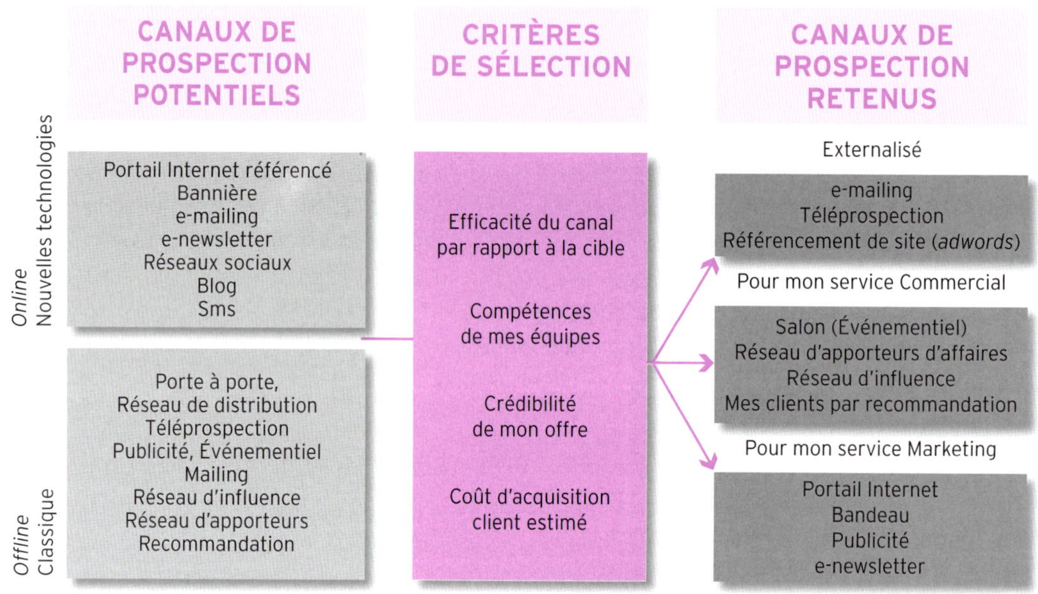

En résumé

Les canaux de prospection se multiplient. La prospection est souvent assimilée à une démarche active (*push*) : téléprospection, porte-à-porte, mailing, animation de réseaux ; alors que les prospects viennent aussi vers vous grâce aux boutiques, aux distributeurs, mais aussi de plus en plus grâce aux nouvelles technologies (démarches *pull*). Quels sont les canaux les plus efficaces pour capter les prospects et faut-il réaliser la prospection en interne ou la faire sous-traiter ?

Les quatre critères de sélection permettent de se poser les bonnes questions pour identifier les solutions efficaces de prospection :

- efficacité du canal par rapport à la cible ;
- compétence des équipes internes ;
- crédibilité de l'offre par rapport à la cible ;
- coût d'acquisition client estimé.

Insight

There is an increasing number of channels for prospecting for new business. Prospecting is often associated with a proactive approach (Push) – telemarketing, door-to-door, using networks – whereas prospects also come to you of their own accord, via shops, distributors, but also more and more via new technologies (Pull activities). What are the most effective channels for identifying prospects, and should you do this yourself or outsource? The four selection criteria help us ask the right questions to identify the most effective methods of prospecting:

- *Effectiveness of channel, in relation to the target segment.*
- *Competency of internal teams.*
- *Credibility of offer in the eyes of the target market.*
- *Estimated cost of customer acquisition.*

Pourquoi l'utiliser ?

Objectif

Cet outil vous permet de vous poser des questions selon **quatre critères** pour déterminer votre plan de conquête et les canaux associés.

Contexte

A chaque lancement produit, il vous faut déterminer les canaux de prospection les plus adéquats par rapport à vos cibles. Pour prospecter une e-newsletter, un e-mail peut être plus efficace que la prospection téléphonique. De plus, externaliser la prospection se généralise pour se concentrer sur le cœur de métier de l'entreprise.

Comment l'utiliser ?

Étapes

› Choisissez les canaux potentiels pour approcher ou être identifié par vos prospects parmi les classiques et les nouvelles technologies.

› Pour chaque critère, attribuez un score de 1 (faible valence) à 4 (forte valence) dans le critère.

› Notez l'efficacité de chaque canal pour toucher vos prospects (*push*) ou pour vous faire identifier par eux (*pull*). Un score de 3 sur le canal e-mailing indique que vous avez une forte probabilité à approcher vos prospects par ce biais.

› Déterminez le niveau de compétence de vos forces marketing et commerciales pour chaque canal efficace.

› Attribuez une note à la crédibilité de votre offre par rapport à votre cible.

- 1 : votre offre est peu crédible. Vous n'avez pas de référence sur ce marché.
- 2 : votre offre est crédible. Vous avez une référence sur un marché proche de vos prospects.
- 3 : votre offre est crédible. Vous avez des références sur ce marché.
- 4 : votre entreprise est un acteur clé sur ce secteur, vous êtes clairement identifié par les acteurs du marché. (Notoriété spontanée élevée).

› Votre choix définitif sera conditionné par le coût d'acquisition client estimé par canal pressenti.

Méthodologie et conseils

› Chaque campagne de prospection est unique. N'écartez aucun canal, combinez du *off* et du *on line* : approche multicanal.

› Plus vous êtes compétent commercialement et crédible sur un marché et moins il est utile d'externaliser. Si vous êtes crédible et peu compétent, privilégiez les canaux avec intermédiaires (réseaux, recommandation) et pilotez un plan d'actions avec le service communication ou marketing pour la mise en place de canaux nouvelles technologies.

› Faites faire des devis par les sociétés de performance commerciale pour évaluer de nouveaux canaux. ■

*Pour être visible sur Internet, votre stratégie réside dans votre capacité à être référencé sur les moteurs de recherche avec des mots clés : **adwords**.*

Avantages

- La valeur ajoutée des canaux *on line* est leurs traçabilité : taux de rebond (capacité de chaque page à retenir le visiteur), données techniques (origine géographique des visiteurs, durée des visites...).

Précautions à prendre

- Chaque produit ou service possède ses spécificités. A chaque nouveau lancement, il est important de redéfinir des canaux de prospection propres.
- Veillez à la cohérence du canal utilisé par rapport à votre offre : par exemple, boursorama.com, pour étendre ses parts de marché jusqu'alors réalisées uniquement *on line*, a créé des agences physiques.

OUTIL 15

La qualification des contacts

UN CONTACT QUALIFIÉ AUGMENTE LES CHANCES DE PRISE DE RENDEZ-VOUS

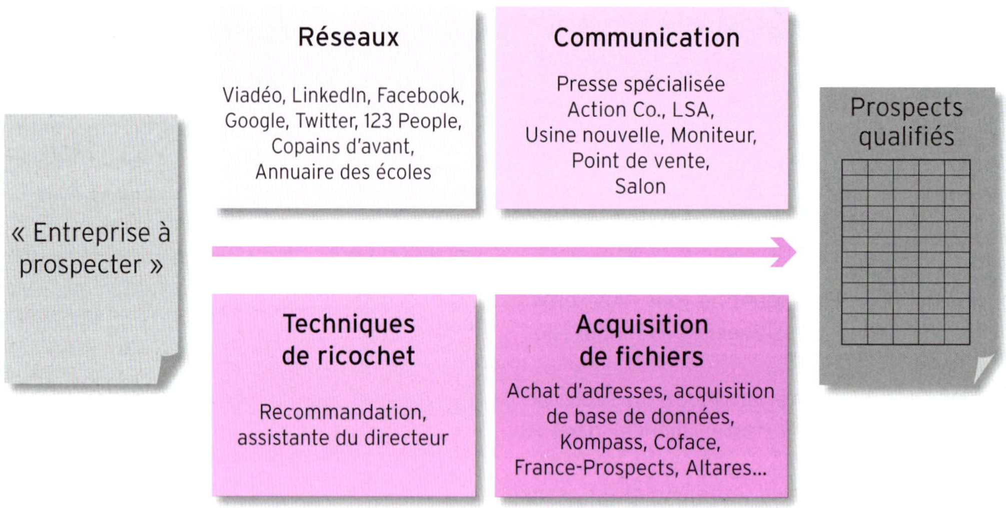

En résumé

Un fichier de contacts d'entreprise non qualifiés ne donne pas de bons résultats en prospection téléphonique. Un travail de qualification en amont préserve l'énergie du commercial et permet de mieux cibler son prospect avec une accroche pertinente pour obtenir un rendez-vous avec lui.

Insight

A file of unqualified corporate contacts doesn't produce quality results when used for telesales. Pre-qualification saves effort on the part of the sales person and allows him to better target his customer with an appropriate "hook" that gets a meeting with him.

Pourquoi l'utiliser ?

Objectif

La qualification de la liste de contacts permet d'augmenter les chances d'obtention de rendez-vous en prospection téléphonique. Cela évite de se fatiguer en appelant uniquement par le standard, et cela permet de concevoir des accroches précises et de préparer les potentielles objections.

Contexte

En *B to B*, au moins une fois par an, le PAC (*cf.* outil 7) et l'approche multicanal permettent d'identifier les entreprises à prospecter par téléphone.

Comment l'utiliser ?

Étapes

Si vous disposez simplement du nom d'une entreprise, il est important d'avoir un contact même si celui-ci n'est pas un des décideurs de votre projet.

› **Acquisition de fichier :** le plus simple est d'acheter une base de données de prospects avec fonctions détaillées.

› **Réseaux :** avec un moteur de recherche sur Internet, il est aisé de récupérer un contact avec le nom d'une entreprise. Mais pour que celui-ci soit en adéquation avec votre recherche, utilisez les sites de mises en relation professionnelle : Viadeo, Facebook... ou les annuaires des écoles.

› **Communication :** vos prospects communiquent aussi auprès de leurs clients à travers les journaux spécialisés, les newsletters ou sur les salons. Abonnez-vous aux newsletters de vos clients, vous comprendrez leurs préoccupations et vous pourrez définir des accroches ciblées pour votre prospection téléphonique.

› **Techniques de Ricochet.**

– Demandez à parler au directeur, vous obtiendrez son assistante. Expliquez-lui votre problématique pour obtenir de sa part le bon interlocuteur. Cette technique permet d'appeler votre interlocuteur en mentionnant « je vous appelle de la part de l'assistante du directeur ! »

– Avec le contact que vous possédez, faites preuve de transparence et de simplicité : « Bonjour, Monsieur Albeaux, j'ai vu que vous avez représenté votre entreprise au cours du salon Xyz. Qui a en charge dans votre entreprise la partie sur les achats industriels ? »

Pour toucher votre prospect, il faut réfléchir à ses centres d'intérêt pour identifier les salons où il sera présent.

Méthodologie et conseils

› Pour récupérer de nombreux contacts, certains n'hésitent pas à appeler les standards en soirée et en été, pour tomber sur un sympathique agent de sécurité qui fait son job d'été !

› Si vos prospects exposent à un salon, un échange avec leur commercial permet de récupérer les coordonnées de décideurs.

› En *B to C*, la qualification existe aussi. Elle se fait en deux temps via un mailing par exemple. Pour vendre des piscines, certains font des photos aériennes en recoupant avec l'annuaire pour identifier les potentiels clients.

› La qualification existe aussi pour les prospects sur le net avec la création de « clubs » ou l'analyse des fichiers « logs ».

Avantages

- Vous multipliez en moyenne par dix vos chances de prospection téléphonique, voire par vingt avec l'acquisition d'une base possédant les noms et fonctions des décideurs.

Précautions à prendre

- Les informations sur le net ne sont pas toujours à jour. Vérifiez les dates et recoupez les informations.

SUITE OUTIL 15 →

La qualification des contacts

Comment être plus efficace ?

Tous les jours, plus de 7 000 entreprises changent de dénomination, d'adresse, de téléphone, de dirigeant. Aussi, lorsque le nombre de prospects à contacter est supérieur à 500, il devient indispensable d'acquérir une base de données avec des contacts qualifiés. Il est inutile de mobiliser les commerciaux sur ce type d'actions, il est préférable qu'ils soient sur le terrain pour prendre et réaliser des rendez-vous. Le marché propose plusieurs solutions de qualification pour répondre aux besoins de tous types d'entreprises : du simple achat d'adresses à la location de fichiers pour créer un e-mailing *via* un router.

Sur quels critères pouvez-vous qualifier vos prospects ?

Si vous optez pour l'achat de la qualification de vos prospects, il est intéressant de connaître les informations sur lesquelles il est possible de faire des tris. On recense plus de 200 critères de sélection, des plus simples aux plus pointus :

› Critères d'identification : situation géographique, secteur d'activité (code NAF), activité déclarée au Bulletin officiel des annonces civiles et commerciales (Bodacc), nomenclature propre à la société de notation et d'information d'entreprise, forme juridique, ancienneté, effectifs, marques commerciales, produits et services, importations, exportations.

› Critères financiers : sélection des postes du bilan, compte de résultat ou annexe, rentabilité nette, % d'endettement, ratios financiers, solvabilité, cotation ou estimation, prévisions de croissance...

› critères sur les dirigeants : sélection par fonctions (jusqu'à 200 réparties par direction : générale, finance, marketing, informatique, commercial, ressources humaines...) -, décideurs statutaires et opérationnels.

› Critères inter-entreprises : entreprises avec lesquelles travaillent vos prospects.

› Critères fonction du canal de communication que vous aurez sélectionné :

- pour un mailing courrier, les fichiers comporteront généralement les noms et adresses complètes de vos prospects ;
- pour une opération de télémarketing, les fichiers comprennent les noms et téléphones de vos contacts, avec des adresses postales ;
- pour les fichiers destinés à l'envoi d'e-mail, les e-mails des destinataires.

Au-delà de la qualification, des services efficaces

Avec ces solutions d'acquisition de données, il est aussi possible de bénéficier d'un certain nombre de services :

› faire évaluer votre potentiel de développement commercial selon vos prospects ;

› louer des fichiers. Dans ce cas, ils sont généralement livrés directement au prestataire qui effectuera le routage ; celui-ci faisant office de tiers de confiance garantissant une utilisation du fichier conforme aux conditions de location ;

› surveiller votre périmètre de prospection. Grâce à la surveillance des critères de ciblage mémorisés, vous êtes alerté de l'entrée d'entreprises dans votre liste de prospects potentiels, que ce soit à la suite d'une création, d'un changement de situation, etc.

LE CAS d'un accompagnement avec les solutions Kompass®

Certaines entreprises permettent de qualifier les prospects avec précision et rapidité. Une d'entre elles, Kompass, filiale de Coface, est le leader de l'information d'entreprises.

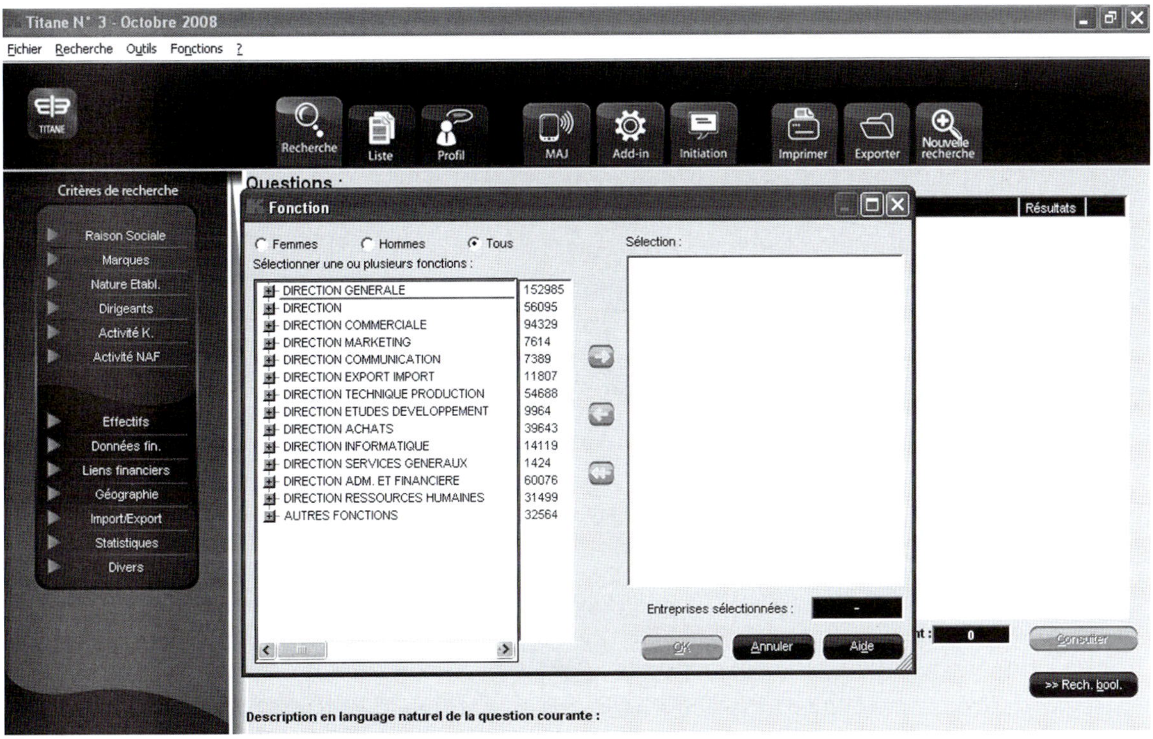

Copie d'écran du DVD « Easy Business Titane » de Kompass®.

Des accompagnements sur mesure

Kompass accompagne un développeur de logiciels de saisie et de *profiling*. Cette entreprise, pour conquérir les prospects de la zone franco-européenne, a besoin d'un outil de qualification répondant a des critères précis, simple d'utilisation et portable pour que les responsables commerciaux puissent l'utiliser au cours de leurs déplacements. Kompass a développé une base de prospection extranet (accessible *on line*) permettant aux forces de vente d'accéder aux données : « entreprise », « décideurs », « e-mail », « téléphone », par rapport aux critères recensés. De cette manière, les commerciaux peuvent prospecter des contacts qualifiés afin d'obtenir des rendez-vous en un minimum de temps, et obtenir des informations sur leurs prospects en cours de déplacement. Cette solution génère trente besoins potentiels par mois. ■

OUTIL 16

La check-list des outils d'organisation

BIEN S'ORGANISER POUR MIEUX TRANSFORMER

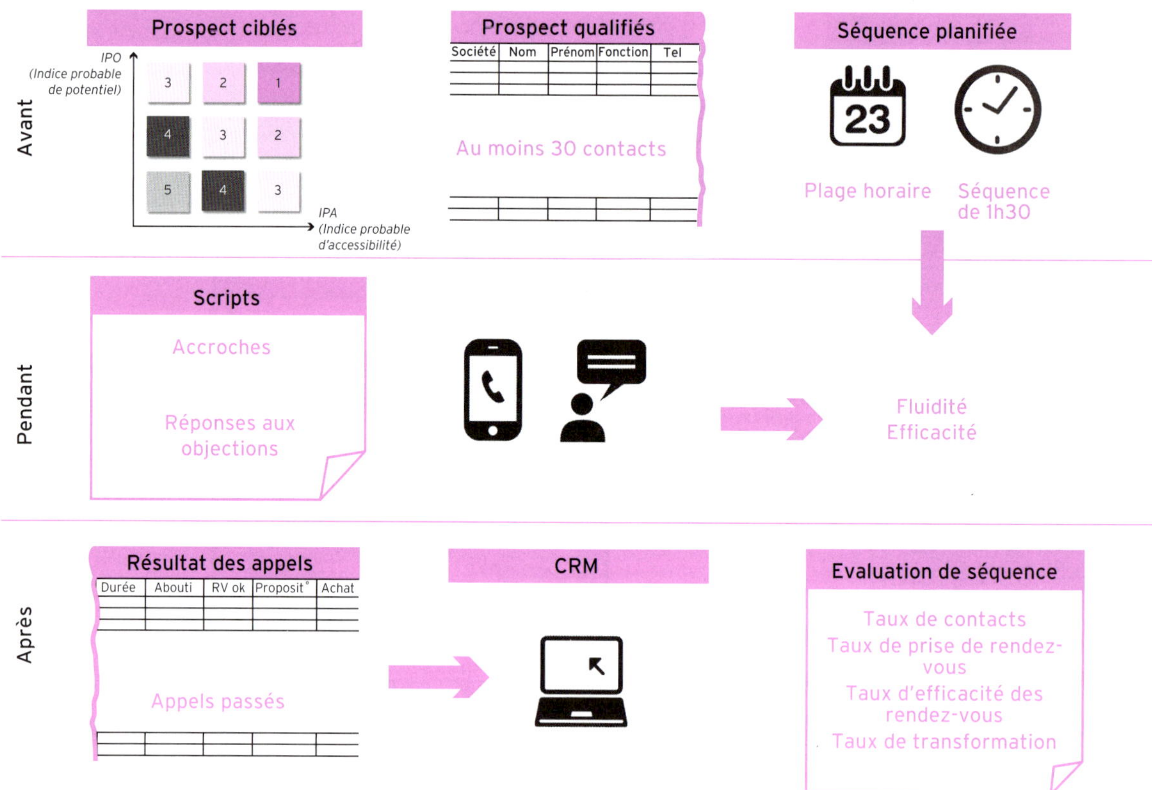

En résumé

La check-list des outils d'organisation de la prospection permet de ne pas oublier les éléments essentiels pour prospecter avec efficacité et réaliser un bon suivi. Après chaque campagne, il est important de mesurer sa performance en mettant en place des indicateurs de suivi.

Insight

The prospection check-list helps you remember every important device you need, in order to be efficient in prospecting for new business and thorough in your follow-up. After each campaign, you need to measure your performance using performance indicators that need to be set before the campaign starts.

Pourquoi l'utiliser ?

Objectif

Avant, pendant, et après votre prospection, la check-list des outils d'organisation permet de recenser les différents moyens nécessaires pour vous organiser et pour réaliser un suivi efficace.

Contexte

Avant de vous lancer à appeler votre fichier de prospects qualifiés, organisez-vous.

Comment l'utiliser ?

Étapes

Avant votre prospection, préparez :

› **Votre fichier de prospects qualifiés** : Ayez au moins une liste de trente contacts avec le maximum d'informations sur vos prospects.

› **La matrice IPO × IPA :** Pour savoir par qui commencer dans votre fichier, utilisez la matrice IPO × IPA (*cf.* outil 8) en croisant l'indice de Potentiel - « quels sont les clients les plus concernés par cette problématique ? » - avec l'indice d'accessibilité - « quels sont les clients les plus réceptifs à ce type d'offre ? ».

› **Choisissez une plage homogène et un horaire adapté :** Evitez de répartir votre prospection tout au long de la journée, préférez des séquences de 1 h 30 idéalement. C'est le temps moyen pendant lequel une personne peut rester concentrée sur la même tâche. Choisissez une plage horaire en adéquation avec le moment où vos prospects seront probablement disponibles. En B to C, les horaires après 18 heures sont à privilégier.

Pendant votre prospection, suivez vos scripts et après chaque appel, remplissez votre outil de suivi (manuel ou CRM).

Après chaque campagne, faites une mesure de votre performance à l'aide des indicateurs suivants :

› Temps moyen d'appel

› Taux de contacts

$$= \frac{\text{Nb d'appels aboutis}}{\text{Nb d'appels passés}}$$

› Taux de prise de rendez-vous

$$= \frac{\text{Nb de rendez-vous acceptés}}{\text{Nb d'appels aboutis}}$$

› Taux d'efficacité des rendez-vous

$$= \frac{\text{Nb de propositions}}{\text{Nb de rendez-vous acceptés}}$$

› Taux de transformation clients

$$= \frac{\text{Nb de nouveaux clients}}{\text{Nb de propositions}}$$

Méthodologie et conseils

› Ne mesurez pas la performance en comptabilisant seulement le nombre de nouveaux clients ou le nombre de rendez-vous obtenus, exprimez-la en pourcentage pour évaluer votre performance. ■

Un CRM est un véritable allié car il peut vous relancer automatiquement et possède tout l'historique de la relation avec vos clients.

Avantages

■ La préparation amont permet de rester concentré sur son interlocuteur pendant l'appel.

Précautions à prendre

■ Lorsque vous travaillez dans un *open space* ou un *call center*, soyez vigilants au bruit environnant.

OUTIL 17

La préparation de la prospection téléphonique

PRÉPAREZ-VOUS COMME UN SPORTIF ET FAITES DE LA PERSÉVÉRANCE VOTRE ALLIÉE

MOYENS	MENTAL	MÉTHODE
Fichiers de contacts qualifiés	Se programmer	S'échauffer
Choix de la plage horaire	Être dans l'ici et maintenant	Appliquer les fondamentaux
Séquences homogènes	Être positif	Aller au bout de son objectif
Outils de suivi	Entretenir sa motivation	En cas de succès, poursuivre !
Script : accroches, rebonds		Prévoir une pause

En résumé

La conquête par téléphone a pour objectif de prendre des rendez-vous afin de rencontrer ses prospects.

Il s'agit d'un process qui demande de la rigueur et de la ténacité. Parmi les commerciaux, il y a ceux qui en font et les autres. Peur de l'inconnu, de l'échec, il faut garder en tête que le refus fait partie intégrante de la prospection téléphonique.

Pour entrer en contact avec les prospects, le succès repose sur l'alliance des moyens et des méthodes. Mais pour obtenir des rendez-vous qualifiés, une préparation mentale est nécessaire. La check-list moyens-mental-méthode vous permet de préparer votre prospection sur le fond (script, suivi...) et sur la forme (conserver son sourire, sa diction claire, son envie).

Insight

The purpose of telesales is to obtain meetings with prospective customers. It is a process that requires rigour and tenacity. There are the sales people who are capable of doing this, and then there are others... Fear of the unknown, of failure - one has to keep in mind that rejection forms an integral part of prospecting by phone.

When establishing contact with prospects, success depends on the combination of means and method. But in order to obtain qualified meetings, mental preparation is necessary. The 3M-checklist "means, mental, method" allows you to prepare the content of your approach (script, follow-up) and the style (keep smiling, clear diction, enthusiasm).

Pourquoi l'utiliser ?

Objectif

Moyens, mental, méthode reprennent les points de la préparation que vous devez maîtriser pour gagner des rendez-vous auprès de vos prospects.

Contexte

Avant de démarrer la prospection, la maîtrise du mental est un pilier indispensable pour réussir car les obstacles sont nombreux : prospects absents/injoignables/indisponibles/sur-contactés, barrage assistante, résultats décevants.

Comment l'utiliser ?

Étapes

Moyens : organisez-vous

› Ayez au minimum 1 heure et un fichier de trente contacts.

› Choisissez la plage horaire fonction de vos prospects et téléphonez sur des séquences homogènes (*cf.* outil 16).

› Tenez votre fichier de suivi à disposition avec vos contacts qualifiés et votre script d'appel (*cf.* outil 18).

Mental : programmez-vous à contrôler votre corps, vos émotions et les informations reçues pour être performant dans votre prospection.

› Formulez des objectifs réalistes et ambitieux : « 2 heures, 45 contacts, 5 rendez-vous, 3 informations sur le marché ! » ; représentez-vous les étapes par lesquelles vous allez passer : « 15 injoignables, 7 barrages assistantes, 15 refus nets, 3 refus avec des échanges, 3 rendez-vous qualifiés ».

› Dans l'entretien, soyez dans l'ici et maintenant et restez concentré sur ce que vous faites.

› Entretenez votre motivation, valorisez toutes les victoires : « j'ai passé le barrage » ; « pas de rendez-vous, mais j'ai obtenu le nom d'un de mes concurrents ». Considérez l'échec comme une source d'enseignements et relativisez-le car, en moyenne, vous pouvez obtenir deux rendez-vous sur cinquante contacts, soit 48 refus !

› Soyez positif car votre stress se communique. Conservez votre sourire et votre envie.

Méthode : suivez-la, elle fait ses preuves tous les jours.

› Echauffez-vous : testez votre voix, grimacez votre visage, rodez-vous par des contacts peu qualifiés, puis prenez des contacts qualifiés à forte probabilité de concrétisation pour vous motiver.

› Appliquez-vous sur les fondamentaux et déroulez votre stratégie (*cf.* outil 18).

› Allez au bout de votre objectif quoi qu'il arrive.

› En cas de succès, félicitez-vous et continuez ; la loi des séries existe !

› Prévoir une pause toutes les 1 h 30.

« Je n'ai jamais tapé un coup même à l'entraînement sans avoir une image très positive de celui-ci dans la tête. » (Jack Nicklaus, golfeur pro, 113 victoires)

Méthodologie et conseils

› En tant que client, vous refusez tous les appels des cuisinistes, sauf le jour où vous en avez le besoin ! Les statistiques sont avec vous. Il y a des prospects qui ont des besoins au moment où vous appelez.

› Sur les *call-centers*, certains ont un miroir pour voir leur image afin de maintenir leur sourire à chaque appel. ■

Avantages

- La préparation mentale permet de rester serein tout au long de sa prospection.

Précautions à prendre

- Préparez-vous autant que pour un entretien en face à face.
- Faites des séquences de 1 heure minimum pour gagner en technicité, fluidité et obtenir des résultats.

OUTIL 18

La conquête par téléphone

DÉROULEZ LES ÉTAPES DE L'ENTRETIEN

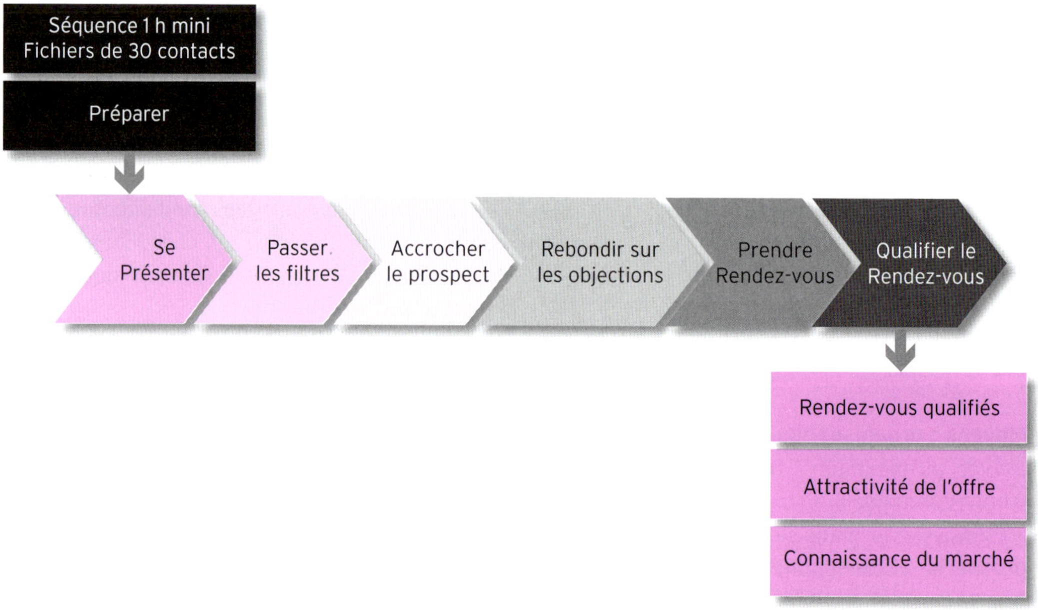

En résumé

Après une bonne préparation, il faut passer à l'action. L'entretien de prospection téléphonique se décompose en six étapes. Sa finalité est d'obtenir un rendez-vous mais il permet aussi de mesurer l'attractivité de votre offre et de glaner des informations sur le marché.

Cette méthode est l'arme historique de la conquête. Le taux de prise de rendez-vous dépend de la qualification des contacts et de la légitimité de l'offre.

- Coût = 5 à 10 € pour un commercial interne/appel.
- Coût si externalisé = 30 €/heure (en 2009) ou 200 à 350 €/rendez-vous obtenu.
- Temps de 0 à 15 minutes par appel.
- Taux de prise de rendez-vous = 0,5 % à 10 %.
- Taux de transformation clients = 10 à 20 %.

Insight

Once you are properly prepared, it's time to pick up the phone and dial. There are six steps to the telephone interview. The objective is to get an appointment meeting, but it also allows you to measure the attractiveness of your offer and glean information on the market.

This method is the historical weapon of acquisition. The conversion rate to real meetings depends on the qualification of contacts and the legitimacy of the offer.

- *Cost = 5-10€ for an internal sales person/call.*
- *Cost if outsourced = 30€/hour (as at 2009) or 200-350€/meeting obtained.*
- *Time taken is 0 to 15 minutes per call.*
- *Call conversion rate = 0,5-10%.*
- *Customer conversion rate = 10-20%.*

Pourquoi l'utiliser ?

Objectif

La téléprospection permet de prendre un rendez-vous auprès des prospects avec beaucoup de proximité. Les objectifs secondaires sont de rentrer dans l'univers du client, de montrer l'existence de votre société et de tester l'attractivité de votre produit ou de votre service.

Contexte

Après avoir sélectionné vos canaux de prospection, qualifié vos contacts, et après vous être préparé, il reste à mener l'entretien de prospection pour obtenir un rendez-vous.

Comment l'utiliser ?

Étapes

› **Se présenter** : créez un premier contact favorable en vous présentant, identifiez-votre interlocuteur, son rôle et validez sa disponibilité.

› **Passer les filtres :** restez courtois, faites-vous des standardistes, des assistantes, des collègues de vos prospects de véritables alliés et sachez les valoriser. Sur le fond utilisez soit la simplicité, soit un alibi technique, soit la candeur : « je sais vous faites votre travail mais j'ai vraiment besoin de lui parler directement, que me conseillez-vous ? » ; soit la surenchère (*cf.* page suivante).

› **Accrocher le prospect :** utilisez une accroche personnalisée si possible sinon l'accroche doit satisfaire le plus grand nombre de motivations (*cf.* outil 32, SONCAS).

› **Rebondir sur les objections :** appuyez-vous sur l'objection pour proposer le rendez-vous (*cf.* outil 19).

› **Prendre rendez-vous :** utilisez une alternative libre : « dans deux semaines ou à la fin du mois ? ».

› **Qualifier le rendez-vous :** c'est une phase souvent écourtée mais fondamentale car elle permet de préparer l'entretien. Echangez vos coordonnées et obtenez de l'information pour vous préparer : « afin de préparer notre rendez-vous, quels points en particulier souhaitez-vous voir aborder ? ».

La prospection téléphonique permet aussi de tester l'attractivité de votre offre.

Méthodologie et conseils

› Faites un script en diversifiant vos accroches et en préparant les objections afin de vous adapter spontanément à votre prospect.

› Même si la téléprospection est de plus en plus externalisée, sur des produits complexes, investissez en formant vos équipes. Un ingénieur bien formé aura beaucoup plus de succès qu'un téléprospecteur extérieur à l'entreprise.

› En cas d'impossibilité de joindre votre prospect, envoyez-lui un mail avec les deux étapes « se présenter » et « accrocher le prospect ». Vous pourrez le relancer ensuite avec plus de succès.

Avantages

- Réalisée par les commerciaux internes, la téléprospection instaure un premier contact verbal avec les prospects.

Précautions à prendre

- Les taux de prise de rendez-vous varient d'un secteur à l'autre.
- Après votre série d'appels, envoyez un mail de confirmation pour remercier et reformuler le rendez-vous pris. Pensez également à le confirmez deux jours avant. Inutile de vous déplacer pour un entretien écourté !

SUITE OUTIL 18 →

La conquête par téléphone

Comment être plus efficace ?

Une accroche

Tout bon prospecteur prépare trois à quatre accroches différentes pour ne pas tomber dans la monotonie et pour varier son style. Elles doivent donner envie et susciter l'intérêt du prospect. Les maîtres mots sont : simples, directes, illustrées. Chaque accroche se termine souvent par une phrase du type « C'est la raison pour laquelle je souhaite vous rencontrer la semaine prochaine... ». Le présent est toujours privilégié par rapport au conditionnel.

Exemple d'accroche : « Nous sommes un des leaders de l'ingénierie. Nous développons des machines spéciales d'emballage répondant à vos spécificités, c'est la raison pour laquelle je souhaite vous rencontrer dans deux semaines. ».

Vous pouvez aussi mettre en avant votre proximité, vos références sur des secteurs équivalents, le lancement d'un de vos nouveaux produits.

Adapter son positionnement selon son niveau de crédibilité

Lors de la conception de vos accroches, il est judicieux de tenir compte du niveau de crédibilité de votre offre par rapport au prospect. Plus vous êtes crédible, et plus les prospects sont prêts à vous écouter, dans le cas contraire à vous d'être encore plus convaincant et tenace pour décrocher un rendez-vous. On distingue sur une échelle de 1 à 4 la crédibilité de votre offre par rapport à la cible.

- 1 : votre offre est « peu crédible ». Vous n'avez pas de référence sur ce marché.
- 2 : votre offre est crédible. Vous avez une référence sur un marché proche de vos prospects.
- 3 : votre offre est crédible. Vous avez des références sur ce marché.
- 4 : votre entreprise est un acteur clé sur ce secteur, vous êtes clairement identifié par les acteurs du marché. (Notoriété spontanée élevée).

Ainsi, une SSII qui prospecte des constructeurs automobiles sans références sur ce marché aurait un niveau de crédibilité de 1 même si elle possède une véritable expertise sur d'autres secteurs. Car dans l'esprit du prospect, une des premières conditions pour recevoir un nouveau fournisseur est qu'il possède des compétences en adéquation avec ses problématiques sectorielles. C'est la raison pour laquelle certains fournisseurs lors d'une consultation sont prêts à casser les prix juste pour avoir une référence sur ce marché afin de faciliter la conquête de nouveaux clients de ce même secteur. ■

Exemple d'accroche avec un niveau de crédibilité de 1 : une SSII, ALTA prospecte sur un nouveau marché, l'automobile.

« ALTA est une SSII spécialisée dans le développement des applications sur la gestion des risques, dix-huit acteurs du secteur industriel nous font confiance. C'est la raison pour laquelle je souhaite vous rencontrer pour comprendre vos enjeux et voir comment nous pouvons vous accompagner dans votre développement. »	Il donne de l'information sur son entreprise a priori inconnue du prospect. Il rassure en mentionnant un nombre important de clients dans un environnement proche.

Exemple d'accroche avec un niveau de crédibilité de 4.

« Frédéric Dérit d'ALTA. Nous accompagnons quatre services de votre groupe. Je souhaite faire un point avec vous pour voir comment nous pouvons vous accompagner dans votre développement. »	L'accroche est directe. Le nom de l'entreprise suffit à laisser le prospect écouter. Inutile de faire long, l'objectif entre professionnels est de se rencontrer.

EXEMPLE de scripts chez Airplus International

AirPlus INTERNATIONAL

Airplus International accompagne l'ensemble des entreprises dans l'optimisation des coûts directs et indirects du voyage d'affaires. Dans sa démarche active de conquête, Airplus est à la fois face à des prospects avisés sur ce type de prestations mais aussi face à des prospects complètement novices. C'est la raison pour laquelle ils ont mis en place différentes accroches selon le niveau de crédibilité de leur offre vis-à-vis de leurs prospects.

Niveau de crédibilité	1	2	4
Se Présenter	– Philippe Guedes. – Bonjour M. Guedes, Michel Richard d'Airplus International... – Que voulez-vous ? Je vous préviens, j'en ai assez d'être démarché pour tout et n'importe quoi !	– Frédéric Bonnin – Bonjour M. Bonnin, je suis Michel Richard d'Airplus International, avez-vous quelques instants à m'accorder ? – C'est pourquoi ?	– Allo oui – Bonjour, Mme Croati ? – oui, Gaëlle Croati. – Michel Richard d'Airplus International, avez-vous quelques instants à m'accorder ? – Je vous écoute.
Accrocher le prospect	– Mon objectif, M. Guedes, est simplement de vous rencontrer pour vous exposer comment Airplus, fort de 20 années d'expertise dans ce domaine, permet aujourd'hui à plusieurs centaines d'entreprises de faire des économies sur les voyages d'affaires.	– Je souhaite vous rencontrer pour vous présenter notre offre dans les solutions de paiement et de reporting du voyage d'affaires.	– Comme vous le savez en tant que directeur financier, Airplus apporte des solutions pour mieux maîtriser les coûts des voyages d'affaires. C'est pourquoi je souhaite vous rencontrer avant la fin du mois pour vous présenter notre dernière étude sur les ROI réalisés suite à une solution Airplus.
Rebondir face aux objections	– hum hum ! – « silence » puis : – Je sais votre temps précieux et le mien l'est aussi, aussi un entretien de 45 minutes permettra d'étudier comment réduire les coûts des déplacements professionnels de votre entreprise. – C'est quoi le principe ? – Connaissez-vous le principe du numéro de carte logée ? – non !	– J'ai déjà ce qu'il me faut ! – Justement, c'est parce que vous êtes déjà client de ce type de prestations qu'il vous sera plus facile de comparer l'intérêt de notre offre par rapport à celle que vous avez choisie de mettre en place.	– Je suis débordée en ce moment – Je comprends cette période est bien chargée.
Prendre rendez-vous	– C'est ce que je vous exposerai. Je vous propose soit mardi 11 ou jeudi 13 ?	– Je vous propose que l'on se rencontre prochainement : la semaine du 23 ou la suivante ?	– Que diriez-vous alors de se voir dans un mois le 4 au matin ?

Le rebond face aux objections

EN PROSPECTION TÉLÉPHONIQUE, NE RÉPONDEZ PAS AUX OBJECTIONS, REBONDISSEZ

TECHNIQUES DE REBOND

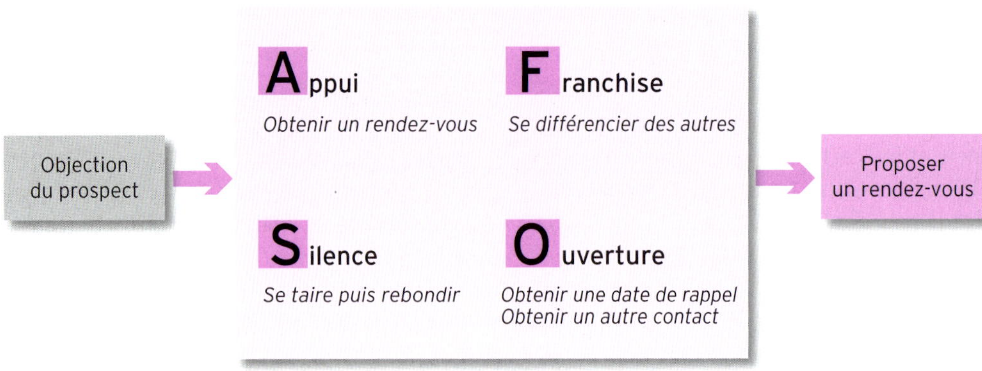

En résumé

En téléprospection, la devise est de rebondir sur les objections pour obtenir le rendez-vous. Il existe quatre techniques de rebond.

Face à un prospect qui objecte « je n'ai pas le temps » :

- **Appui :** « c'est justement pour cela qu'il nous faut planifier un rendez-vous ensemble ».
- **Silence :** prospect hésitant, peu convaincu, disant : « humm..., je n'ai pas trop de temps en ce moment », ne relevez pas, faites un silence et proposez une date.
- **Franchise :** « je m'en doute, moi non plus ; nous sommes tous surchargés. Se rencontrer c'est, j'espère, gagner du temps pour vous comme pour moi. Quand pouvons-nous nous rencontrer ? »
- **Ouverture date de rappel :** « j'ai compris que la période n'est pas propice, quand puis-je vous rappeler à la rentrée pour convenir d'un entretien ? »
- **Ouverture sur un autre contact :** à utiliser dans tous les cas de refus, rebondissez par « vous n'avez pas de projets à court terme ; qui, dans votre entreprise, peut être intéressé par mes services ? »

Insight

If you wan to succeed in telesales, you have to bounce back when the prospect objects to what you say. There are four techniques for bouncing back.

For example, faced with the classic objection "I don't have time...":

- ***Lever:*** *"That's the reason I'm keen for us to fix a suitable time together".*
- ***Silence:*** *if the prospect is more hesitant in their answer, e.g. "hmm... I don't have much time... not at the moment", don't answer back, wait a little while, and propose a date.*
- ***Frankness:*** *"I can imagine, neither do I, we are all overbooked, so by meeting up my hope is that we could save time for both of us; when would suit you best?".*
- ***Agreeing to call back:*** *"I understand the timing is not the most convenient for you: when can I call you back after the holidays to find a better date?".*
- ***Agreeing to call another contact:*** *you can use this whenever you don't succeed with the present contact – you've got nothing to loose! "If you yourself don't have any projects in the short term, who in your company might be interested in my services?".*

Pourquoi l'utiliser ?

Objectif

Contrairement au traitement des objections de la vente (*cf.* outil 37), en prospection vous rebondissez : votre objectif est de décrocher un entretien avec votre prospect.

Contexte

À moins de tomber sur un prospect qui a un besoin immédiat, vous aurez toujours des objections sur la prise de rendez-vous. En *B to C*, privilégiez les techniques d'Appui et d'Ouverture. En *B to B*, les quatre techniques fonctionnent aisément.

Comment l'utiliser ?

Étapes

› **Appui :** technique la plus utilisée. Vous rebondissez sur les objections en débutant vos phrases par :

- « vous avez raison, je vous propose donc... » ; « c'est la raison pour laquelle... » ; « c'est justement pour cela... » ;
- et vous proposez une date de rendez-vous.

› **Silence :** lorsque vous ressentez votre interlocuteur évasif, peu convaincu dans son objection, taisez-vous et reprenez par « je vous propose de nous rencontrer le... ».

› **Franchise :** vos prospects *B to B* sont sur-sollicités, vous devez marquer votre différence, dites ce que les autres n'osent jamais dire. Pour que cela fonctionne, soyez simple, sincère, instaurez de l'alliance avec votre prospect, il travaille comme vous dans une entreprise, il a des contraintes, vous en avez aussi.

- Prospect : « je n'ai pas de besoin ». Réponse : « je sais, vous avez déjà vos fournisseurs. Ils ont dû un jour, comme moi, prendre contact avec vous. Je ne vous contacte pas par hasard, rencontrons-nous, cela va peut-être vous permettre d'obtenir des idées. ».
- Prospect : « ça ne m'intéresse pas ». Réponse : « je ne vais pas vous forcer pour prendre un rendez-vous. Moi j'ai un intérêt à vous rencontrer, je vous appelle car je pense qu'il peut y'en avoir un aussi pour vous ! ».

› **Ouverture :** vous sentez le rendez-vous perdu, accordez-vous une alternative de repli avec ce prospect.

- ouverture sur une date de rappel ;
- ouverture sur un autre contact.

La franchise est aussi une solution pour passer l'objection et gagner un rendez-vous.

Méthodologie et conseils

› Il faut parfois plusieurs contacts avec un prospect pour gagner un rendez-vous. Reprenez contact avec lui au moins une fois par an. Et puis, les prospects changent de poste, vous aurez peut-être plus de chance avec son successeur.

› Les objections de certains prospects peuvent être dures, voire blessantes. Ne concluez jamais en mauvais termes, restez professionnel quoi qu'il arrive. ■

Avantages

- Les techniques de rebond vous aident à proposer rapidement le rendez-vous au prospect.

Précautions à prendre

- Synchronisez votre ton avec celui de votre interlocuteur car votre technicité s'entend. Restez naturel, courtois, ne tentez pas de prendre le dessus sur lui.
- N'utilisez pas plus de trois fois la technique de l'Appui, rebondissez avec Ouverture ou Franchise.

OUTIL 20 La conquête par recommandation

OBTENIR DES CONTACTS QUALIFIÉS AUPRÈS DE SES CLIENTS

COMMERCIAL

CLIENT

Ce client est satisfait de mes services.
Nous sommes à la fin de l'entretien.
Pour obtenir des contacts qualifiés auprès de mon client, osons lui demander une recommandation.

J'ai plaisir à travailler avec ce commercial.

*Monsieur Albeaux, nous développons notre activité avec nos meilleurs clients.
Quelles personnes de votre entourage puis-je contacter de votre part ?*

Vous pouvez contacter M. Frydman mais je ne sais pas s'il sera intéressé par vos services !

M. Frydman, quel est le meilleur moyen pour le joindre ?

Le mieux est de l'appeler sur son mobile au 06 07 08 09 10

En résumé

La conquête par recommandation est un outil pour obtenir des contacts qualifiés auprès de vos clients actuels.

Un des facteurs clés de succès réside dans la capacité du commercial à faire cette demande de manière directe, simple et sans répétition. Suite à la demande, il est important de laisser un silence de 15 secondes pour que le client puisse réfléchir à cette demande inattendue pour lui.

Cette méthode est un des moyens les plus efficaces pour la conquête de nouveaux clients.

- Coût = 0 €
- Temps = 4 minutes
- Taux de prise de rendez-vous = 20 à 30 %
- Taux de transformation = 40 % à 70 % !

Insight

Acquisition through recommendation is a way of obtaining qualified contacts from existing clients.

One key success factor is your ability to ask for the recommendation directly, in a straightforward manner, and without repeating yourself. After you have made your request, keep silent for at least 15 seconds to let your client think over what for him will be an unexpected request.

This method is one of the easiest and most efficient ways of winning new business.

- *Cost: 0€*
- *Time taken: 4 minutes*
- *Appointment rate: 20 to 30%*
- *Transformation rate: 40 to 70%!*

Pourquoi l'utiliser ?

Objectif

La conquête par recommandation permet d'obtenir un listing de contacts qualifiés pour développer votre portefeuille et la croissance de votre entreprise. Cet outil valorise également vos clients actuels.

Contexte

Il peut être utilisé dans tous les secteurs aussi bien en *B to C* (assurance, banque, distribution) qu'en *B to B* (banque-entreprise, santé, IT, ingénierie...). Il est particulièrement utile dans les secteurs concurrentiels ou lorsque le flux d'affaires entrantes est faible.

Comment l'utiliser ?

Étapes

› Identifier les clients selon les critères : profil ouvert, satisfait de vos services, ayant un potentiel de recommandation, membre d'une association, possèdant un bon réseau (club, etc.).

› Quand formuler la requête ?
- suite à toute bonne opportunité ;
- suite à une satisfaction exprimée par le client (geste commercial, bon moment d'échange, lieu informel comme un restaurant, autour d'un café...) ;
- sinon dans tous les cas **en fin d'entretien.**

› Comment la formuler ? Nous vous proposons un acronyme simple et efficace : A.Q.P.C.
- **A** pour Accroche (à contextualiser) valorisante pour le client : « Nous développons notre portefeuille par l'intermédiaire de nos bons clients ».
- **Q.P.C.** pour les questions : « **Q**uelles **P**ersonnes puis-je **C**ontacter de votre part ? » ou « **Q**uelles sont les trois **P**ersonnes de votre entreprise que je peux **C**ontacter de votre part ? ».

› Traiter les objections du client (voir pages suivantes).

› Obtenir les informations clés du recommandé :
- prénom, nom, téléphone ;
- lien entre le recommandé et le recommandant (ami, relation, famille) ;
- quand le contacter ? ;
- pourquoi il a pensé à cette personne ?

› Remercier.

La conquête par recommandation est gratuite, simple et efficace.

Méthodologie et conseils

› Eviter toute question fermée : « connaissez-vous des personnes que je pourrais contacter de votre part ? », il sera plus facile à votre client de vous dire non.

› Utiliser les termes : « contacts », « personnes » et bannir le terme « nom » ; on y ressent une atmosphère de délation !

Avantages

- Action commerciale économique et rapide qui ne nécessite pas d'entretien spécifique.
- Même si le commercial doit gérer ses propres freins psychologiques et maîtriser le comportement de ses clients, il reste moins fastidieux que la prospection.

Précautions à prendre

- Il est important de stipuler « de votre part » car si vous obtenez un contact de la part de votre client mais que celui-ci refuse que son nom soit communiqué au recommandé alors vous n'aurez plus d'accroche spécifique au moment de la prise de rendez-vous avec ce prospect.

SUITE OUTIL 20 →

Comment être plus efficace ?

Lever les freins

› Demander une recommandation est l'une des méthodes les plus simples pour faire une prospection efficace, et pourtant peu de commerciaux la pratiquent spontanément. La première raison est qu'ils n'y pensent pas ! En prenant conscience que cette technique est celle qui coûte le moins d'effort pour augmenter votre portefeuille client, vous pouvez **intégrer la prospection dans votre pratique quotidienne** et adopter une démarche de recommandation systématique payante.

› Vous rencontrerez des freins de la part de votre client : c'est normal, il n'était pas préparé à cette demande, il est surpris et peut-être un peu inquiet de savoir ce que vous allez dire à la personne qu'il vous recommandera. Votre rôle consiste alors à **accueillir et traiter l'objection de la recommandation.**

› Enfin, il est légitime que vous-même puissiez ressentir un frein à demander une recommandation. Vous avez construit avec votre client une relation positive, il est conquis, et vous ne voulez pas risquer de perdre ce lien privilégié. Et vous avez bien raison ! C'est pourquoi **vous ne traiterez qu'une seule objection**, et n'insisterez pas d'avantage. La conquête par recommandation est efficace d'un point de vue statistique. Il n'y a aucun intérêt à convaincre chaque client de vous donner un contact qualifié.

Traiter les objections de la recommandation : valoriser et rassurer le client

› La méthode pour traiter les objections de la recommandation est la même que celle que vous employez en vente pour traiter les objections par rapport à l'offre (*cf.* outil 37). A quelques nuances d'application près :

– pour préserver la relation que vous avez su instaurer jusqu'à présent avec votre client, **soyez particulièrement attentif à valoriser son intervention** avant de creuser, et montrez de l'intérêt pour son point de vue lorsque vous l'interrogez ;
– puisque le propos n'est pas de convaincre - mais simplement d'oser demander sans insister - **vous n'êtes pas obligé d'aller jusqu'au bout de la méthode CRAC**. Soyez attentif au non-verbal de votre client et sachez arrêter avant de le froisser.

› **Revenir à l'entretien en cas d'échec :** si le non-verbal de votre client exprime de manière explicite une fermeture, abandonnez la recherche de recommandation et terminez votre entretien dans un **climat positif**. Faites la synthèse des propos échangés, les accords convenus, les prochaines étapes. Remerciez votre client pour son écoute et sa disponibilité. Il doit sentir que vous ne lui en voulez pas du tout d'avoir refusé de vous rendre ce service. Son choix est légitime et doit être respecté. Ce qui compte, c'est la relation avec lui. Vous savez que statistiquement, d'autres clients accepteront de vous donner des contacts qualifiés.

EXEMPLES dans le domaine de l'assurance

	Objection n° 1	Objection n° 2	Objection n° 3
Écouter avec respect	– Je vais réfléchir	– Ça me gêne	– C'est confidentiel
Valoriser l'intervention	– Vous avez raison, cela demande réflexion, je vais vous aider...	– Je comprends et je vous remercie de votre franchise...	– Votre point de vue est intéressant...
Creuser en montrant de l'intérêt	– ...pensez aux personnes de votre famille. Qui pourrait être intéressé par les mêmes services ? – ... – Qui possède le même type de biens ? – ... – Et dans vos relations professionnelles ?	– Qu'est-ce qui vous gêne ? – Je ne souhaite pas mélanger le professionnel avec ma vie personnelle. – Vous avez raison, j'adhère à votre point de vue.	– ...quand vous dites confidentiel, à quoi pensez-vous ? – Je ne souhaite pas que mes amis connaissent les transactions que j'ai avec vous.
Reformuler		– Si je comprends bien, vous accepteriez de me communiquer des contacts de votre entourage en dehors de votre sphère privée ? – Oui.	– Vous avez raison, la confidentialité est un point important.
Argumenter			– Aucune information vous concernant ne sera divulguée. Depuis deux ans que nous travaillons ensemble, je ne vous ai jamais communiqué la moindre information sur mes clients.
Contrôler			– Êtes-vous rassuré ?

Commentaires

– L'objection n° 1 est la plus fréquente : il s'agit d'une demande réelle du client qui éprouve des difficultés à trouver instantanément une personne de son entourage susceptible d'être intéressée par vos services. Accompagnez-le dans sa réflexion en vous montrant patient : il faut 20 secondes en moyenne pour trouver un contact. Attendez qu'il reprenne contact avec vous (verbalement ou visuellement) avant de reprendre la parole. S'il ne trouve pas, laissez une ouverture pour conclure « je vous remercie, si vous pensez à une personne, je serai à votre écoute ».

– L'objection n° 2 peut en cacher une autre, il est important de bien comprendre ce qui gêne votre client. En fonction de sa réponse et de son attitude non-verbale, vous arrêterez ou non le processus de traitement de l'objection. Devant une attitude fermée et la réponse « ce n'est pas à moi de faire votre travail », faites le lien avant de reprendre le fil de votre entretien de vente : « il s'agit seulement de faire profiter un de vos amis des mêmes avantages, mais vous êtes complètement libre ».

– Dès que vous obtenez une réponse positive, poursuivez la méthode QPC en relançant la question : « qui puis-je contacter de votre part ? ». ■

OUTIL 21

Le lead nurturing

EXPLOITEZ LES RÉPONSES NÉGATIVES DE VOS PROSPECTS

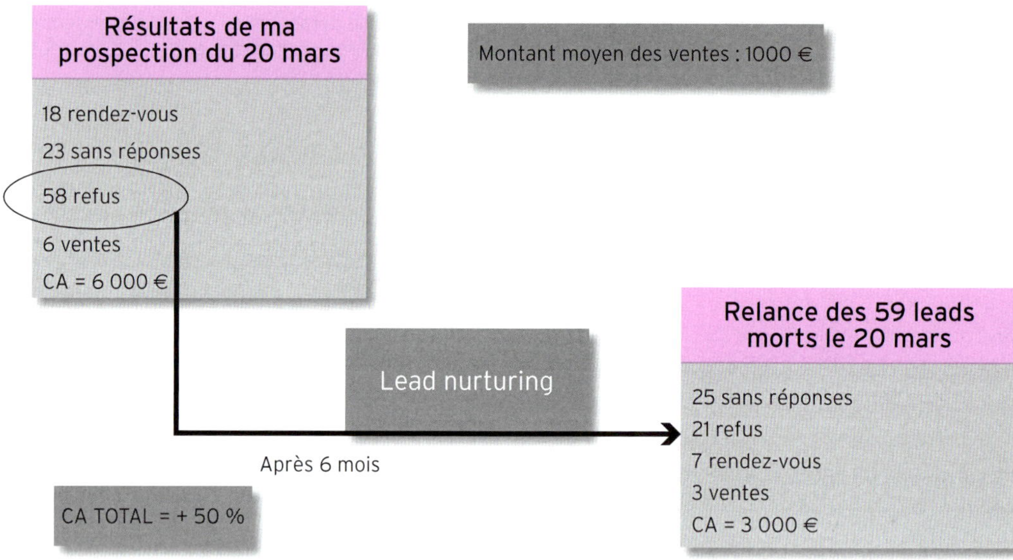

Source : *Transformez vos meilleurs prospects en clients réels*, Nicolas Dugay, Laurent Horwitz, Sébastien Lacombe, Gilles Mounissens, Éditions Maxima

En résumé

Le lead nurturing est une méthode qui consiste à conserver et à relancer ses leads morts (prospects qui ont formulé un premier refus pour un rendez-vous) ou qui n'étaient pas encore mûrs pour signer.

Insight

Lead nurturing is a method which consists in following up dead leads by contacting them again after a while.
Dead leads are your prospects who declined a meeting when you first called them or were not yet ready to buy.

Pourquoi l'utiliser ?

Objectif

Le lead nurturing est la mise sous couveuse des prospects qui vous ont dit « non » ou « plus tard » suite à une campagne de prospection. Un refus d'un prospect (lead mort) à une date ne le sera plus dans les 6 mois. Passé ce délai, vous pouvez relancer votre prospect pour lui proposer de nouveau un rendez-vous.

Contexte

Utilisable dans tous les secteurs, il concerne la prospection aussi bien par téléphone que par mail. Utilisable dans tous les secteurs, il concerne la prospection aussi bien par téléphone que par mail. En B to B, le lead nurturing est indispensable car les prospects sont contraints par la charge de travail, la multiplication des projets et la course à la différenciation à prendre des décisions rapides et brutales. Un refus en B to B en hiver ne l'est parfois plus au printemps...

Comment l'utiliser ?

Étapes

- Après avoir raccroché avec un prospect par téléphone qui vous a dit « non » ou « plus tard » pour vous rencontrer, conservez ce lead mort (nom, coordonnées) dans votre base clients.
- Planifiez dans votre agenda une date de relance à 3 ou 6 mois.
- Relancez ce prospect à la date programmée.

Méthodologie et conseils

- Il s'agit avant tout de s'organiser pour relancer ses prospects. Personne n'aime relancer une personne qui vous a dit « non », 6 mois auparavant. C'est votre humilité et votre persévérance qui feront la différence.
- Gardez en mémoire : 40 % des refus ne le sont plus 6 mois après. Certains atteignent jusqu'à 20 % de vente sur des leads morts !
- Lorsque vous relancez votre prospect, rappelez-lui votre premier échange. Il sera surpris et appréciera votre persévérance. Vous pouvez argumenter « Vous savez, beaucoup de mes bons clients m'ont refusé un premier rendez-vous ! » ou en B to B « Vous-même, vous ne baissez pas les bras face au premier refus de vos clients ! ».
- Après 2 relances, par téléphone si votre prospect vous fait sentir qu'aucun rendez-vous n'arrivera, intégrez vos prospects dans un plan de communication pour rester dans le paysage de vos clients. Utilisez les différents événements :
- nouveaux produits et services ;
- nouveaux catalogues ;
- invitation aux événements de votre entreprise : salons, petits-déjeuners.

D'après l'étude Dartnell, un commercial relançant 3 fois ses prospects élimine 84 % de ses concurrents.

Avantages

- Le lead nurturing permet de se différencier des commerciaux qui abandonnent un prospect après un premier refus.
- Le second appel à 6 mois est toujours plus facile que le premier.
- Rentabiliser les coûts d'acquisition.

Précautions à prendre

- Lorsque vous relancez votre client, restez de bonne relation. N'agacez pas votre prospect.
- Pensez à varier les moyens de communication : courrier, mail, téléphone, ou visite.

DOSSIER

4 PRÉPARER SA STRATÉGIE D'ENTRETIEN

La préparation est sujet à débats lorsqu'il s'agit de vente. La fonction commerciale est avant tout orientée vers l'action et le contact avec le client. Les heures passées au bureau semblent des heures perdues. Paradoxalement, la préparation peut vous faire gagner du temps : elle permet d'optimiser le temps de chaque rencontre avec le client et peut vous faire prendre de l'avance sur vos concurrents.

Préparer la rencontre de deux mondes

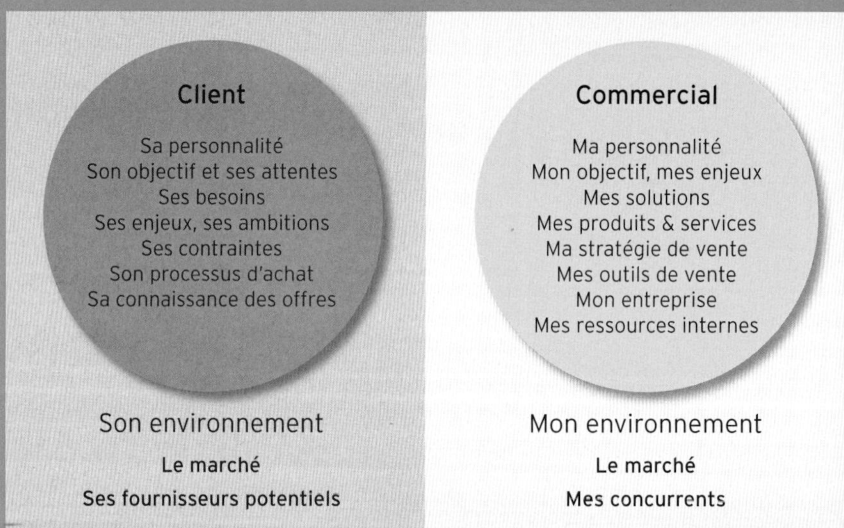

Pour vendre, vous devez construire des passerelles entre le monde du client et le vôtre. Car in fine, c'est le client qui achète, pas le commercial qui vend. La préparation accélère les processus de construction de ces passerelles et vous permet d'adopter la stratégie qui va aider le client à avancer dans son processus de décision :

- vous êtes plus rapidement en phase avec votre client lors de l'entretien ;
- vous optimisez le temps de l'entretien en allant plus loin dans l'objectif ;

- vous gagnez un temps d'avance sur la concurrence ;
- vous faites gagner du temps à votre client qui vous en est reconnaissant ;
- vous dégagez une image professionnelle et gagnez en crédibilité.

Comment doser le temps préparation ?

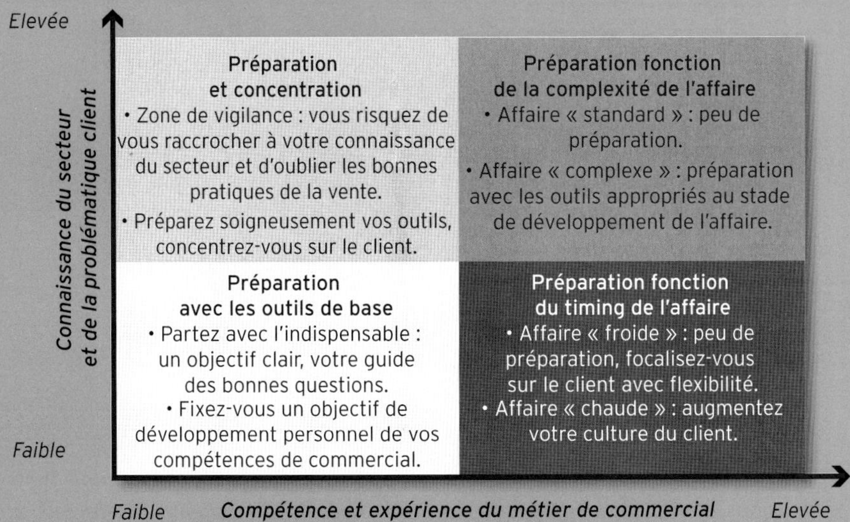

Le temps consacré à la préparation de la stratégie d'entretien dépend de la complexité de l'affaire, de son stade d'avancement dans le processus de décision du client, et aussi de votre propre maîtrise des outils de la vente.

- Lorsque vous débutez dans le métier, prenez le temps de préparer vos outils fondamentaux : objectif d'entretien, bonnes questions, et les méthodes de vente décrites dans le dossier 5. Peu à peu, vous les intégrez et pouvez les utiliser sans préparation. C'est alors que, comme les grands improvisateurs, vous pouvez « oublier » la technique pour vous concentrer sur le client.
- Plus vous montez en compétence commerciale, plus votre temps de préparation dépend de la complexité de l'affaire ou de votre connaissance du secteur et de la problématique client. Réservez vos temps de préparation aux affaires à enjeu et ou délicates : client ciblé mais non demandeur, vente à cycle long nécessitant l'intervention d'autres personnes en interne qu'il faut coordonner, concurrence agressive, etc.

LES OUTILS

OUTIL 22

La flexibilité relationnelle avec Process Com®

ÊTRE CONSCIENT DE SES PROPRES PRÉFÉRENCES ET S'ADAPTER À CELLES DU CLIENT

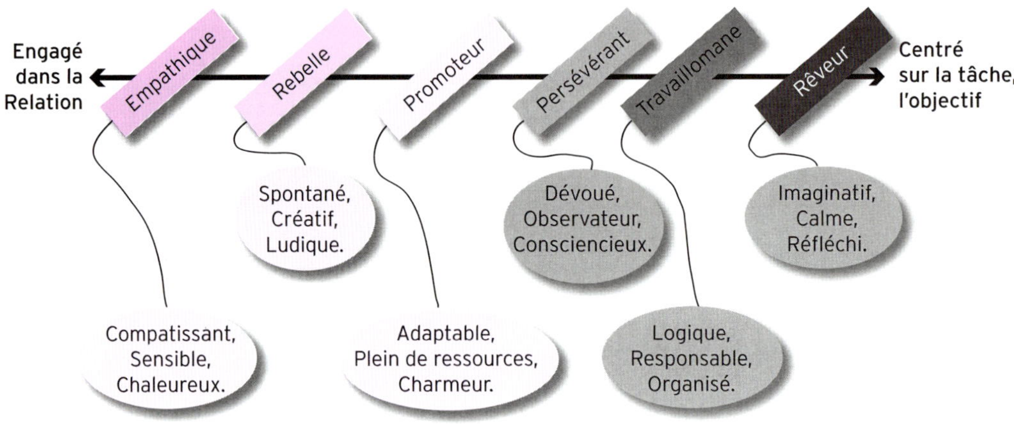

En résumé

La flexibilité relationnelle consiste à s'adapter aux préférences des clients : établir un contact humain avant de s'atteler à une tâche, ou se centrer d'emblée sur l'objectif à atteindre.

Le modèle Process Com® décrit six types de personnalités plus ou moins engagés dans la relation :

- **le type Empathique** est très engagé dans la relation, il a besoin qu'elle soit ouverte, bienveillante et sincère ;
- **le type Rebelle** a fortement besoin de contact, qu'il préférera ludique ;
- **le type Promoteur** saisit toutes les occasions d'entrer en relation, sans perdre de vue son objectif ;
- **le type Persévérant** est volontiers centré sur l'objectif, mais il a besoin d'échanger ses opinions ;
- **le type Travaillomane** privilégie la tâche, et entre en relation au service de l'objectif ;
- **le type Rêveur** préfère être seul pour travailler, il entre en relation par nécessité.

Insight

Relational flexibility is a tool that can be adapted to the client's preferred approach: establish productive relationships on a human level before setting to work, or focus straight away on the objective to be achieved.

The Process Com® model describes 6 personality types, each of them having a different approach to building relationships:

- *The **Reactor type** is very involved in the relation, and needs it to be open and sincere.*
- *The **Rebel type** has a strong need of contact with others -, preferably involving having fun.*
- *The **Promoter type** takes every opportunity to make contact, but with a clear view to meeting a particular objective.*
- *The **Persister type** likes to focus on the objective, but also needs to exchange opinions with others.*
- *The **Workaholic type** sees the task as a priority, and makes contact when it's useful for achieving the objective.*
- *The **Dreamer type** prefers to work alone, and typically only allows contact when it becomes unavoidable.*

Pourquoi l'utiliser ?

Objectif

Cet outil permet de prendre conscience de la façon dont nous entrons spontanément en relation avec l'autre, et d'être vigilant à respecter la préférence relationnelle du client. Le but est de donner au client du confort et de créer les conditions d'une bonne coopération.

Contexte

Il est intéressant d'utiliser votre flexibilité relationnelle à chaque rencontre avec le client. Elle s'applique également aux entretiens téléphoniques, et même à l'écrit, par exemple lors des contacts par messagerie électronique.

Comment l'utiliser ?

Étapes

› Identifiez la préférence relationnelle liée à votre profil de personnalité profond :

- Lors d'un rendez-vous professionnel, qu'avez-vous tendance à faire en premier ? Vous enquérir de la personne ou exposer le but de votre visite ?
- Quelles sont les qualités qui vous caractérisent le plus, depuis toujours ?

› Observez votre client au moment de la prise de contact : quand est-il le plus à l'aise, à quel moment sentez-vous ses traits se détendre ?

- Lorsque vous êtes engagé dans la relation et faites attention à lui en tant que personne ?
- Lorsque vous commencez à aborder le vif du sujet, l'objet de votre visite ?

› Adaptez votre façon d'agir en conséquence :

- abrégez les temps de discussion informelle si votre client est centré sur l'objectif ;
- prenez le temps de vous intéresser sincèrement à lui s'il est engagé dans la relation.

Méthodologie et conseils

› Pour identifier votre préférence relationnelle, tenez compte de votre comportement spontané, en essayant de neutraliser les comportements acquis (politesse, efficacité professionnelle).

› Lorsque vous avez en face de vous plusieurs interlocuteurs en même temps, partagez le temps habilement de manière à satisfaire chacun. Adressez vos propos à chacun selon sa préférence.

› Gérez votre propre temps de manière à trouver un équilibre entre votre zone d'efficacité maximale et votre adaptation au client : variez la durée des entretiens, prenez le temps de vous ressourcer avant un entretien chez un client qui a un fonctionnement opposé au vôtre.

Nous sommes tous différents, mais nous aimons que les autres nous ressemblent.

Avantages

- La flexibilité relationnelle est simple à utiliser : elle repose sur un seul axe, et l'observation du comportement non-verbal du client suffit à renseigner sur ses préférences.
- Elle permet d'établir d'emblée un contact que le client percevra comme agréable et efficace.

Précautions à prendre

- Gardez un équilibre entre votre adaptation au client et vos conditions d'efficacité : si vous forcez votre préférence relationnelle sur une trop longue période, vous risquez de rentrer sous stress et d'adopter des comportements inefficaces.
- Un individu ne se réduit pas à un seul type de personnalité. Il est normal de vous retrouver un peu dans chacun des six types, et cela peut expliquer des variations dans vos préférences au cours d'une même journée. Seul un questionnaire élaboré peut permettre de dresser votre inventaire de personnalité complet (voir lien Internet dans la bibliographie).

SUITE OUTIL 22 →

La flexibilité relationnelle avec Process Com®

Comment être plus efficace ?

La structure de personnalité

Chacun de nous a un type de personnalité appelé « Base », qui conditionne notre fonctionnement profond et nos préférences relationnelles, **et** plus ou moins des caractéristiques des cinq autres types. La personnalité d'un individu peut être représentée sous la forme d'un immeuble à six étages, dont la taille diminue au fur et à mesure que l'on s'élève. Chaque étage correspond à un type de personnalité décrit par le modèle Process Com® : Empathique, Travaillomane, Rebelle, Persévérant, Rêveur ou Promoteur.

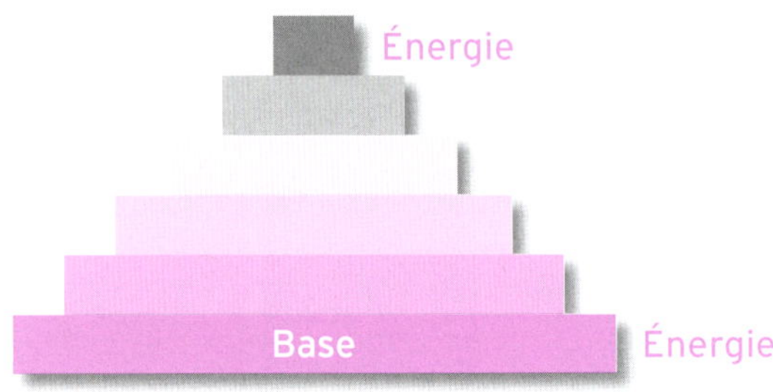

La taille de chaque étage symbolise le niveau d'énergie disponible. Plus on monte dans les étages, plus il est difficile **de passer du temps** dans le type de profil correspondant :

- exploiter les talents relatifs à ce type de personnalité (voir les bulles du schéma précédent) ;
- interagir avec une personne dont la base correspond à ce type de personnalité.

L'ordre et la taille des étages peuvent être très variables d'un individu à l'autre. C'est pourquoi nous nous entendons mieux avec les personnes – et les clients – qui ont une structure de personnalité proche de la nôtre, c'est-à-dire avec qui nous partageons un ou deux étages en commun parmi les trois étages du bas de notre immeuble. Ce sont nos « clients faciles ».

À chaque fois que nous devons monter dans nos étages supérieurs pour exploiter les talents de tel type de personnalité ou nous adapter à un interlocuteur, nous consommons de l'énergie. Au bout d'un moment, nous devons redescendre pour recharger nos batteries dans nos étages du bas.

Les besoins psychologiques

À chaque type de personnalité sont attachés des besoins psychologiques spécifiques. Il est aussi essentiel pour nous de nourrir les besoins psychologiques de notre base, et dans la plupart des cas d'un deuxième type de personnalité, que de manger, boire ou dormir. Si nous en sommes privés, nous pouvons entrer sous stress et adopter des comportements inefficaces.

Plus nous nourrissons nos besoins psychologiques essentiels, plus nous avons d'énergie et plus nous avons de capacité à circuler dans nos étages pour nous adapter à nos interlocuteurs.

Développez une hygiène de vie saine : veillez à nourrir régulièrement vos besoins psychologiques essentiels pour augmenter vos réserves d'énergie et votre flexibilité relationnelle.

EXEMPLES de bonnes pratiques pour gérer son énergie de commercial

Type de personnalité	Besoins Psychologiques	Verbatim de commerciaux
Empathique	Être reconnu en tant que personne. Satisfaire ses besoins sensoriels.	– Je déjeune régulièrement avec mes clients préférés, ceux qui m'apprécient particulièrement pour ce que je suis, pas seulement pour le travail que je fais pour eux. – Avant un rendez-vous difficile, je me ressource en regardant les photos de ma famille, qui ne me quittent jamais.
Travaillomane	Être reconnu pour son travail et ses compétences. Structuration du temps.	– Je demande souvent au client s'il a assez d'informations. En général, il me répond « oui, c'est parfait, votre présentation était claire et complète ». Je suis plein d'énergie pour les clients suivants. – J'arrive systématiquement un peu en avance aux rendez-vous. En attendant mon client, je revois la structure de mon entretien et mes objectifs.
Persévérant	Être reconnu pour son travail et pour ses opinions.	– Lorsque je remets une proposition au client, je lui demande ce qu'il en pense. S'il émet des critiques, je le remercie et lui demande de citer aussi ce qu'il a apprécié. – J'écoute le client jusqu'au bout et je reformule ses pensées. Rassuré, il est plus disponible pour entendre mon point de vue ensuite.
Rebelle	Besoin de contact, si possible ludique.	– Avant un rendez-vous que je sais difficile, j'appelle un collègue avec qui je m'entends bien pour me détendre et me donner la pêche ! – Lorsque je dois faire une proposition complexe, je propose au client de travailler certaines parties avec lui pour mieux répondre à ses besoins, et je l'appelle pour tester mes idées.
Rêveur	Besoin de solitude et de temps pour soi.	– Je prends le temps de faire des pauses seul dans ma voiture entre deux rendez-vous. J'arrive mieux ainsi à entrer en relation avec le client. – Dès que l'occasion se présente, je me porte volontaire pour m'occuper des stocks en réserve (vendeur en boutique).
Promoteur	Besoin d'action et d'excitation.	– Pour chaque visite, je me donne toujours un objectif ambitieux à atteindre : vendre pour tel montant, obtenir un rendez-vous avec un nouveau décideur, etc. Ces défis me donnent de l'énergie pendant le rendez-vous et aiguisent mes sens et ma réactivité. – Après une journée fatigante, je monte sur mon vélo et cherche à battre mon record de la veille. Je me sens en forme le lendemain.
Applicable à tous les types	Les besoins de la base et/ou d'un autre étage.	– Quand je sais que je vais rencontrer des clients qui me coûtent de l'énergie, je m'arrange pour voir un client « facile » juste avant. – J'organise des rendez-vous plus fréquents mais plus courts avec les clients avec lesquels j'ai plus de mal à m'adapter.

Commentaires

– On constate que certains besoins psychologiques peuvent être nourris sans l'intervention d'une personne extérieure, tandis que d'autres nécessitent une interaction : sachez vous entourer et solliciter les personnes qui vous sont proches : clients, collègues, amis.

– Si l'environnement dans lequel vous travaillez ne vous permet pas de nourrir vos besoins psychologiques facilement, soyez vigilant et prenez le temps de les nourrir dans le cadre de votre vie privée (exemple du vélo). ■

OUTIL 23

La préparation de l'objectif

FIXER POUR CHAQUE ENTRETIEN CLIENT UN OBJECTIF CONCRET ET RÉALISTE

Mon interlocuteur	Ses attentes pour cette visite	Les attentes de son environnement
Nom, fonction Rôle dans le processus d'achat Son expérience Ses centres d'intérêt Son ambition personnelle Son attitude vis-à-vis de mes concurrents Son attitude vis-à-vis du type de solutions que je propose	Est-il demandeur ? Ses motivations par rapport à l'achat Cherchera-t-il à : • M'évaluer ? • S'informer ? • Se rassurer ? De quel temps dispose-t-il ?	Quels comptes doit-il rendre en interne ? Quels sont les autres interlocuteurs ? Qu'attendent-ils du projet ?
Mes réponses	**Mes objectifs pour cet entretien**	**Mes moyens et ressources**
Comment prendre en compte ses attentes ? Comment le rassurer, l'informer ? Comment l'aider à réaliser ses propres objectifs ? Comment prendre en compte ses motivations ? En quoi suis-je différent des concurrents ?	Mes objectifs précis, concrets : qu'est-ce que je veux obtenir à la fin de cette visite ? Sont-ils assez ambitieux ? Sont-ils atteignables à la fin de la visite ? Lien avec l'étape suivante : sur quoi agir pour faire avancer l'affaire ? Comment se revoir ? Comment et sur quoi le faire agir tout de suite ?	Mes outils d'entretien : guide des bonnes questions, argumentation, etc. Autres moyens matériels (support de présentation, références, études, etc.) Quelles ressources humaines peuvent m'aider ? (notre expert/ une personne de son entreprise...) Propositions de visites, de mises à l'essai...

Source : Henri Fraisse, *Le manuel de l'ingénieur d'affaires*, 4e éd., Dunod 2004.

En résumé

La grille de préparation de l'objectif d'entretien se compose de deux parties.

- Le haut de la grille a pour but d'envisager la rencontre du point de vue du client : ses besoins, ses opinions, ses attentes pour cette rencontre.
- Le bas de la grille est dédié à la préparation l'action commerciale, du côté du vendeur :
  - les réponses à apporter pour gagner l'estime du client, en lien avec ses attentes ;
  - l'objectif de l'entretien, concret, précis, ambitieux et atteignable à la fin de l'entretien ;
  - les moyens et ressources nécessaires.

Insight

The preparation grid for the up coming meeting objective falls into two parts.

- *The top of the chart considers the meeting from the client's point of view: their needs and opinions, their expectations for the meeting.*
- *The bottom is dedicated to preparing the sales strategy:*
  - *The answers to give in order to be appreciated by the client and meet their expectations.*
  - *The meeting objective, precise, concrete, ambitious and achievable by the end of the meeting.*
  - *The means and resources which can help achieve the objective.*

Pourquoi l'utiliser ?

Objectif

Définir un objectif clair avant chaque rencontre avec le client permet d'optimiser le temps de l'échange et de faire avancer le processus de vente. Prendre en compte les attentes du client permet de gagner son estime et sa confiance.

Contexte

Cet outil regroupe les questions à se poser avant toute rencontre avec le client, tout au long du processus de vente, quel que soit l'interlocuteur.

Comment l'utiliser ?

Étapes

› Remplissez la grille de préparation en commençant par vous focaliser sur votre client. Notez ce que vous savez. Repérez ce que vous ne savez pas encore.

› Remplissez ensuite le bas de la grille, en réfléchissant :

- à ce que vous pouvez apporter à votre client ;
- à votre objectif, c'est-à-dire ce que vous voulez obtenir **à la fin de votre entretien** ;
- aux ressources dont vous disposez pour avancer vers votre objectif.

› Menez votre entretien avec le client en gardant en tête votre objectif.

› À la fin de l'entretien, validez que vous avez atteint votre objectif. Par exemple, si vous vouliez « le faire adhérer », faites-lui reformuler ce qui lui plait dans votre offre.

› Après l'entretien, faites le bilan et préparez les étapes suivantes.

Méthodologie et conseils

› Un entretien peut avoir plusieurs objectifs. Par exemple : « recueillir des informations sur le circuit de décision » et « obtenir l'accord du client pour un essai technique ».

› Pour être efficace, votre objectif doit être :

- **Concret et précis :** « créer le contact » n'est pas une fin en soi. « connaître les besoins et motivations du client » donne un but concret à l'entretien.
- **Ambitieux :** « présenter notre nouveau produit » ne l'est pas autant que « le faire adhérer au nouveau produit et lui donner envie de le présenter à son directeur ».
- **Atteignable :** il serait illusoire de fixer « obtenir la signature du contrat » lorsque les processus d'achat ou de réflexion sont longs. Il vaut mieux alors un objectif en deux phases : « le faire adhérer » et « obtenir un rendez-vous dans la quinzaine pour la signature du contrat ».

› Vous pouvez revoir votre objectif en cours d'entretien pour vous adapter à un élément nouveau. Utilisez mentalement les mêmes règles pour fixer votre nouvel objectif. Par exemple : « obtenir une rencontre avec le directeur technique » dont vous venez d'apprendre l'existence.

› Vous pouvez aussi vous fixer des objectifs de développement personnel, par exemple expérimenter ou vous entrainer à utiliser telle méthode de vente du présent ouvrage. ■

Quel client voudrait poursuivre une relation qui ne lui apporte rien ?

Avantages

- Cette grille de préparation tient compte des attentes du client, ce qui contribue à construire la relation.
- Un objectif clair permet de choisir des priorités efficaces pour l'entretien si le client a moins de temps que prévu.

Précautions à prendre

- Sauf dans les processus de vente rapide, ne confondez pas l'objectif ultime, qui est de réaliser la vente, avec l'objectif d'entretien, qui constitue une étape intermédiaire et indispensable pour atteindre l'objectif final.

OUTIL 24

La check-list des bonnes questions

EXPLORER DE FAÇON LARGE LA SITUATION DU CLIENT

LES QUESTIONS INCONTOURNABLES	LES QUESTIONS GAGNANTES
Le projet/le besoin Quels sont vos besoins/projets ? Quelles sont vos attentes ? Celles des utilisateurs ? De quelle manière comptez-vous l'utiliser ? Quels sont vos critères de décision ? Quel est le délai de réalisation ? Quelle est l'enveloppe budgétaire ? Quelles sont les trois choses les plus importantes que je dois savoir pour vous apporter la solution la plus adéquate ?	**Les enjeux, le pourquoi du projet** Quels sont les enjeux de ce projet/de cet achat ? Comment vous est venue l'idée de ce projet ? Quel but poursuivez-vous ? Qu'en pense la direction ? Comment envisagez-vous de contrer tel concurrent sur votre marché ? Que se passerait-il si l'achat ne pouvait pas se faire ? Quelles seraient les conséquences ?
Le groupe de décision ou GRID Quelles sont les attentes des utilisateurs ? Qui finance le projet et quelles sont leurs attentes ? À part vous, qui participe à la décision ? Qui sera présent lors de notre prochaine réunion ? Qui dois-je inviter pour la visite de démonstration/le prochain salon ? Quel est votre processus d'achat ?	**La façon dont nous sommes perçus par le client** Que connaissez-vous de notre société ? Que savez-vous de nous ? Connaissez-vous tel produit/procédé/technologie ? Que pensent les utilisateurs de nos produits ? Quels sont les trois conseils que vous pouvez me donner pour réussir avec vous ?
L'environnement et le marché du client Comment décrivez-vous votre marché ? Son évolution ? Quel est votre positionnement par rapport à vos concurrents ? J'ai lu dans tel magazine que votre marché était en récession. En ressentez-vous les effets ? Quels sont les nouveaux besoins exprimés par vos clients ?	**Les fournisseurs du client et nos concurrents** Qu'attendez-vous de vos fournisseurs ? Qu'est-ce qui a déterminé votre choix à l'époque ? En quoi vous satisfont-ils ? Combien d'entreprises consultez-vous pour ce projet ? Lesquelles ?

En résumé

La check-list des bonnes questions est un outil de préparation l'étape de découverte des entretiens de vente. Elle regroupe en six domaines des questions principalement ouvertes.

- Les questions incontournables explorent : le projet et les besoins du client ; les acteurs de l'achat qui prennent part à la décision ; l'environnement et le marché du client.
- Les questions gagnantes creusent plus avant les leviers de décision du client : les enjeux qui permettront d'argumenter l'offre ; l'image de votre entreprise auprès du client pour anticiper des objections et ajuster votre stratégie ; les fournisseurs du client qui fournissent des indications sur les critères d'achat et la concurrence.

Insight

The Check-list of useful questions is a preparation tool designed to aid the discovery phase of the meeting. It covers what are mostly open questions, falling into six categories.

- *The must-ask questions explore: The client's project and needs. Who takes part in the purchasing decision. The customer's environment and target market.*
- *The jackpot questions go deeper into decision-making criteria: What is at stake beyond the particular project, that can be used to build on the solution and the pitch. How you are perceived by those who will choose the partner, so that you can adapt your sales strategy. Their suppliers and your competitors, a good way to know more about their purchasing criteria.*

Pourquoi l'utiliser ?

Objectif

La check-list des bonnes questions a pour but, au-delà de la demande ou du besoin apparent, de cerner le client de façon large et d'enrichir l'approche commerciale. L'objectif est de trouver les leviers pour proposer des solutions et une argumentation différenciantes, voire de déceler des opportunités nouvelles.

Contexte

› L'utilisation classique de la check-list des bonnes questions s'applique à la préparation des entretiens de vente dans un contexte de découverte d'un client – un nouveau compte ou un nouvel interlocuteur.

› Elle peut aussi s'utiliser pour redonner un nouveau souffle à la relation avec un client récurrent, afin d'éviter de tomber dans une routine de visites minimalistes.

Comment l'utiliser ?

Étapes

› Adaptez la check-list des bonnes questions à votre propre contexte de marché, ajoutez des questions spécifiques de votre domaine d'activité.

› Lors de la préparation d'un entretien avec un client donné – et un interlocuteur donné – reprenez la check-list des bonnes questions : sélectionnez les questions pertinentes liées au contexte spécifique du client et complétez par des questions plus précises.

› Emportez la check-list des bonnes questions avec vous lors de l'entretien : relisez les questions les plus ouvertes lors des « respirations » de l'entretien, pour relancer la découverte sur un nouveau domaine à explorer.

Méthodologie et conseils

› Variez le type des questions employées pour explorer un même domaine, de la plus ouverte à la plus précise.

› Posez une seule question à la fois, sinon le client choisira lui-même sa question dans votre liste et vous n'aurez dans tous les cas qu'une seule réponse.

› Respectez un temps de silence après avoir posé votre question : plus votre question est pertinente, plus le client a besoin de réfléchir avant de répondre.

La check-list des bonnes questions permet d'enrichir la collecte d'information chez le client.

Avantages

- La check-list des bonnes questions permet de déceler les critères d'achat du client pour adapter l'offre et l'argumentation.
- Elle permet de recueillir des informations pour affiner la stratégie commerciale auprès des différents interlocuteurs chez le client.
- De montrer son intérêt réel pour le client dans son ensemble, et de marquer des points par son professionnalisme.
- D'élargir le champ de la relation commerciale avec le client par la découverte de nouvelles opportunités.

Précautions à prendre

- La check-list des bonnes questions doit s'utiliser de façon souple lors de l'entretien ; elle ne doit pas devenir un carcan.
- L'important est de rester concentré sur le client et ses réponses, non sur la prochaine question à poser.
- L'ordre des questions et la façon de les poser peut varier d'un entretien à l'autre. Ils dépendent des réponses et réactions du client.
- Les questions décrites dans cet outil deviennent inopérantes lorsque le client n'a pas de besoin a priori. Dans ce cas, utiliser la méthode SAFI (*cf.* outil 25).

SUITE OUTIL 24 →

La check-list des bonnes questions

Comment être plus efficace ?

Au-delà des domaines à explorer, la façon de poser les questions a un impact sur la façon dont le client va vous répondre. Il est utile alors, de varier les typologies de questions pour obtenir des informations à la fois riches, complètes et fiables.

Les quatre grandes typologies de questions :

› **Les questions ouvertes :** elles ouvrent largement la discussion en laissant le client libre de sa réponse. C'est par elles qu'il convient de commencer l'exploration d'un domaine : elles renseignent sur ce que le client juge le plus important par rapport au sujet abordé, et donnent une grande richesse d'information : « Quelles sont les raisons qui vous ont incité à... ? » ; « Comment faites-vous actuellement... » ; « Pourquoi ce choix ? ».

› **Les questions factuelles :** elles permettent d'éviter les malentendus et erreurs d'interprétation, en demandant au client de préciser ou de quantifier ses propos : « À quelle fréquence approvisionnez-vous... ? » ; « Où ? » ; « Quand ? » ; « Combien ? » ; « Qui ? ».

› **Les questions alternatives ou QCM :** elles incitent le client à se déterminer entre deux ou plusieurs choix. Très efficaces et rapides, elles risquent cependant d'occulter une possibilité supplémentaire ; « Vous préferez les vacances à la mer ou à la montagne ? ».

› **Les questions fermées :** elles sont utiles essentiellement pour valider une hypothèse ou obtenir une validation de la part du client : « Avez-vous déjà expérimenté ce type de service ? ».

Les questions à forte valeur ajoutée

› **La question en retour :** elle est utilisée pour demander au client des précisions lorsqu'il pose lui-même une question, afin d'être plus pertinent dans la réponse : « Cela dépend ; quel usage en ferez-vous ? »).

› **La question ricochet :** elle permet de recentrer habilement le débat sur un sujet qui vous tient à cœur, sans donner au client l'impression que vous lui coupez la parole, puisque vous vous appuyez sur ses propos antérieurs : « Tout à l'heure vous parliez de votre atelier peinture ; comment est-il organisé aujourd'hui ? »).

› **La question indirecte** : « Qu'en pense Untel ? », permet d'explorer les relations des différents acteurs de la décision entre eux. Elle peut aussi sensibiliser votre interlocuteur sur un point délicat : « comment réagiront vos clients si... ? ».

› **Les questions vérité** permettent de mesurer les enjeux du projet d'achat : « À quoi verrez-vous que c'est une réussite ? » (mesure le retour sur investissement attendu). « Que se passerait-il si pour une raison ou pour une autre le projet ne se faisait pas... ? » (Observez également la façon de répondre du client : hésite-t-il ?). « ... dans les délais prévus ? » (mesure le risque de glissement du projet d'achat, pour valider le planning).

› **La question paradoxe** est utilisée lorsque le client a du mal à formuler ce qu'il veut ; il est plus facile de lui faire dire ce qu'il ne veut pas : « Qu'est-ce que vous voulez à tout prix éviter ? »

› **La question voiture-balai :** « Quels sont les points importants que nous n'avons pas abordés ? », à placer en fin d'entretien pour ne rien oublier.

› **La question Columbo :** « Si vous aviez deux ou trois conseils à me donner pour réussir avec vous, quels seraient-ils ? », permet d'obtenir un critère ou une motivation essentiels pour le client.

EXEMPLE dans la vente de prestations graphiques

Vous me disiez au téléphone que vous envisagez la création d'un journal destiné à vos clients. Que souhaitez-vous exactement ?	Nous voulons mettre en avant nos avancées technologiques pour nous positionner comme pionniers et avant-gardistes. Plusieurs de nos brevets ont été exploités par nos concurrents, et les clients ne savent pas que nous sommes les inventeurs.
Vos clients, cela concerne combien de personnes ?	Environ 20 000, c'est un petit milieu de professionnels.
Et vous envisagez une parution selon quelle fréquence ?	Environ tous les trimestres, juste avant les salons majeurs de la profession.
Qu'attendez-vous d'un éditeur graphiste ?	Je ne sais pas trop, c'est vous le professionnel !
Avez-vous une expérience de l'édition d'un journal ?	Oui, il y a quelques années nous avions un journal interne. Nous l'avons transféré sur notre intranet, c'est beaucoup plus simple, nous avons moins de problèmes.
Plus simple... quelles sont les choses qui étaient compliquées et que vous ne souhaitez plus revivre ?	Nous avions des problèmes continuels de délai d'impression. Lorsque nous avions une convention, nous tenions à une date de parution bien précise, et l'éditeur n'arrivait pas à le tenir. J'espère que vous êtes mieux organisés !
À part les délais, y a-t-il autre chose d'important que je dois savoir pour réussir avec vous ?	Oui, je souhaite avoir un interlocuteur unique, ce que nous n'avions pas à l'époque.
Je vous présenterai votre responsable d'édition lors de notre prochain rendez-vous, il vous expliquera de quelle manière il gère ses projets et tient ses plannings. Pensez-vous que votre directeur général serait prêt à faire l'éditorial de chaque numéro ?	Notre DG est très occupé. C'est surtout le directeur commercial qui est concerné par ce projet. Je suis sûr qu'il sera d'accord.
À part lui, qui d'autre est concerné par ce projet ?	Nous avons désigné un comité de rédaction composé d'experts des différentes unités.
Concernant le format, vous souhaitez plutôt un format relié type brochure, ou un format journal ?	J'aime bien l'idée d'un journal.
Quel autre point important n'avons-nous pas encore abordé ?	Nous serons très attentifs au graphisme : nous voulons quelque chose de dynamique et de visible, suffisamment attrayant pour que les clients soient tentés de le lire malgré la masse de courrier qu'ils reçoivent.
Bien sûr, je vous propose de voir ça lors de notre prochain rendez-vous avec le responsable d'édition. Votre directeur commercial pourra-t-il être présent ?	Oui, je vous rappelle pour fixer la date en fonction de son planning.
Merci ... (...)	

Commentaires

– Le commercial utilise habilement une question ricochet en faisant référence à la conversation téléphonique antérieure.
– Il alterne les questions ouvertes pour découvrir le projet et les critères du client (exemple : « Quels autres points importants... ? ») et les questions factuelles pour définir plus précisément le projet.
– Notez la façon subtile de poser des questions sur le groupe de décision, à l'aide d'une question indirecte (« le DG sera-t-il prêt à faire l'éditorial ? »). ■

OUTIL 25

La méthode SAFI : questionner un client non demandeur

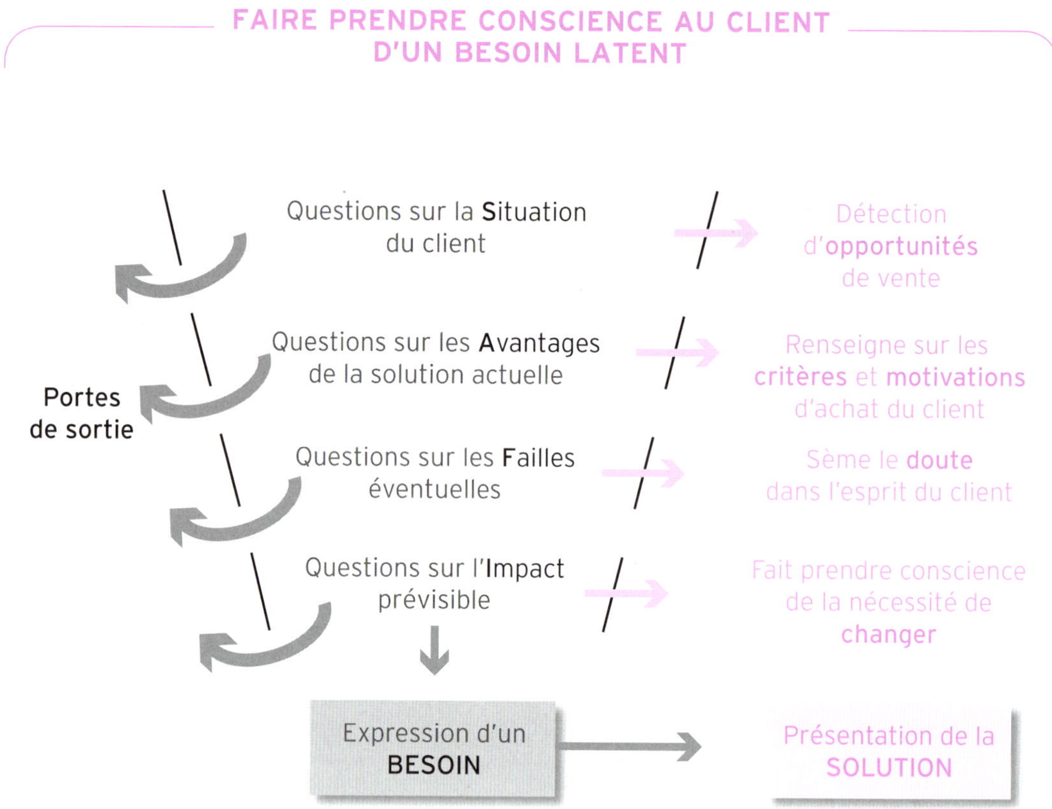

En résumé

La méthode SAFI est un système de questionnement utilisé pour explorer les besoins d'un client qui n'a pas conscience d'en avoir, et donc ne les exprime pas spontanément. Elle comporte quatre phases de questionnement :

- la situation au sens général ;
- les avantages de la situation actuelle ;
- les failles éventuelles ;
- l'impact des failles.

C'est en réfléchissant aux réponses que le client, peu à peu, prend conscience qu'il a un besoin.

Insight

The SAFI method is a system to explore the potential needs of a client who declares they have precisely no need at all. There are four steps of questioning:

- *The situation, to a large extend.*
- *The advantages of the current situation.*
- *The possible flaws.*
- *The impact of the flaws.*

It is while thinking over that the client, step by step, gets aware of the fact that he has a need to be met.

Pourquoi l'utiliser ?

Objectif

La méthode SAFI a pour but d'amener le client à prendre conscience d'un besoin qu'il ignore.

Contexte

Elle s'applique au cas du client a priori non demandeur :

› le client qui a accepté un rendez-vous par curiosité mais sans réel besoin ;

› un membre du groupe de décision réticent que ses collègues ne parviennent pas à convaincre ;

› le client d'une vente principale à qui vous voulez vendre un service complémentaire lorsque le rebond de la vente additionnelle peut difficilement s'appliquer (exemple : prix élevé) ;

› le client presque convaincu de signer avec votre concurrent.

› Vous pouvez alors faire exprimer au client son besoin révélé, ou le reformuler vous-même pour obtenir sa validation.

› Le client est mûr pour entendre votre proposition de solution et vos arguments.

Il est plus difficile de convaincre un client que de l'amener à se convaincre lui-même.

Méthodologie et conseils

› Posez des questions ouvertes à chaque étape, formulées de façon neutre.

› Les questions sur la faille notamment doivent être formulées de façon positive : préférez « aujourd'hui, si vous deviez améliorer une chose, ce serait quoi ? » à « et quels sont les inconvénients de votre système actuel ? ».

› Gardez une démarche éthique : empruntez les portes de sortie si vous ne détectez aucune opportunité ou aucune faille, ou si les failles décelées n'ont aucun impact important.

Comment l'utiliser ?

Étapes

› Posez d'abord des questions neutres sur la **situation** du client, en explorant de façon large son fonctionnement actuel et ses habitudes liées à la solution que vous prétendez lui vendre. Vous détecterez alors peut-être une opportunité de vente, c'est-à-dire un besoin latent dont le client n'a pas encore conscience.

› Posez des questions sur les **avantages** de sa situation actuelle ou sur les avantages du concurrent : le client exprimera alors ce qui est important pour lui, ses critères de choix et motivations. Au minimum, votre offre devra les inclure.

› Posez ensuite des questions sur les **failles** éventuelles du système actuel du client, ou du concurrent, de la manière la plus subtile possible. Le doute peut naître dans l'esprit du client.

› Enfin, posez des questions sur l'**impact** probable de ces failles, pour faire prendre conscience au client de la nécessité d'examiner une alternative.

Avantages

- Le client est convaincu durablement car c'est lui qui s'est convaincu lui-même : son adhésion est sincère.
- Cette technique n'est pas manipulatoire car il est toujours possible d'emprunter les portes de sortie : la relation est protégée quel que soit le résultat de la vente.

Précautions à prendre

- Attention à ne pas aller trop vite : si vous présentez votre solution prématurément, elle risque d'être rejetée même si elle est pertinente.
- Renoncez à la tentation du triomphalisme lorsque le client valide le besoin révélé.
- Empruntez les portes de sortie avec élégance, en expliquant au client les raisons de votre abandon : votre crédibilité sera renforcée.

SUITE OUTIL 25 →

OUTIL 25

La méthode SAFI : questionner un client non demandeur

Comment être plus efficace ?

La méthode SAFI comporte des portes de sortie à chaque étape, parce que la situation du client ne permet pas toujours de révéler un besoin là où le commercial s'attendait à en trouver un. D'où l'intérêt de préparer plusieurs fils conducteurs SAFI, et d'explorer plusieurs pistes avant de creuser celle qui parait la plus prometteuse.

Comment construire un guide des questions SAFI ?

L'étape la plus délicate est celle qui consiste à explorer les failles potentielles du client :

› Commencez par faire la liste de vos avantages concurrentiels : ce que votre solution apporte de plus par rapport à la situation actuelle du client, ou par rapport à l'offre de vos concurrents. Notez tous les bénéfices associés pour le client, en termes positifs (ce que le client a à gagner) ou négatifs (ce qu'il peut éviter de perdre).

› Décrivez les **situations concrètes** où votre solution est particulièrement appréciable. En effet, les meilleures questions à poser sur la faille sont neutres en apparence, mais ciblées sur ce que l'on sait apporter de plus dans une circonstance particulière, par exemple : « et lorsque vos clients vous demandent des délais plus courts, comment faites-vous ? ».

› Notez alors les questions à poser au client pour explorer sa situation et les failles de son système actuel dans les circonstances particulières qui vous sont favorables.

› Dans la mesure du possible, préparez les éléments de chiffrage pour valoriser l'impact de la faille :

– perte financière ou manque à gagner ;
– perte ou gain de temps en heures par jour.

Avantages concurentiels et bénéfices pour le client →	Situations concrètes où l'avantage est particulièrement appréciable →	Questions à poser pour explorer les failles et leur impact
Exemple : ordinateur avec enceintes intégrées Ordinateur avec enceintes intégrées : - Ultra léger - Réglable en 1 clic - Suffisamment puissantes pour couvrir un amphi de 200 places	- Pour les personnes qui se déplacent souvent pour faire des démonstrations avec vidéo - Les démonstrations impromptues devant un client intéressé - Les présentations à fort enjeu, quand le matériel doit être présent et fonctionner parfaitement - Lorsque l'audience est plus nombreuse que prévue	- Vos commerciaux sont-ils satisfaits de leur équipement ? - Que disent-ils du poids qu'ils doivent transporter ? - Leur arrivent-ils d'oublier leurs enceintes ? Comment font-ils leur démonstration dans ce cas ? Quel impact sur l'image / sur la vente ? - Leur équipement leur permet-il de couvrir une salle de 200 places ? - Savent-ils toujours combien de personnes assisteront à la présentation ? - Etc.

TROIS EXEMPLES d'utilisation de la méthode de questionnement SAFI

	Cas n° 1 Secteur Automobile > voiture plus spacieuse	Cas n° 2 Secteur Assurance > assurance habitation	Cas n° 3 Secteur Industrie > contrat de maintenance
S	Comment vous déplacez-vous ? Quel type de véhicule avez-vous actuellement ? Quels trajets êtes-vous amené à effectuer ? Professionnels ou personnels ? Combien d'enfants avez-vous ?	Quelle est votre assurance actuelle ? Quel type d'assurance avez-vous ? Quelles en sont les conditions de paiement et de remboursement ?	Comment entretenez-vous votre équipement ? À quel rythme l'utilisez-vous ? Pour quel usage ? Qui sont vos clients ? Qu'attendent-ils de vous ?
A	Quels sont les critères qui vous ont fait choisir cette voiture à l'époque ? En quoi vous satisfait-elle ? Quelles sont ses principales qualités ? À quoi souhaitez-vous ne pas renoncer ?	Pourquoi avez-vous choisi ce type de contrat ? Comment avez-vous choisi votre prestataire ? Qu'est-ce que vous appréciez particulièrement ? Quels sont les avantages de votre couverture habitation ?	Quels sont les avantages de ce fonctionnement ? Pour quelles raisons n'aviez-vous pas choisi le contrat de maintenance à l'époque ?
F	Vous arrive-t-il de transporter des personnes ? Du matériel ? Comment se passe le voyage lorsque vous êtes en famille et chargés ? Vous arrive-t-il de transporter des adultes ? Des clients ? Sur quels types de trajets ? Quel est votre degré de fatigue à l'arrivée ? Et au retour, après une journée de travail ?	Sur les trois dernières années, quels sont les sinistres pour lesquels vous avez reçu un remboursement ? De quelle manière ? Dans quel délai ? Idéalement qu'auriez-vous souhaité avoir ? Et en cas de sinistre domestique, comment êtes-vous couvert ?	Comment procédez-vous lorsque votre équipement tombe en panne ? Cela arrive à quelle fréquence ? En combien de temps êtes-vous dépanné ?
I	Comment se sentent vos clients ? À votre avis, quelle image retiennent-ils de leur journée de visite ? Que se passerait-il si vous aviez un accident avec vos clients à bord ?	Si un accident domestique survenait et que vous deviez être immobilisé, quel serait l'impact pour vous ? Quelles seraient les conséquences en termes professionnel et personnel ? Qui pourrait s'occuper de vos enfants ?	Comment gérez-vous les commandes en cours ? Qu'en pensent vos clients ? Comment réagissent-ils ? Avez-vous déjà perdu des contrats ? Pour quel montant de chiffre d'affaire ? Avez-vous chiffré le manque à gagner de votre production perdue ?

Commentaires

- Dans le cas n° 1, plusieurs pistes sont explorées pour déceler une faille dans le système actuel du client : son usage privé et professionnel du véhicule. La piste familiale est abandonnée (peut-être le client prend-il le train pour partir en vacances). Les risques potentiels en termes d'image professionnelle sont en revanche bien explorés.
- Dans le cas n° 2, le commercial joue son rôle de conseil en alertant le client sur un impact négatif potentiel qu'il n'avait sans doute pas envisagé : les conséquences sur sa vie personnelle et professionnelle d'une immobilisation.
- Le cas n° 3 fournit un exemple de service complémentaire pour lequel le client n'avait pas prévu d'investir initialement. Il montre aussi la puissance que peut avoir la méthode SAFI lorsqu'on parvient à chiffrer une perte ou un manque à gagner. ■

OUTIL 26

La découverte par références

DÉCOUVRIR LES BESOINS D'UN CLIENT QUI NE SAIT PAS LES EXPRIMER

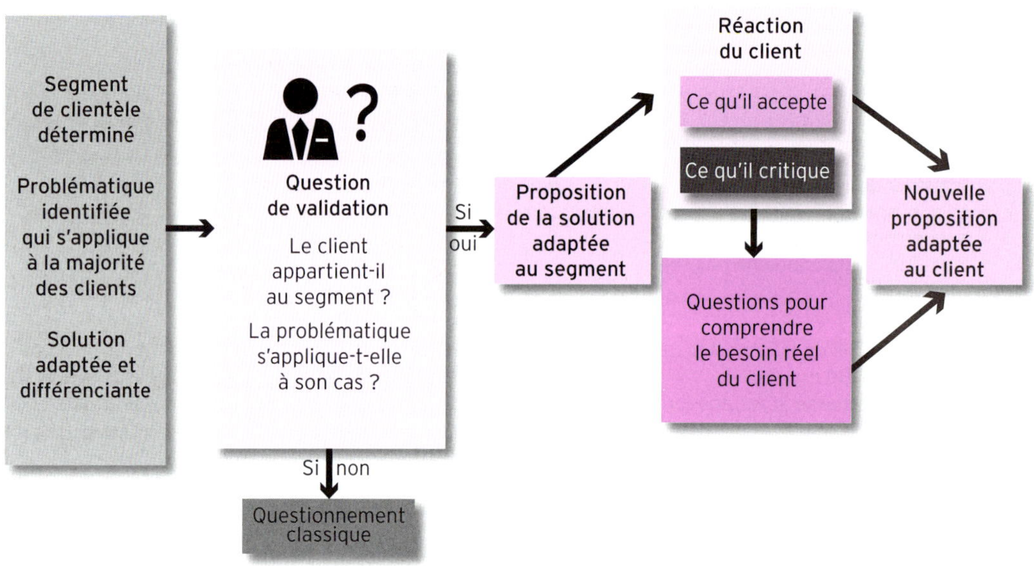

En résumé

La découverte par références est une alternative au questionnement classique pour aider le client à exprimer ses besoins :

- à partir d'une problématique identifiée sur un segment de clientèle donné, le commercial propose une solution existante au client, qui fait référence sur ce segment ;
- le client réagit positivement ou négativement à la proposition.

Le commercial peut alors poser des questions pour affiner la qualification des besoins du client, et adapter la proposition en conséquence.

Insight

The "exploration by reference" technique is an alternative to the classic method of questioning. Its purpose is to help the client express their needs when they don't know really what they are:

- *Based on a well-known problem within a specific segment, the sales person proposes an existing solution to a customer.*
- *The client reacts positively or negatively to the proposition.*

The sales person can then ask questions to help the client be more precise about their needs, and adapts the proposition as a result.

Pourquoi l'utiliser ?

Objectif

La découverte par références sert à cerner les besoins d'un client qui ne sait ou ne souhaite pas exprimer ce qu'il veut, tout en étant conscient qu'il a un besoin potentiel.

Contexte

› Elle est adaptée aux cas des entreprises leaders sur leur marché.

› Lorsqu'il existe un écart important entre le degré de connaissance limité du client dans le domaine et l'expertise du commercial.

› Elle s'applique aussi bien en B to B (un prospect a accepté un rendez-vous avec un commercial qui a parfaitement décrit une problématique existante, mais le prospect reçoit le commercial « pour voir », sans réelle conviction sur la valeur ajoutée du commercial) qu'en B to C (vente de produits techniques, de produits financiers, etc.).

Comment l'utiliser ?

Étapes

› En amont de la vente, identifiez sur un segment de clientèle donné la ou les problématiques les plus fréquentes, pour lesquelles vous disposez d'une solution différenciante.

› Au début de l'entretien – ou lors de la prise de rendez-vous téléphonique –, posez quelques questions au client pour valider son appartenance au segment et sa problématique.

› Posez une question pour valider son degré de compétence vis-à-vis des offres et éviter de commettre un impair et de vexer le client.

› Exposez vos références en valorisant votre rôle de conseil expert.

› Ecoutez les réactions du client, posez des questions pour comprendre les raisons de ses réticences et qualifier plus finement sa problématique et ses besoins.

› Selon le cas, adaptez votre réponse en fonction du besoin réel maintenant identifié ou sensibilisez le client à des critères qu'il a du mal à percevoir, grâce à la méthode SAFI (*cf.* outil 25), puis poursuivez la vente en argumentant votre proposition.

Méthodologie et conseils

› Formalisez vos références en amont pour illustrer de façon concrète et didactique votre proposition : statistiques, *success stories*, exemples d'application.

› La phase la plus inhabituelle est celle qui consiste à poser des questions pour qualifier le besoin après la proposition. Soyez prêt à accepter avec bienveillance les critiques du client et à réagir avec humilité. Renoncez à une posture défensive pour adopter une attitude d'écoute active. Soyez prêt à renoncer à votre solution pour proposer une alternative plus appropriée.

› Si le client a contré votre solution, valorisez ce qui est spécifique et unique dans sa situation. Mettez en avant ce que vous proposez alors de différent pour vous adapter à sa situation. ■

Si le client ne sait pas dire ce qu'il veut, il saura réagir à ce qu'il ne veut pas.

Avantages

- Cette méthode est une alternative à la découverte par questionnement, lorsque celle-ci devient inopérante car le client ne sait pas exprimer ses besoins.
- Elle valorise l'expertise du commercial qui connaît bien son segment de clientèle et les problématiques afférentes.

Précautions à prendre

- Prenez le temps du contact au début de l'entretien, valorisez le client par quelques questions.
- Si le client est compétent, rebasculez en questionnement classique pour le valoriser.
- Attention au risque de rigidité par rapport à la proposition initialement conseillée.

OUTIL 27

L'argumentation comparative

VALORISER SON OFFRE SANS DÉNIGRER LE CONCURRENT

EXEMPLE : ACHAT D'UN PARC D'ORDINATEURS PORTABLES POUR LES CADRES D'UNE ENTREPRISE

CAS	Liste des critères du client	TI	I	MI	PI	SI	Stratégie d'argumentation
		5	4	3	2	1	
1	Autonomie de la batterie		■	●			Argumentation abolue : valoriser l'offre et relier aux besoins du client
2	Puissance (rapidité & capacité stockage)		●	■			Argumentation relative : la solution idéale n'existe pas, valoriser l'offre
3	Prix			●		■	Relativiser ce critère par rapport aux autres avantages de l'offre
4	Fiabilité / robustesse	■				●	Faire prendre conscience au client de l'importance de ce critère
5	Périphériques disponibles		■	●			Relier l'offre aux besoins réels et alerter sur la sur-qualité (juste prix)
6	Poids			●	■		Relativiser l'importance de ce critère et alerter sur la sur-qualité

● **Degré d'importance du critère pour le client :** TI : très important ; I : important ; MI : moyennement important ; PI : peu important ; SI : sans importance

Qualité des offres : La vôtre : ■ **et celle du concurrent :** 5 : très satisfaisante ; 4 : satisfaisante ; 3 : moyenne ; 2 : peu satisfaisante ; 1 : insuffisante

En résumé

L'argumentation comparative est un outil d'analyse des offres qui sont en compétition sur une affaire ou un marché. Il repose sur l'évaluation : de l'importance des critères d'achat du client et de la qualité des offres, la vôtre et celle de votre concurrent.

La stratégie d'argumentation qui en découle repose sur deux leviers :

- **agir sur les critères d'achat**, en les renforçant ou au contraire en les relativisant ;
- **agir sur la valorisation de l'offre** avec une argumentation sur les bénéfices pour le client.

Insight

The comparative argument analyses your offer and the competition with reference to the client's buying criteria. The principle is to evaluate: the importance of each criterion from the client's point of view and the quality of each offer, yours and your competitor's.

The resulting analysis feeds into your sales pitch, based on leveraging two elements:

- ***The impact on their buying criteria**, reinforcing them or lessening their importance.*
- ***The impact on the value of your offer**, by pitching the benefits for the customer.*

Pourquoi l'utiliser ?

Objectif

L'argumentation comparative sert à préparer votre stratégie d'argumentation pour convaincre un client face à l'offre d'un concurrent.

Contexte

Lorsque vous avez identifié votre concurrent et l'offre qu'il propose sur une affaire ou sur un marché.

Comment l'utiliser ?

Étapes

› Listez les critères d'achat du client ou du segment de clientèle auquel vous adressez votre offre.

› Attribuez pour chacun un degré d'importance **selon le client**. Quels sont les critères qui à ses yeux sont Très importants ? Importants ? Moyennement importants ? Peu importants ? Sans importance ? Symbolisez-les par un rond dans la grille.

› Attribuez ensuite une note pour vous (étoile) et pour votre concurrent (triangle), fonction de la qualité de vos solutions respectives au regard de chaque critère : Très satisfaisante = 5, Satisfaisante = 4, Moyenne = 3, Peu satisfaisante = 2, Insuffisante = 1.

› Analysez le tableau et indiquez la stratégie d'argumentation à adopter avec votre client :

- Cas 1 et 2 : utilisez la méthode d'argumentation APB (*cf.* outil 36), pour relier vos avantages aux besoins et enjeux du client. Confortez-le face à l'importance du critère dans le cas 1.
- Cas 4 : vous disposez d'un avantage alors que votre client n'a pas identifié le besoin associé. Avant d'argumenter votre solution, valorisez ce critère en alertant sur les risques à se passer de cet avantage.
- Cas 5 : argumentez avec la méthode APB, mais sans insister sur l'importance du critère pour ne pas faciliter le travail de votre concurrent.
- Cas 3 et 6 : admettez votre point faible, mais relativisez ce critère par rapport aux autres avantages de votre offre. Sachez renoncer à la vente si le critère est jugé rédhibitoire par le client, pour conserver votre crédibilité de vendeur. Dans le cas 6, faites-le réfléchir sur l'intérêt de payer la sur-qualité pour un critère moyennement important.

Les meilleurs stratèges sont ceux qui ont la plus grande estime pour leurs adversaires.

Méthodologie et conseils

› Ayez le réflexe de bien connaître vos concurrents : informez-vous via Internet, sur les salons, posez des questions à vos clients pour connaître leurs critères et leur perception des offres.

› Plusieurs symboles peuvent être superposés dans une même case.

› Pour sensibiliser le client à l'importance d'un critère qu'il n'a pas jusqu'ici jugé primordial, (cas 4), utilisez la méthode SAFI (*cf.* outil 25).

Avantages

- L'argumentation comparative permet de défendre votre offre sans attaquer frontalement votre concurrent.
- Si votre concurrent est le fournisseur actuel de votre client, vous ne risquez pas de le froisser en remettant en question ses choix antérieurs.

Précautions à prendre

- Recoupez les informations sur vos concurrents et soyez attentif aux évolutions de leurs offres.
- Ne dénigrez JAMAIS un concurrent.

OUTIL 28

La revue d'affaire : IFOP

FAIRE UN BILAN DE L'AFFAIRE ET PRENDRE DES DÉCISIONS AVEC SON MANAGER

I	**Introduction :** Le client, son activité, le contexte général (succinct) Les personnes rencontrées, date et lieu Objectif de la visite
F	**Faits :** Le projet, les besoins exprimés par le client, ses attentes Les personnes impliquées dans la décision d'achat L'environnement du client, les concurrents éventuels, ce qu'il dit de nous
O	**Opinions :** L'intérêt de l'affaire pour nous (stade de réflexion *go/no go*) Nos chances de succès, notre positionnement face au GRID Nos forces et faiblesses pour avoir cette affaire
P	**Plan d'action :** Les actions à engager Les personnes à impliquer en interne Les moyens à mettre en place } Qui est responsable de l'action ? Quand ?

En résumé

La revue d'affaire IFOP est un outil de réunion de travail interne, entre un commercial et son manager. Son déroulement logique débouche sur une prise de décision :

- I comme **Introduction :** resituer l'affaire, le contexte, le client, la ou les visites.
- F comme **Faits :** relater les faits sans les déformer, le projet du client, les interlocuteurs du groupe de décision, les chiffres clés concernant l'affaire ou l'entreprise du client, tout ce qui s'est dit lors des rencontres avec le client.
- O comme **Opinion :** c'est le diagnostic de l'affaire par le commercial : Intérêt de l'affaire, chances de la gagner, forces et faiblesses et donc moyens à mettre en place, etc.
- P comme **Plan d'action :** les décisions à prendre et les actions concrètes à mettre en place.

Insight

The IFOP business review is a meeting tool, to be used by a sales person with their manager. It acts as a logical path that ends in a decision being made:

- *I as in **Introduction**: covers the opportunity, the customer, their context, the meeting or meetings held.*
- *F as in **Facts**: gives the main facts without interpretation; the customer project, people involved in the purchasing decision, figures, what has been said during the customer meetings.*
- *O as in **Opinion**: the sales person's analysis of the opportunity: interest for the company, likelihood of winning the deal, strengths and weaknesses and thus the means required, etc.*
- *P as in **Plan of action**: what decisions must be made and concrete actions to be taken.*

Pourquoi l'utiliser ?

Objectif

La revue d'affaire avec le manager a pour but de prendre ensemble des décisions concernant une affaire précise :

› choisir entre *go* et *no go* en tout début de processus commercial ;

› déterminer les prochaines actions à mener pour gagner l'affaire en cas de *go*.

IFOP structure la réunion de travail et rend le partage d'information plus efficace.

Contexte

La revue d'affaire s'utilise après une ou plusieurs visites chez le client, pour faire un point en interne avec le manager avant de prendre des décisions concernant la stratégie commerciale.

Comment l'utiliser ?

Étapes

› Avant la rencontre avec votre manager :

- rassemblez les informations obtenues chez le client et par d'autres sources, pour dresser un bilan factuel de l'affaire ;
- analysez l'affaire et notez vos suggestions concernant le plan d'action.

› Lors de la rencontre avec votre manager, suivez la structure IFOP :

- **Introduction :** resituez l'affaire et son contexte.
- **Faits :** restituez de manière factuelle ce que vous savez de l'affaire.
- **Opinion :** faites-lui part de votre analyse de l'affaire.
- Et proposez votre **Plan d'action.**

› Tout au long de votre présentation, invitez votre manager à intervenir : pour poser des questions complémentaires dans la phase d'exposé des faits, pour donner son avis sur l'affaire, pour réagir vis-à-vis de votre plan d'action.

› Terminez la réunion en décidant de façon concrète et précise des actions à mettre en place lors des prochaines étapes : qui fait quoi quand ? Avec quel interlocuteur chez le client ?

Méthodologie et conseils

Un deuxième avis sur une affaire permet de prendre du recul et force à l'objectivité.

› Pour établir votre analyse, aidez-vous des outils de diagnostic pertinents au regard du timing dans le processus commercial : matrice IAC (*cf.* outil 10), analyse du GRID (*cf.* outil 41), matrice EMOFF appliquée à l'affaire (*cf.* outil 6).

› L'introduction sert à faciliter la mise en route de la réunion : votre manager n'est pas imprégné de l'affaire comme vous, partez de ce qu'il en connait.

› Enoncez les faits en prenant soin de préciser les sources de votre information. Votre manager pourra nuancer l'importance des faits selon son expérience.

› Vous pouvez faire des allers-retours entre faits et opinions en découpant votre exposé par thème. Thème 1 : les faits, puis les opinions ; thème 2 les faits puis les opinions, etc. ■

Avantages

- En obligeant à expliquer l'affaire à une personne absente des réunions avec le client, la revue d'affaire oblige à conserver une vue globale et synthétique propice à la prise de décision.
- La structure IFOP permet de présenter une version objective de l'affaire pour laisser au manager la possibilité de forger sa propre opinion.

Précautions à prendre

- Faire l'effort d'être vraiment factuel sans interprétation de la réalité.
- Aller au bout de la revue d'affaire jusqu'au plan d'action, qui en est le but : les actions doivent être précises et concrètes, un responsable clairement identifié pour chaque action.

OUTIL
29

La fiche de suivi d'affaire

RASSEMBLER LES INFORMATIONS CLÉS D'UNE AFFAIRE DANS UN DOCUMENT SYNTHÉTIQUE

Recto

Informations générales sur le client :
Activité, chiffres clés
Enjeux

Le projet :
Problématique à résoudre, ambitions à satisfaire
Enjeux, le pourquoi du projet, l'origine du projet

Le groupe de décision (GRID) :

Analyse qualitative

Interlocuteur + tel + e-mail	Fonction & rôle dans l'achat	Besoins, motivations, Critères de décision	Nos atouts et arguments

Analyse quantitative

Interlocuteur	Poids P1	Préférence P2	Cote P1 x P2	Proximité	Actions

La concurrence :

Qui ?	Leurs atouts	Leurs points faibles

Diagnostic de l'affaire :

Nos atouts	Nos axes de progrès

Verso

Synthèse chronologique des entretiens

Date & Interlocuteur	Objectif de la rencontre	Compte rendu synthétique Résultat	Actions à suivre

En résumé

La fiche de suivi d'affaire est un document à la fois complet et synthétique qui rassemble les informations essentielles à retenir tout au long du déroulement d'une affaire. Il se compose de deux parties :

- la première partie donne une **vision synthétique et analytique de l'affaire**, en reprenant les éléments principaux du projet, notamment l'analyse du groupe de décision, l'analyse de la concurrence, le diagnostic de succès (atouts et axes de progrès) ;
- la deuxième partie suit la **chronologie de l'affaire** et note pour chaque rencontre avec le client les éléments importants à prendre en compte.

Insight

The Opportunity Tracker is both an overview and a complete picture, pulling together the information to be maintained throughout the processing of an opportunity. It falls into two parts:

- *The first gives **an overview and analysis of the business**, by showing at a glance the main elements of the project, including the decision group analysis, the competition analysis, an analysis of the likelihood of success (strengths and weaknesses).*
- *The second tracks **all events in chronological order**, by capturing the essentials.*

Pourquoi l'utiliser ?

Objectif

La fiche de suivi d'affaire a pour but de suivre la progression d'une affaire, depuis son origine jusqu'à la signature de la vente. Elle permet de garder une trace des informations clés.

Contexte

Elle est utile dans le cas d'affaires de longue durée nécessitant plusieurs visites auprès d'interlocuteurs variés chez le client : vente de solutions, vente d'affaires, vente complexe.

Comment l'utiliser ?

Étapes

› Adaptez le modèle de la fiche de suivi d'affaire à votre propre contexte d'affaire, et faites-y figurer les rubriques pertinentes pour vous.

› Ouvrez une fiche dès le début d'une affaire et notez les renseignements que vous possédez, même s'ils ne sont pas exhaustifs.

› Au fur et à mesure des visites chez le client, complétez le tableau du groupe de décision, notez les informations clés concernant les besoins, motivations de chacun, les enjeux. Notez à chaud vos premières idées de solutions, et les arguments à mettre en avant.

› Renseignez de la même manière la partie chronologique de la fiche. L'objectif en amont de l'entretien, un compte rendu synthétique en aval, et les actions à suivre : questions à poser lors d'un prochain contact, informations à croiser avec d'autres interlocuteurs, études à faire, démonstrations à organiser, etc.

› Planifiez dans votre agenda les actions clés, et prenez les rendez-vous qui s'imposent avec les interlocuteurs que vous avez identifiés.

› Avant vos entretiens ultérieurs, relisez votre fiche pour ne rien oublier d'important, et tenez compte des souhaits des clients pour fixer vos objectifs d'entretien (*cf.* outil 23).

› Relisez votre fiche avant de rédiger la proposition écrite et de faire la présentation orale au groupe de décision, pour pouvoir vous appuyer sur leurs besoins et inclure les arguments les plus déterminants pour eux.

La fiche de suivi structure le plan d'action et fait avancer l'affaire.

Méthodologie et conseils

› Croisez les informations auprès de vos interlocuteurs chez le client.

› Faites vos mises à jour après chaque visite.

› Soyez réaliste quant à votre cote auprès du groupe de décision : il vaut mieux avoir un plan d'action concret pour faire avancer l'affaire que des illusions.

› Pour affiner votre connaissance de la perception du groupe de décision, utilisez les questions indirectes : « qu'en pense Monsieur Untel ? ». ■

Avantages

- La fiche de suivi d'affaire est à la fois complète – elle regroupe les informations essentielles sur une affaire – et synthétique : elle comporte les informations directement utiles.
- Elle permet de ne pas négliger un interlocuteur important, et structure le plan d'actions pour gagner l'affaire.
- Cet outil peut servir en interne pour un suivi de l'affaire à plusieurs, surtout dans une version électronique partagée.

Précautions à prendre

- Restez synthétique dans vos comptes rendus, sinon l'outil devient difficile à manipuler.

OUTIL 30

Les règles de la visite à deux

DONNER DE LA PUISSANCE ET DE LA COHÉSION À LA VISITE À PLUSIEURS

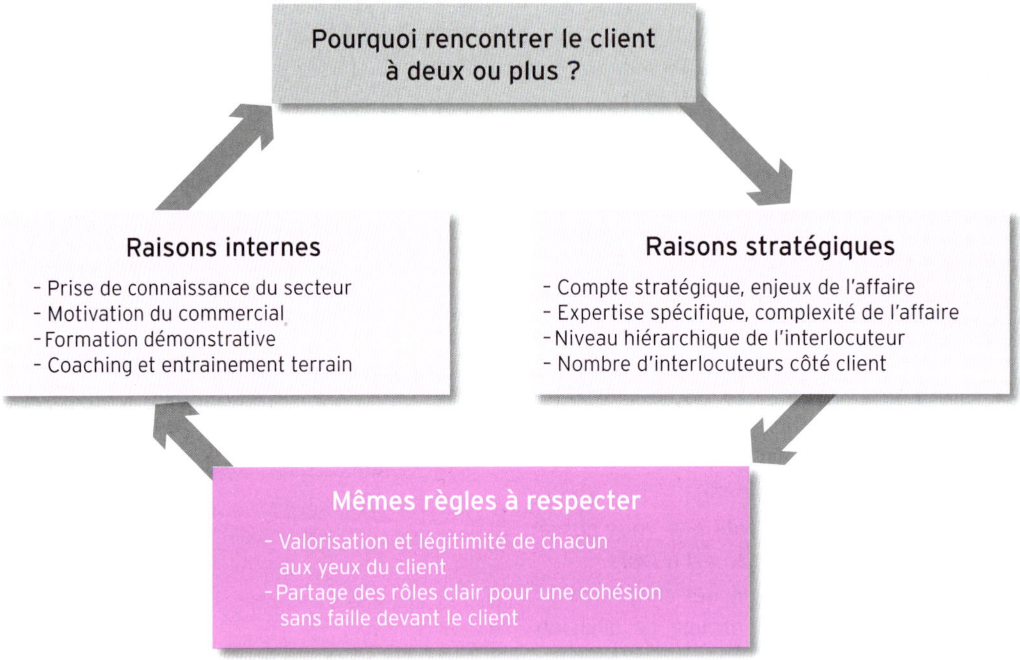

En résumé

Les règles de la visite à deux ou plus décrivent :

- les points essentiels de la préparation de cette visite, dans ce qu'elle a de spécifique compte tenu de la présence de plusieurs personnes devant le client : légitimité de chacun, partage des rôles et domaines d'attribution ;
- les comportements clés à adopter devant le client pour valoriser chaque intervenant : posture, jeu des regards portés sur l'intervenant ; cohérence des propos, liens d'une intervention à l'autre ; correction subtile en cas d'erreur d'un des membres de l'équipe.

Insight

The rules of a two-handed customer meeting cover:

- *The main points to be prepared beforehand, considering the fact that two or more people will be sharing the speaking time in front of the customer: legitimacy of each person, role of each and areas they will cover.*
- *Some key behaviours to be respected in order to make each person and each contribution valid in the eyes of the customer: stance, exchanging looks; coherence of the content, links between one contribution and the other; subtlety in correcting a team member when a mistake has been made.*

Pourquoi l'utiliser ?

Objectif

Les règles de préparation de la visite à plusieurs permettent de montrer devant le client une équipe complémentaire et soudée. Le client juge aussi avec la perception de ce qu'il voit.

Contexte

La visite à deux ou plus peut s'envisager à toutes les étapes de la vente, pour répondre à :

- un objectif interne (manager et coacher le commercial en charge du secteur, ou s'imprégner sur le terrain des spécificités d'un marché) ;
- un objectif stratégique lié au client ou à l'affaire, selon sa complexité ou les enjeux commerciaux.

Comment l'utiliser ?

Étapes

- Interrogez-vous sur la légitimité de chacun pour cette visite. Préparez la présentation de chaque personne en valorisant sa présence aux yeux du client.
- Répartissez les rôles et les tâches : nommez un chef d'orchestre, qui fera l'introduction et la conclusion (le plus souvent le commercial responsable du compte). Déterminez selon le thème, qui questionne, qui fait la proposition, argumente, répond aux questions et objections du client. Vous pouvez convenir d'un code pour vous passer la parole.
- Devant le client respectez vos domaines d'intervention et quelques règles comportementales :
  - écoutez-vous mutuellement pour garder la cohérence et éviter les contradictions ;
  - valorisez les interventions de vos collègues en rebondissant sur leurs propos ou en y faisant référence lorsque vous prenez la parole ;
  - clarifiez auprès du client quels seront ses contacts après le rendez-vous.

Méthodologie et conseils

Lorsque le but de la visite est de coacher le commercial, cela doit être transparent pour le client :

- Donnez une raison opérationnelle à votre présence. Par exemple, comprendre sa situation, faire sa connaissance car il est important, etc.
- Prenez vos notes en décalé : attendez que le client prenne la parole pour noter les propos du commercial, afin de valoriser le client.

Dans tous les cas, pour valoriser chacune des personnes présentes :

- Après une brève introduction, laissez chacun présenter son rôle vis-à-vis du client.
- Portez vos regards sur la personne qui intervient, pour inviter le client à faire de même, et adoptez une posture légèrement en retrait lorsque ce n'est pas à vous de parler.
- En cas d'erreur d'un membre de l'équipe, ne corrigez pas brutalement. Laissez passer le temps qu'il faut pour que la mémoire immédiate du client soit focalisée sur autre chose, puis apportez la bonne réponse à un moment que vous jugez opportun. ■

« S'ils ne s'entendent pas maintenant, que se passera-t-il lorsque j'aurai besoin d'eux ? » (client inquiet).

Avantages

- Le client se sent valorisé.
- Le client ressent la cohésion de l'équipe et cela le rassure pour le suivi de son dossier.
- Les ressources adéquates sont présentes pour augmenter les chances de remporter l'affaire.

Précautions à prendre

- Attention à ne pas diminuer l'importance du commercial en charge du compte. Veillez à lui donner un rôle suffisant.
- Gardez de la souplesse dans l'organisation pour être capable de faire face aux imprévus.

DOSSIER

5 RÉUSSIR L'ENTRETIEN DE VENTE

L'entretien de vente est un moment clé du processus commercial. Contrairement aux autres canaux, comme la grande distribution ou la vente via Internet, la rencontre directe avec le client offre l'opportunité d'un dialogue : il vous permet de recueillir un plus grand nombre d'informations pour ajuster la présentation de l'offre, et de suivre en temps réel les réactions du client pour adapter votre approche commerciale et réussir la vente.

Les étapes de l'entretien de vente

L'entretien de vente se déroule en général en quatre étapes, chacune contribuant fortement au succès de la suivante, jusqu'à l'adhésion finale du client au moment de la conclusion.

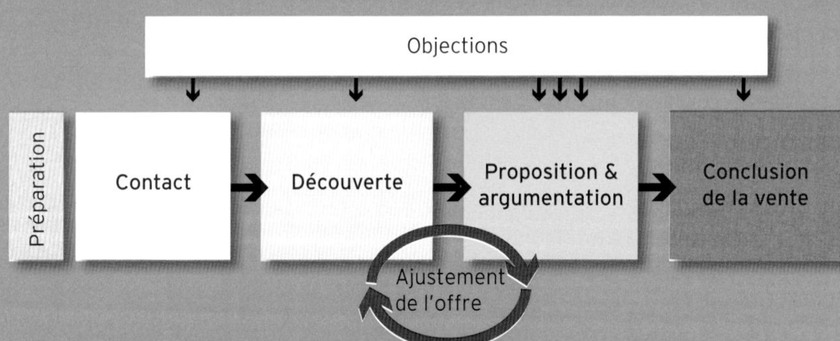

› L'étape de contact a pour but de motiver le client à l'ouverture :
- votre **comportement non-verbal** doit inspirer confiance ;
- vous devez obtenir l'adhésion du client sur le **plan de l'entretien**.

› L'étape de découverte est celle où votre valeur ajoutée de commercial est la plus forte. Elle vise à recueillir les éléments nécessaires à la présentation de l'offre en phase suivante :
- **les besoins du client**, son environnement, ses enjeux ;
- les **motivations du client** pour adapter votre offre et votre argumentaire.

› L'étape de proposition et d'argumentation consiste à présenter au client l'offre susceptible de remporter son adhésion :

- **sélectionnez les prestations** adaptées à sa situation ;
- **présentez vos arguments** pour satisfaire ses motivations et attentes ;
- **répondez à ses questions et objections** ;
- si nécessaire en cas de blocage, repartez en découverte pour mieux le comprendre, et **ajustez votre offre** en conséquence.

› L'étape de conclusion dépend beaucoup du succès des trois précédentes : si vous avez bien exploré sa situation et recueilli les informations utiles pour bâtir l'offre la plus adaptée, le client incline déjà à signer avec vous. Votre rôle consiste à l'accompagner et à formaliser son engagement :

- **signer la commande** s'il est en mesure de décider immédiatement ;
- **accepter vos propositions pour la suite**, dans le cas de ventes complexes qui nécessitent plusieurs visites et impliquent plusieurs interlocuteurs.

› Des objections peuvent survenir tout au long de l'entretien de vente, même au début. Traitez-les au fur et à mesure pour favoriser la coopération du client dans le processus de vente.

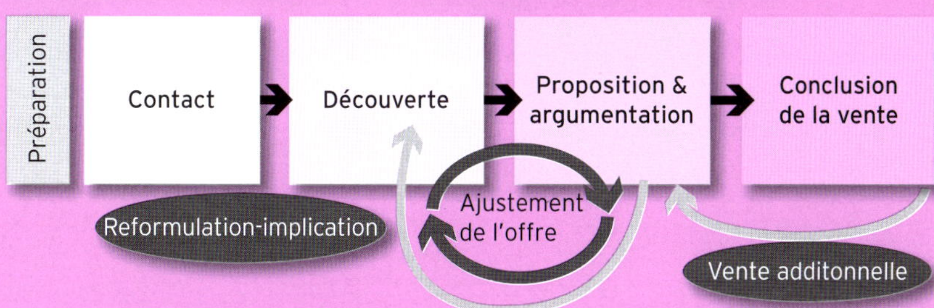

Élargir la vente pour dégager un chiffre d'affaire supplémentaire

Deux techniques de vente permettent d'envisager un élargissement de la vente au-delà du besoin initial du client :

› **La reformulation implication** consiste à pré-valider avec le client à la fin de l'étape de découverte, une partie de la proposition qui lui sera faite.

› **La vente additionnelle** consiste après avoir obtenu l'adhésion du client, à proposer un produit ou service complémentaire.

LES OUTILS

OUTIL
31

Les 4×20 du contact

RÉUSSIR SON ENTRÉE POUR INSTAURER LA CONFIANCE

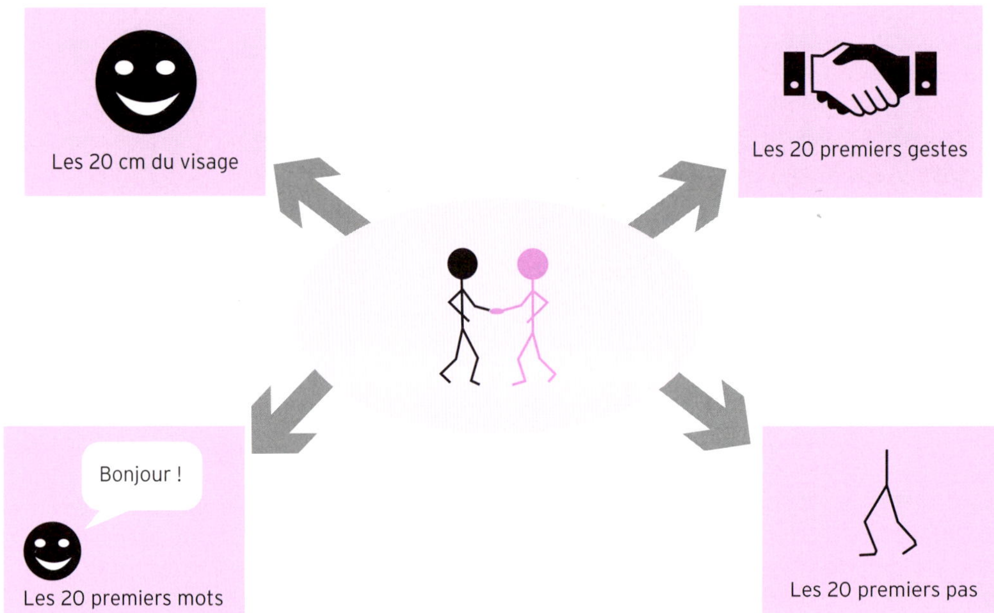

En résumé

Les 4×20 regroupent les techniques comportementales verbales et non-verbales qui permettent de réussir le premier contact avec le client :

- les premiers pas, une démarche assurée, mais qui respecte l'espace du client ;
- le visage ouvert, souriant, un regard franc et direct pour établir la connexion avec le client ;
- les premiers gestes, une poignée de main ferme sans être agressive, s'asseoir en même temps que le client, la posture, la carte de visite donnée dès le début de l'entretien ;
- les premiers mots, saluer le client, se présenter et le laisser se présenter, annoncer le plan de l'entretien et valider l'accord du client ainsi que le temps dont il dispose.

Insight

The 4×20 are key to a successful first contact with the customer and cover both the verbal and non-verbal:

- *The first steps: a confident walk, being respectful of client's personal and office space.*
- *An open and smiling face, direct and friendly eye contact.*
- *The first gestures: a firm but non-aggressive handshake, waiting to sit down at the same time as the customer or when asked to do so, the business card handed over at the beginning of the meeting.*
- *The first words: greeting the customer, introducing oneself, and letting them do the same, explaining the agenda of the meeting and checking on their approval as well as their available time.*

http://goo.gl/SkCxq

Pour aller plus loin (en vidéo)

Pourquoi l'utiliser ?

Objectif

Les 4×20 de la phase de contact permettent d'établir une relation de confiance avec le client, en adoptant une attitude à la fois ouverte et respectueuse :

› pour qu'il soit lui-même ouvert et parle librement de son projet ;

› pour qu'il vous considère d'emblée - souvent de manière inconsciente - comme un partenaire avec qui il aurait plaisir à travailler.

Contexte

Les 4×20 s'utilisent au tout début de la rencontre avec le client, et à **chaque entretien**, même avec les clients fidèles que vous visitez souvent.

Comment l'utiliser ?

Étapes

Les 4×20 se déroulent simultanément, dans les 5 ou 10 premières minutes de la rencontre avec le client.

› Les 20 premiers pas : adoptez une posture droite et une démarche assurée, vous gagnerez en légitimité. Respectez l'espace du client : gardez la distance de la poignée de main, évitez de poser vos affaires sur son bureau - sauf s'il vous invite à le faire.

› Les 20 cm du visage : dès les premiers instants, votre visage est ouvert et souriant. Etablissez la communication avec le client avec un regard franc et direct.

› Les 20 premiers gestes : votre poignée de main doit être ferme, ni trop molle ni trop forte. Asseyez-vous en même temps que lui - même s'il ne vous a pas invité à le faire : il serait indélicat de lui montrer qu'il manque de politesse ! Donnez-lui votre carte de visite dès le début de l'entretien, pour qu'il mémorise votre nom.

› Les 20 premiers mots : après avoir dit « bonjour », attendez d'être installé avec votre client pour démarrer l'entretien. Rappelez le contexte de votre visite (rencontre antérieure, recommandation, etc.) puis annoncez le plan que vous proposez et validez son accord. Vérifiez le temps dont il dispose.

On n'a pas deux fois la chance de faire une première bonne impression.

Méthodologie et conseils

› Pour les premiers entretiens et à chaque fois que l'enjeu est important, préparez votre introduction avant : les premiers mots pour annoncer le plan et obtenir l'accord du client.

› Ayez toujours vos cartes de visite sur vous.

› Adaptez votre tenue vestimentaire à la culture de votre client.

› Les règles du savoir-vivre stipulent que l'initiative de tendre la main revient à la personne qui reçoit chez elle.

› Au téléphone, il ne vous reste - théoriquement - que les mots : choisissez-les avec soin. Souriez et mettez votre assurance et votre bienveillance dans le ton de votre voix. ■

Avantages

- Les 4×20 s'appliquent à tous les clients, quel que soit le secteur d'activité.
- S'ils demandent un peu d'attention les premières fois, ils deviennent vite des réflexes et demandent très peu de préparation.

Précautions à prendre

- N'en faites pas trop, utilisez les 4×20 de manière naturelle et sincère.
- Observez le client et adaptez votre comportement pour être en phase avec lui.

OUTIL 32

Les motivations d'achat : SONCAS

IDENTIFIER LES CRITÈRES DE CHOIX DU CLIENT

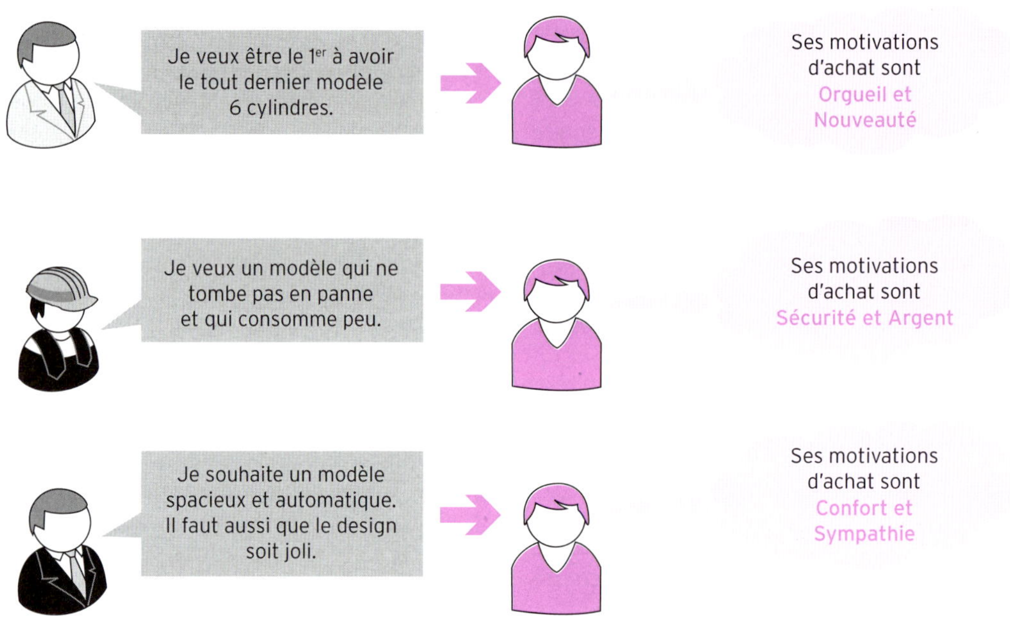

En résumé

SONCAS est un acronyme qui décrit les six principales motivations d'achat du client :

- Sécurité : besoin de fiabilité, de garanties.
- Orgueil : cherche à se distinguer au travers de l'achat, qui doit contribuer à son image.
- Nouveauté : recherche l'innovation, le changement, aime la mode, les tendances.
- Confort : apprécie le côté pratique, simple, qui lui fait gagner du temps, et le confort physique.
- Argent : payer moins cher, faire l'affaire du siècle, ou avoir un bon retour sur investissement.
- Sympathie : sensible à la relation, ainsi qu'à l'esthétique, l'harmonie. Décident beaucoup par coup de cœur.

Insight

SPICES describes the customer's six main purchasing motivations:

- *Security: need for reliability and guarantees.*
- *Pride: seeks to be singled out through the purchase, which must enhance their own image.*
- *Innovation: interest in all that is new, in change. Loves fashion and new trends.*
- *Convenience: appreciates what makes their life simpler, or saves them time. Likes to feel comfortable.*
- *Economy: wants to pay a lesser price, or make the deal of the century. Looks for a good return on their investment.*
- *Sympathy: sensitive to personal attention, considers aesthetic criteria. They choose what they like or fancy.*

Pourquoi l'utiliser ?

Objectif

Connaître les motivations d'achat de votre client vous permet d'adapter votre offre et votre argumentaire de vente de façon ciblée et pertinente, pour mieux convaincre votre client.

Contexte

Les motivations d'achat s'utilisent tout au long de la relation avec le client :

- principalement lors des entretiens de vente, durant les étapes de découverte et d'argumentation ;
- pour rédiger la proposition écrite ;
- lors de la négociation, pour défendre le prix ;
- et même en prospection, de façon non ciblée.

Comment l'utiliser ?

Étapes

- Posez des questions au client pour identifier ses motivations d'achat : « qu'est-ce qui est le plus important pour vous ? » ; « Qu'en attendez-vous ? » ; « Quels sont vos critères de décision ? » ; « Qu'appréciez-vous particulièrement... ? »
- Ecoutez les mots du client pour valider ou affiner votre analyse.
- Sélectionnez dans votre offre, les produits ou services qui correspondent aux motivations d'achat identifiées.
- Présentez les bénéfices de votre offre en mettant explicitement en valeur les motivations du client.

Méthodologie et conseils

- Un même client peut être sensible à deux voire trois motivations d'achat, selon des degrés divers.
- Les motivations les plus rationnelles sont Sécurité, Confort, Argent : soyez rationnel, démonstratif, apportez des preuves, des chiffres.
- Les motivations Orgueil, Nouveauté, Sympathie sont plus irrationnelles : au-delà des bénéfices de votre offre, jouez sur la relation, le coup de cœur, mettez en valeur votre client en tant que personne.
- SONCAS peut servir en prospection à bâtir une accroche, en reprenant plusieurs motivations pour atteindre la cible la plus large possible. Exemple : vous souhaitez un véhicule confortable (*Confort*) et fiable à tout moment (*Sécurité*), pour un prix raisonnable et sans à-coups (*Argent* et *Sécurité*) ; vous voulez pouvoir changer de véhicule régulièrement (*Nouveauté*), vous faire plaisir (*Orgueil*) sans payer le prix fort (*Argent*) ? La location longue durée vous offre tout cela, et plus encore : une équipe de professionnels à votre service pour vous conseiller et vous aider en toutes circonstances (*Sympathie*). ■

Les motivations d'achat déterminent le choix du client parmi les offres qui répondent à son besoin.

Avantages

- SONCAS est une classification simple, les motivations sont faciles à repérer.
- Elle est applicable à tous les secteurs d'activité, en B to B comme en B to C.
- Son efficacité est largement reconnue.

Précautions à prendre

- Face à un groupe de décision, veillez à adresser le bon argument à chacun en fonction de ses motivations personnelles.
- Attention au côté réducteur d'une approche unique : parfois, des enjeux d'entreprise ou personnels prennent le pas sur les motivations SONCAS.

OUTIL 33

L'écoute active

FAIRE PARLER LE CLIENT POUR MIEUX LE CONNAITRE

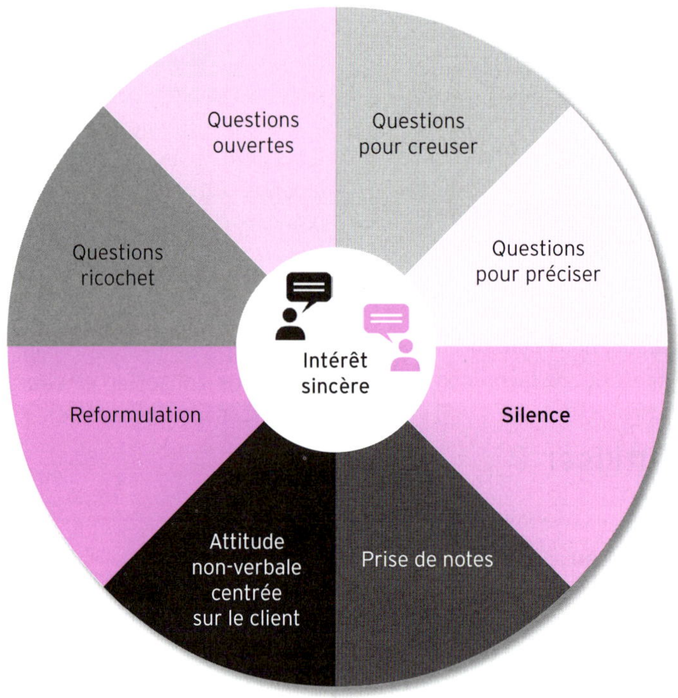

En résumé

L'écoute active regroupe un ensemble de techniques verbales et non-verbales.

Verbales :

- un ensemble de questions, de la plus ouverte à la plus précise pour explorer un sujet ;
- la reformulation des propos du client pour valider la bonne compréhension.

Non-verbales :

- le silence ;
- une posture centrée sur le client, corps penché vers lui, regard intéressé, hochements de tête ;
- la prise de notes.

L'écoute active repose avant tout sur un **intérêt sincère** et une attention authentique pour le client.

Insight

Active Listening covers a number of verbal and non-verbal techniques.

Verbal:

- *Ask questions, from open questions to precise ones.*
- *Rephrase what the client has said to make sure you've understood correctly.*

Non-Verbal:

- *Remain silent while the customer speaks.*
- *Your body language shows that you are focused on the client.*
- *Take notes.*

*Moreover, active listening is a way of considering the relationship with the customer: taking a **genuine interest** in them.*

Pourquoi l'utiliser ?

Objectif

L'écoute active permet de faire parler le client :

› pour recueillir les informations nécessaires à l'élaboration de l'offre et à l'argumentaire ;

› pour découvrir d'éventuelles opportunités complémentaires de vente.

Elle contribue en elle-même à créer une relation de partenariat avec le client, qui se sent important, car écouté et compris.

Contexte

› L'écoute active est indispensable pendant toute la durée de l'étape de découverte de l'entretien de vente.

› Et plus généralement lors de toute rencontre avec le client : pour découvrir les besoins sous-jacents au moment de la négociation, pour comprendre une réclamation, etc.

Comment l'utiliser ?

Étapes

› Avant l'entretien, préparez une check-list des questions à poser au client (*cf.* outil 24).

› Posez une seule question à la fois, en commençant par les plus ouvertes, puis creusez la réponse du client et faites-lui préciser ce qui est flou pour vous.

› Respectez le plus grand silence pendant que le client parle, montrez par votre attitude non-verbale que vous l'écoutez (prise de notes, regard, hochements de tête).

› Reformulez ce que vous avez compris, pour valider votre propre interprétation et montrer au client que vous l'avez écouté avec attention.

› Enchainez sur un autre thème avec une autre question ouverte – ou une question ricochet.

Méthodologie et conseils

› Restez centré sur la réponse du client sans penser à la question que vous allez poser ensuite : si vous écoutez activement, elle viendra naturellement.

› Ayez en tête les grands thèmes à explorer, puis laissez-vous entrainer par les propos du client pour le suivre dans sa pensée.

Il ne peut y avoir d'écoute active sans un intérêt sincère pour le client.

› Respectez le rythme du client : si vous avez posé une belle question ouverte, laissez-lui le temps de réfléchir. Le temps parait plus long à celui qui attend, le client ne sent pas peser le silence de la même façon que vous.

› Soyez sincèrement intéressé par le client, sans traduire immédiatement en produits ou service ses propos : vous découvrirez peut-être de nouvelles opportunités de vente. Ecoutez-le sans *a priori* : chaque client est différent.

› Si vous êtes authentiquement intéressé par votre client, votre attitude non-verbale sera naturellement tournée vers lui. ■

Avantages

- Le client se sent valorisé et important.
- Il s'exprime plus et vous recueillez plus d'informations utiles à la vente.
- Vous créez un lien positif avec lui, il vous considère déjà comme un partenaire agréable.

Précautions à prendre

- Validez le temps disponible du client pour centrer la discussion sur les sujets les plus importants, sans renoncer à l'écoute active pour les thèmes sélectionnés.
- Au téléphone, manifestez votre intérêt par des onomatopées et reformulez plus fréquemment les propos du client.

OUTIL 34

La prise de notes

UNE AIDE POUR MENER L'ENTRETIEN ET PRÉPARER L'OFFRE

Mr & Mme Fleury 1/2
15 mai 09
Tel : 06 50 40 30 20

? Maison avec jardin car nous avons des enfants.

1 grde pièce pour recevoir amis. Si poss. 1 chbre d'amis + SdB. (reçoivent bcp).

enjeux

! Bureau indispensable, travail à la maison.
Bcp dossiers → placards. / calme ! (Travail de création).

Pas contre cuisine américaine.

1 voiture garage. + 1 moto et vélos.

Mot. Confort

Orientation importante (Mme), aime soleil et lumière, plantes et fleurs.

Précédemment : appartement 5ème étage, ascenseur, pratique car marché et commerces à 2 pas.

3 enfants : 12 / 10 / 6 ans. Actuellement les 2 garçons (ainés) partagent la même chambre → chacun la sienne.

En résumé

Une prise de notes intelligente prépare efficacement la présentation de l'offre.

La partie la plus large de la page sert à noter de façon synthétique mais fidèle les propos du client, sans les déformer ni les interpréter.

Une marge importante permet de noter, sous forme de mots clés et de symboles pour les repérer très facilement :

- les données à creuser pendant l'étape de découverte ;
- les enjeux et besoins à reprendre pour construire l'offre et convaincre le client.

Insight

If you take good notes during the meeting with the customer, you'll be more effective when pitching your offer to them.

The broadest part of your sheet is dedicated to the substance of what the client says, without interpretation.

Leaving a wide margin allows you to make your own comments by way of symbols and key words, that you can easily spot afterwards:

- *Things you want to go deeper into during the discovery phase of the interview.*
- *The needs and issues of your customer, that you will use to build and enhance your proposal.*

Pourquoi l'utiliser ?

Objectif

› La prise de notes permet de retenir les points essentiels qui devront figurer dans l'offre.

› Elle évite l'interprétation et donne plus de pertinence à l'argumentation.

› Elle accroit la concentration et permet une écoute plus active du client qui se sent valorisé.

› Elle permet de mener l'entretien en toute sérénité sans interrompre le client, mais en revenant ultérieurement sur les points importants.

Contexte

› La prise de notes est utile pendant l'étape de découverte, lorsque le client délivre beaucoup d'informations.

› Elle sert à noter les points importants lors des autres phases de la vente : les réactions du client à la présentation des solutions, les chiffres clés de la négociation, les engagements mutuels à la fin de l'entretien, etc.

Comment l'utiliser ?

Étapes

› Notez au cours de l'entretien les propos du client, de façon elliptique mais sans interprétation.

› Notez au fur et à mesure, de façon codée, dans la marge vos propres commentaires.

› Référez-vous à vos notes pour mener l'entretien : approfondir un sujet, compléter une information, valider un point important, faire réagir le client sur une idée de solution (*cf.* outil 35).

› Relisez vos notes juste après l'entretien pendant que votre mémoire est fraîche, apportez quelques compléments si nécessaires, et notez les premières idées de solutions à inclure dans votre proposition.

› Utilisez vos notes lors de la rédaction de la proposition pour utiliser les mots du client et présenter les arguments en vous référant à ses besoins précis, ses centres d'intérêt, ses enjeux, ses motivations d'achat.

Méthodologie et conseils

› Notez les mots du client dans la partie large, il comprendra mieux votre offre s'il reconnaît son vocabulaire.

› Notez en premier les chiffres et les dates avant de compléter les mots clés d'une phrase, car la mémoire a du mal à les retenir même à court terme.

› Constituez-vous votre propre alphabet de codes, abréviations, pour pouvoir noter vite et recueillir plus d'informations.

› Lors de la relecture à chaud après l'entretien, vous pouvez utiliser des codes de couleurs pour faciliter votre travail de rédaction de la proposition. ■

La prise de note est utile pour construire l'offre, et valorise le client.

Avantages

- Vous n'oubliez rien qui soit susceptible de convaincre votre client : votre offre répond à tous ses besoins et enjeux, et satisfait ses motivations.
- Vous restez serein et n'interrompez pas le client, qui se sent écouté et valorisé.

Précautions à prendre

- Notez suffisamment rapidement pour garder un contact visuel avec le client.
- Gardez un système de notation cohérent et relisez vos notes rapidement pour être capable de comprendre vos notes.
- La prise de notes n'est pas pertinente dans certains contextes de vente (ventes flash, vente en boutique, etc.).

OUTIL 35

La reformulation-implication

TESTER UNE IDÉE AUPRÈS DU CLIENT AVANT DE FAIRE LA PROPOSITION

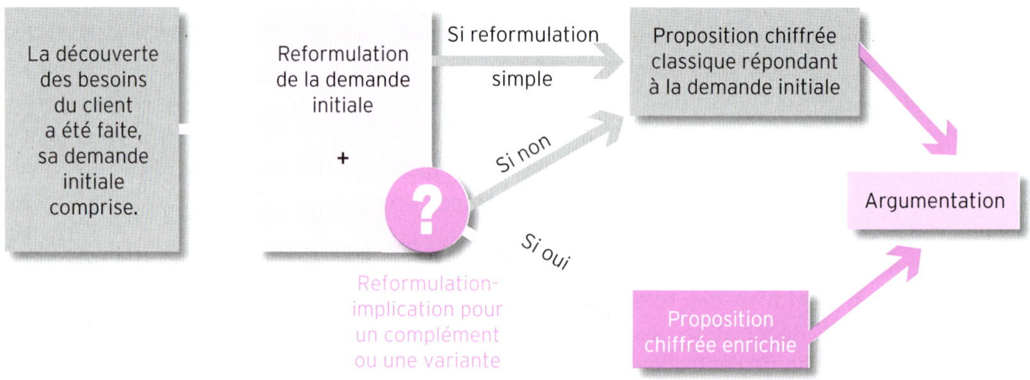

En résumé

La reformulation-implication est une technique qui permet de pré-valider auprès du client l'idée d'un service complémentaire ou d'une variante, avant de réaliser concrètement la proposition chiffrée.

- Elle s'utilise après la découverte et la reformulation du besoin principal du client.
- Elle consiste à demander au client son accord de principe pour inclure une variante ou une prestation complémentaire dans l'offre qui lui sera remise.

Insight

The Involvement by Rephrasing approach is used to pre-check an idea with the customer, in order to test their reaction regarding an additional service or a variation on their original request.

- *It is expressed just after the needs have been revealed and rephrased to the customer.*
- *It takes the form of a simple question, asking the client whether they would agree to the principle of having an additional service or variation included in the proposal.*

Pourquoi l'utiliser ?

Objectif

La reformulation-implication poursuit deux buts, qui peuvent se cumuler :

- vendre plus en largeur à un client ;
- pré-valider une idée avant de réaliser la proposition.

Contexte

La reformulation-implication peut s'appliquer dans tous les cas de vente, lorsqu'il s'agit d'introduire un complément ou une variante à la demande initiale du client :

- pour les offres globales à prestations interdépendantes (un crédit avec carte revolving, un équipement avec contrat de maintenance, un service avec assurance, etc.) ;
- pour les variantes techniques qui permettent une réelle différenciation ;
- et d'une manière générale dans tous les cas où la proposition écrite requiert un délai d'élaboration pour construire une offre sur-mesure, avant d'être envoyée au client.

Comment l'utiliser ?

Étapes

- La découverte des besoins du client doit au préalable avoir été faite, et le besoin reformulé avoir été validé par le client, afin de le rassurer sur la compréhension de sa demande initiale.
- Posez le cas échéant quelques questions préalables avant d'introduire la reformulation-implication, pour valider la recevabilité de votre variante ou proposition complémentaire. (Exemples : faisabilité technique, occurrence de telle situation, etc.)
- Amenez la reformulation-implication : « dans ma proposition, est-ce que je peux inclure telle prestation complémentaire ou introduire telle variante ? ».
- Répondez aux questions du client s'il en a, fournissez les explications nécessaires.
- Si le client accepte, passez directement à l'étape d'élaboration de la proposition chiffrée (ou prise de rendez-vous pour la présenter ultérieurement).

Méthodologie et conseils

- Les éléments proposés doivent être proches du besoin initial du client.
- Pour les offres qui requièrent un processus d'élaboration complexe, vous pouvez contacter plusieurs fois votre client pour lui soumettre vos nouvelles idées. ■

La reformulation-implication est une technique d'anticipation pour faire de la vente additionnelle.

Avantages

- Cette méthode permet de préparer le client à adhérer, puisqu'il a déjà donné une forme d'accord.
- Dans le cas des ventes négociées, elle crée une marge de manœuvre supplémentaire et permet de préparer la demande de contreparties au client.
- Pour les ventes à processus long, cette méthode peut être employée plusieurs fois pour soumettre de nouvelles idées au client et maintenir un lien dans la durée.
- Elle permet de gagner du temps en proposant d'emblée une solution recevable pour le client.

Précautions à prendre

- La variante ou la prestation complémentaire doit représenter une part mineure de la vente par rapport à la demande initiale du client.
- Si votre variante ou complément représente un enjeu fort de différenciation, mais que ce point risque de soulever des réticences, utilisez la méthode SAFI (*cf.* outil 25) pour sensibiliser le client à votre avantage.

OUTIL 36

L'argumentation structurée : APB

METTRE EN VALEUR LE BÉNÉFICE POUR LE CLIENT

Reformulation du besoin du client

Vous voulez utiliser votre vélo pour aller travailler.

→

Argument pertinent

Avantage

Ce modèle est adapté à la conduite urbaine quotidienne

Preuve

Il a un carter total et une sacoche capitonnée.

Bénéfice

Vous ne salissez pas vos bas de pantalon et vous pouvez ranger votre ordinateur portable sans risque de l'abîmer durant le trajet.

→

Question de contrôle

Est-ce que cela répond à vos attentes ?

En résumé

L'argumentation structurée APB est une façon de présenter l'offre de produits ou de services qui fait apparaître le lien entre la solution proposée et la situation du client :

- un **Avantage** pertinent pour lui ;
- la **Preuve** que cet avantage est réel : une caractéristique technique, des statistiques, une référence chez un autre client, etc. ;
- le **Bénéfice** concret que le client retirera de cet avantage au vu de sa situation spécifique.

Une reformulation initiale fait directement référence à un besoin exprimé précédemment par le client ; la question de contrôle finale permet de valider l'adhésion du client à l'argument présenté.

Insight

The FAB structure is a way to present your sales pitch with a clear link between the product or service you propose, and the client's particular situation.

- *Present the **Feature** you want to highlight, which has to be relevant to the client's situation and needs.*
- *Express the **Advantage** of it, in other words, what it does (in general).*
- *Dwell upon the **Benefit** for your client, what it means concretely for them, the value they will derive from using it.*

A previous rephrasing sentence refers to a need the client has expressed beforehand; the client's agreement to the argument is verified using a final checking question.

http://goo.gl/hZ4tC

Pour aller plus loin (en vidéo)

Pourquoi l'utiliser ?

Objectif

L'argumentation structurée APB a pour but de convaincre le client en utilisant des arguments qui le touchent spécifiquement.

Contexte

L'argumentation structurée APB s'utilise à chaque fois que vous voulez convaincre le client de choisir votre offre :

› lors de la présentation de votre offre ;

› dans la proposition écrite et lors de la soutenance orale de votre offre ;

› pour défendre le prix lors de la négociation.

Comment l'utiliser ?

Étapes

› Assurez-vous d'avoir bien compris le besoin, les motivations et enjeux du client en reformulant ce que vous avez compris.

› Présentez l'avantage général de votre solution (applicable à tous les clients), pour éveiller son intérêt. À ce stade, le client ne fait pas forcément le lien avec sa situation.

› Apportez les preuves nécessaires pour que le client ne mette pas en doute votre argument.

› Exposez le bénéfice pour lui, en faisant explicitement référence à sa situation personnelle, son besoin, ses motivations, ses enjeux.

› Validez que votre client adhère bien à votre argument en posant une question de contrôle.

Méthodologie et conseils

Un bon argument doit être pertinent aux yeux de votre client de façon évidente.

› Utilisez uniquement les arguments qui le concernent. Ne mentionnez pas les autres avantages de votre produit ou service : le client aurait l'impression que vous récitez un discours appris et que vous ne l'avez pas écouté.

› Appuyez-vous sur ses motivations d'achat (*cf.* outil 32, SONCAS) et employez les mots qui font sens pour lui. Utilisez son vocabulaire.

› Répétez les arguments les plus importants à ses yeux. ■

Un seul argument pertinent vaut mieux que dix avantages inadaptés au client.

Avantages

- Le client est plus facilement convaincu car il perçoit immédiatement l'application concrète qu'il fera des avantages de votre offre.
- Il retient mieux vos arguments car ils ont une signification concrète pour lui, et il est mieux à même de revendre votre offre en interne et de convaincre à son tour le groupe de décision.

Précautions à prendre

- Évitez la lourdeur d'une argumentation trop mécanique.
- Variez l'ordre des éléments APB en commençant tantôt par l'Avantage, tantôt par le Bénéfice.
- Développez plus ou moins les preuves en fonction de la réaction du client : a-t-il l'air de douter ou semble-t-il adhérer ?
- Reformulez plusieurs besoins du client en même temps avant d'énoncer les arguments APB.
- Observez le visage du client pour y lire son adhésion et éviter certaines questions de contrôle.
- Quand c'est possible, regroupez plusieurs avantages qui contribuent au même bénéfice dans une même structure APB, et vice-versa, à partir d'un avantage, déclinez plusieurs bénéfices.

OUTIL 37 Le traitement des objections : CRAC

UNE OCCASION DE REVALORISER L'OFFRE

Objection du client

Vos délais de livraison ne sont pas fiables.

Creuser

Qu'est-ce qui vous amène à le penser ?

→ *Je me souviens d'une commande il y a 2 ans, nous avons eu les pires problèmes.*

Reformuler

C'est vrai, à l'installation de notre système informatique nous avons rencontré des difficultés d'ajustement.

→ Ah ! Il le reconnaît, c'est bien !

Argumenter

Mais le système est parfaitement rodé maintenant : nos délais ont une fiabilité de 99 %, et les retards n'excèdent jamais 2 jours.

→ Ils sont devenus plus fiables que leurs concurrents !

Contrôler

Est-ce que cela correspond à vos critères en terme de fiabilité de livraison ?

→ *Oui, tout à fait, nous pouvons parfaitement gérer des retards de 2 jours maximum.*

Réactions du client

En résumé

CRAC est une méthode pour traiter les objections de fond du client :

- **Creuser** l'objection pour en comprendre l'origine.
- **Reformuler** l'objection pour que le client sente qu'elle est bien prise en compte et acceptée.
- **Argumenter** pour rassurer le client.
- **Contrôler** que l'objection est bien levée.

Insight

The CRAC method is used to deal with the customer's objections to your solution or company:

- *Get a **Comprehensive Understanding** of the objection by asking a question about the origins of their opinion, and/or the requirement behind their comment.*
- ***Rephrase** the objection in your own way, thus showing the customer that you acknowledge the objection, while reducing the impact of it.*
- ***Answer** the objection by providing the relevant sales argument.*
- ***Commit** your client to an agreement by asking a final checking question.*

Pourquoi l'utiliser ?

Objectif

La méthode CRAC a pour but de traiter les objections du client en profondeur et sans heurter de front les convictions du client. Son objectif est de défendre l'offre ou les prestations de l'entreprise et de restaurer la confiance du client.

Contexte

› La méthode CRAC s'applique aux objections de fond du client, c'est-à-dire un doute qu'il émet au sujet de votre offre ou de votre entreprise.

› La plupart du temps, les objections du client se manifestent lors de la présentation de l'offre. Mais elles peuvent aussi survenir au début de l'entretien lorsque le client a des a priori sur l'entreprise et tout au long du processus de vente.

Méthodologie et conseils

› L'étape Creuser est la plus importante pour traiter en profondeur l'objection sans risque de répondre à côté de la préoccupation réelle du client. Une erreur d'interprétation peut être fatale. Prenez le temps de poser plusieurs questions pour bien comprendre l'objection.

› Insistez particulièrement sur les preuves lors de l'étape Argumenter, pour rassurer le client et lever ses derniers doutes.

› Lorsque vous avez affaire à un inconvénient réel de votre offre, admettez-le dans l'étape Reformuler : « c'est vrai que sur ce point notre offre n'est peut-être pas la plus performante », et relativisez ce critère au regard des autres avantages de votre offre : « mais en revanche vous gagnez du temps sur le processus de mise en fabrication... ».

Une objection est une marque d'intérêt de la part du client.

Comment l'utiliser ?

Étapes

› Commencez par **Creuser** l'objection pour bien comprendre son origine et le besoin sous-jacent : « pourquoi dites-vous cela ? » ; « Que s'était-il passé exactement ? » ; « En quoi cela vous pose-t-il problème ? ».

› **Reformulez** l'objection de manière à en réduire la portée :
- avec une reformulation **atténuée** : « c'est vrai pour tel modèle uniquement », « c'était vrai il y a deux ans » ;
- et avec une reformulation **positive** du besoin sous-jacent du client : « je comprends que pour vous la question des délais est essentielle ».

› **Argumentez** pour défendre votre offre en utilisant la méthode APB (*cf.* outil 36)

› **Contrôlez** que vous avez bien levé l'objection en posant une question de validation « êtes-vous rassuré sur notre capacité à vous satisfaire sur ce point ? ».

Avantages

- Grâce aux deux premières étapes, le client ne se sent pas agressé dans ses croyances : vous lui accordez le droit de se tromper.
- L'objection est définitivement levée car traitée en profondeur, sans malentendu ou erreur d'interprétation.

Précautions à prendre

- La méthode CRAC ne s'applique pas à l'objection « c'est trop cher », qui se traite en argumentant à nouveau l'offre, sans creuser.
- Elle ne s'applique pas non plus aux objections de la prospection téléphonique qui nécessitent une plus grande réactivité (*cf.* outil 19).

SUITE OUTIL 37 →

OUTIL 37

Le traitement des objections : CRAC

Comment être plus efficace ?

L'objection, manifestation « agressive » d'un besoin psychologique sous-jacent

Une objection traduit chez votre client un état de stress : elle est une forme agressive d'interaction, car elle attaque l'offre, l'entreprise, le commercial. Un client qui ne serait pas stressé poserait des questions de façon neutre.

Au-delà du besoin opérationnel et rationnel que l'objection permet de soulever, sa forme agressive révèle donc un besoin psychologique sous-jacent. La méthode CRAC vous permet de faire une réponse « technique » pertinente au besoin opérationnel. Pour augmenter la puissance de votre réponse, prenez en compte en amont le besoin psychologique de votre client.

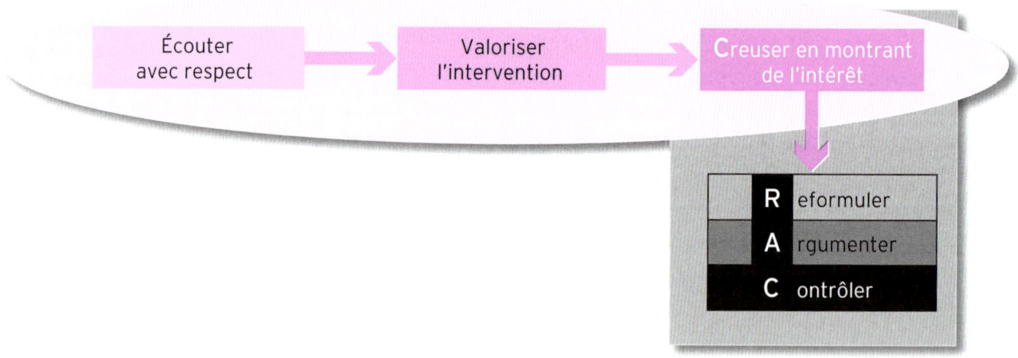

Répondez au besoin psychologique avant d'explorer le besoin opérationnel

1. Ecoutez avec respect.

› Adoptez une attitude concentrée.

› Ne cherchez pas à l'interrompre (gardez une respiration régulière et calme ; si vous reprenez votre respiration comme pour reprendre la parole, vous créez un stress chez le client).

› Développez la croyance positive suivante : « le client ne m'agresse pas personnellement, il a surtout besoin d'être écouté, son objection est un appel au secours ».

› Prenez des notes le cas échéant pour renforcer l'importance accordée à ses propos.

2. Valorisez l'intervention de votre client avec sincérité.

› En fonction de ce que vous percevez de personnel dans l'objection formulée, reconnaissez la valeur de ses opinions, sa rigueur, son analyse, etc.

› Cette étape est la plus importante du processus pour sortir le client du stress en nourrissant son besoin psychologique sous-jacent : il retrouve une énergie positive, il est prêt à coopérer. Vous pouvez maintenant explorer le besoin opérationnel en utilisant la méthode CRAC.

3. Creusez en montrant de l'intérêt aux propos de votre client.

› Consolidez chez votre client le sentiment d'être important en l'interviewant avec intérêt.

› Poursuivez avec les étapes suivantes du CRAC pour répondre au besoin opérationnel.

EXEMPLES de réponses au besoin psychologique sous-jacent à l'objection

Objection du client	Besoin psychologique sous-jacent	Réponse du commercial pour valoriser l'intervention
Votre planning de réalisation n'est pas compatible avec nos délais d'ouverture du site. Nous avons bien spécifié dans notre cahier des charges que nous voulions ouvrir avant l'été pour bénéficier de l'intégralité du chiffre d'affaires de la pleine saison.	*Besoin de reconnaissance du travail*	*(Silence, le commercial se penche sur le planning de son offre).* **Votre analyse est pertinente, je vois que vous avez pris le temps d'étudier en profondeur** notre dossier, et je vous en remercie. Quelle phase vous parait surdimensionnée ?...
Il manque une donnée dans votre proposition. Si nous ne faisons pas intervenir les managers, le projet va retomber comme un soufflé, et une fois de plus nous aurons investi de l'argent pour rien.	*Besoin de reconnaissance des opinions*	*(Silence, le commercial attend de voir si le client a autre chose à ajouter).* **J'apprécie que vous me confiiez avec franchise votre point de vue. A votre avis**, à quelle phase du projet est-il le plus judicieux d'intégrer une intervention des managers ?
C'est bien joli tous ces discours, mais prouvez-moi que ça marche !	*Besoin d'excitation, de défi*	*(Du tac au tac, le commercial relève le défi)* **Si** je vous le prouve maintenant, **vous signez la commande** ? *(Après le oui du client, le commercial apportera les preuves nécessaires directement, sans creuser).*
Votre offre ne tient pas compte des besoins spécifiques de mon service. Ce n'est pas parce que nous sommes moins nombreux que notre production est moins importante. C'est nous qui ramenons tout le chiffre d'affaires export, soit 25 % du CA total de l'entreprise.	*Besoin de considération*	*(Silence, le commercial attend de voir si le client a autre chose à ajouter).* **Je vous remercie d'attirer mon attention sur ce point important.** Quelles sont les spécificités que nous devons prendre particulièrement en compte ?
Le moteur de ce modèle n'atteint pas en 9,8 secondes les 100 km/h, comme le fait la D4 de votre concurrent.	*Besoin de reconnaissance des compétences*	*(Avec un grand sourire admiratif)* **Je vois que vous connaissez bien les caractéristiques techniques des véhicules, et que vous avez bien étudié le marché !** Quels sont les critères les plus importants pour vous ?

Commentaires

- L'attitude non-verbale doit être cohérente avec un véritable respect du client et de son besoin. Soyez sincère dans votre intention de valoriser l'intervention du client. Le client ressentira toute dissonance et ne percevra alors la valorisation que comme une technique manipulatoire.
- Dans la mesure du possible, modifiez l'offre pour intégrer les remarques du client (cas n° 2) : en confirmant par les actes, vous prouvez à votre client votre prise en compte de ses besoins.
- Le cas n° 3 montre bien la puissance de la réponse au besoin psychologique : ici le commercial ne creuse pas, car le client a plus besoin de défi que d'exploration technique de son besoin opérationnel.
- Les réponses du commercial rassurent le client sur la relation commerciale : celui-ci peut valider que le partenariat lui sera bénéfique aussi en tant que personne.
- Ces techniques s'appuient sur les besoins psychologiques du modèle Process Com® (*cf.* outils 22 et 45).

Les tactiques gagnantes face à : « c'est trop cher »

SORTIR GAGNANT DE L'OBJECTION « C'EST TROP CHER »

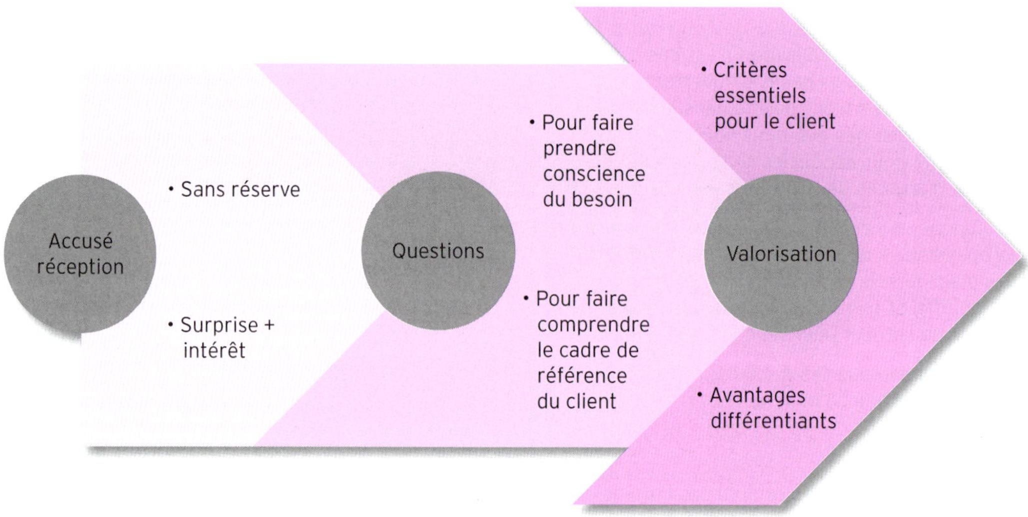

En résumé

L'objection « c'est trop cher » ne se traite pas comme les autres objections. Les tactiques seront différentes selon le positionnement prix de votre offre sur le marché :

- Si votre offre est au-dessus du prix du marché, accueillez sans réserve l'objection et faites prendre conscience au client des avantages de votre offre en le questionnant sur les failles des autres solutions avant d'argumenter.
- Si votre offre est dans le prix du marché, montrez votre surprise et votre intérêt, puis cherchez à comprendre le cadre de référence du client pour argumenter de façon ciblée.

Insight

"It's too expensive" is not to be dealt with as other objections are. You can use two different tactics depending on how your price is positioned compared to the market range

- *If your price is above the market range, welcome the objection entirely and explore the potential flaws of the client's current situation - or the flaws of your competitors' offering - before you move on to highlight your specific advantages.*
- *If your price is in line with the market average, you may express your surprise as well as your interest, then explore the client reference frame before providing the relevant sales argument.*

Pourquoi l'utiliser ?

Objectif

Les tactiques gagnantes face à l'objection « c'est trop cher » visent à éviter de rentrer en négociation alors que la vente n'est pas finalisée. Le but est de profiter de l'opportunité de cette réaction du client pour mieux connaître son cadre de référence et revaloriser l'offre.

Contexte

Deux cas de figure se présentent :

› Votre offre est dans le prix du marché, mais le client ne le sait pas. Il a une vision erronée des prix du type de produits ou services que vous proposez. Cependant, son budget est probablement défini dans le cadre de référence qui est le sien. C'est une donnée à prendre en compte.

› Votre offre est au-dessus du prix du marché. Dans ce cas, il faut valoriser votre offre en appuyant sur les bons leviers : les critères essentiels pour le client.

Comment l'utiliser ?

Étapes

› Avant tout, accusez réception de l'objection du client pour ouvrir la discussion.

- Soit sans réserve si votre offre est au-dessus du prix du marché, par exemple « c'est vrai, c'est un investissement » ; « oui, c'est vrai à l'achat » ; « effectivement, vous avez raison de chercher à savoir ce qui justifie la différence de prix par rapport à nos concurrents »
- Soit en exprimant votre surprise et votre intérêt si votre offre est dans le prix du marché : « je suis surpris, votre point de vue est intéressant ».

› La deuxième étape est une étape de questionnement :

- Pour faire prendre conscience au client des failles de sa solution actuelle ou des propositions des concurrents si vous êtes au-dessus des prix du marché : « combien vous coûte actuellement l'entretien de votre équipement ? » ; « quels types de consommables vous proposent nos concurrents ? »
- Pour explorer le cadre de référence du client si vous êtes dans le prix du marché : « qu'est-ce qui vous parait cher dans notre offre ? » ; « qu'est-ce qui vous fait dire que c'est cher ? »

› Enfin, la troisième étape consiste à valoriser les avantages différenciants de votre offre et les bénéfices essentiels pour du client.

Avec l'objection « c'est trop cher », le client cherche avant tout à se rassurer qu'il paye le juste prix.

Méthodologie et conseils

› Lorsqu'il émet l'objection « c'est trop cher », le client cherche avant tout à se rassurer sur le « juste prix ». Il « teste » le commercial sans toujours avoir clairement en tête les prix du marché. Il serait contre-productif pour la relation de pousser le client dans ses retranchements et de lui démontrer qu'il se trompe.

› Accueillez l'objection avec une attitude authentiquement bienveillante.

› Dans l'étape de questionnement, n'insistez pas si vous le voyez hésiter et bafouiller.

› Gardez en tête que de nombreux clients dépassent le budget qu'ils s'étaient initialement fixé au regard des avantages de l'offre qui leur est proposée, et sont très satisfaits de leur achat ! ■

Avantages

- Ces tactiques évitent de baisser le prix et de décrédibiliser votre offre.
- Elles permettent d'affiner votre connaissance du client, de son cadre de référence et de ses critères de sélection.

Précautions à prendre

- Pour poser des questions précises pertinentes sur tel ou tel critère, une étude comparative de votre offre et de celles de vos concurrents est recommandée (cf. outil 27).
- L'objection « c'est trop cher » peut être confondue avec une demande de négociation. Cependant, avant d'entrer dans le processus de négociation, assurez-vous d'avoir conclu la phase de vente, et d'avoir affaire à une demande claire de concession de la part du client.

Les techniques de conclusion

ENGAGER LE CLIENT À SIGNER LA COMMANDE

Vérifier que le client n'a plus de questions concernant l'offre

SIGNAUX D'ACHAT DU CLIENT

Il se met subitement en retrait

Il s'agite alors qu'il était calme

Il devient pensif

Il pose des questions de détail

Il revient sur une objection déjà traitée

...

(tout changement comportemental qui révèle un changement émotionnel)

TECHNIQUES DE CONCLUSION

Résumer les bénéfices de la solution

Enoncer un dernier avantage

Mettre le client en situation, le faire imaginer l'achat réalisé

Lui poser une alternative concernant la mise en place

Expliquer naturellement le processus de commande

Dramatiser en alertant sur le risque à ne pas décider maintenant

Formaliser l'accord du client

En résumé

Les techniques de conclusion consistent à aider le client à franchir le pas de la décision, lorsqu'il est presque convaincu et qu'il hésite à passer à l'acte. Elles reposent toutes sauf une – la dramatisation – sur la stimulation d'émotions positives, propices à une décision favorable :

- résumer les bénéfices de la solution pour le conforter dans son choix ;
- énoncer un dernier avantage pour lever une dernière hésitation et le faire basculer ;
- le mettre en situation de visualiser sa situation une fois la vente réalisée pour lui faire envie ;
- l'alternative pour limiter le choix à deux propositions ;
- expliquer naturellement le processus de commande pour inciter à l'action ;
- dramatiser en alertant sur un risque potentiel (rupture de stock, hausse des prix, etc.).

Insight

Closing techniques help the client make up their mind and go for the purchase. They are used when the client is almost convinced and is still hesitating, on the brink of decision. They rely on creating positive emotions, which are a good stimulant for a favourable decision:

- *Summarise the benefits of the solution to reassure them about their decision.*
- *The additional benefit may remove their hesitation.*
- *The assumptive close tries to make them visualise the purchase as having been made and imagine what life will be like after that.*
- *The competitive choice helps them make up their mind by reducing the number of choices to two.*
- *The direct proposition explains the ordering process as if the purchasing decision were a natural next step.*
- *Adding a hint of drama warns the customer against the risk(s) they take in postponing their decision (running out of product, price rises, etc.).*

Pourquoi l'utiliser ?

Objectif

Les techniques de conclusion ont pour but d'engager le client à signer la commande.

Contexte

Elles s'emploient à la fin de l'entretien de vente, après avoir argumenté l'offre et répondu aux questions et objections du client, lorsque celui-ci manifeste des signaux d'achat.

Comment l'utiliser ?

Étapes

› Assurez-vous d'avoir bien répondu à toutes les questions et objections du client à l'aide d'une question : « y a-t-il autre chose que vous désirez savoir ? ».

› Soyez attentif aux signaux d'achat du client, c'est-à-dire aux modifications comportementales caractéristiques du changement émotionnel qui précède la prise de décision.

› Utilisez au choix l'une des techniques pour conclure, selon la tournure de l'entretien ou la personnalité du client.

› Concluez avec lui l'accord en formalisant le contrat jusqu'à la signature du client.

› Terminez l'entretien en faisant la synthèse des prochaines étapes (processus de commande, livraison, etc.) avant de saluer votre client.

Méthodologie et conseils

› Lorsque le client manifeste un signal d'achat, laissez-lui un temps de réflexion avant d'utiliser une des techniques de conclusion.

› Les techniques de conclusion les plus efficaces sont celles qui provoquent des émotions positives chez le client.

› Lorsque le client ne peut pas prendre la décision immédiatement car il doit la prendre à huis clos avec d'autres personnes, vous pouvez cependant obtenir un engagement moral de sa part : « je peux compter sur votre engagement pour défendre notre offre auprès de vos partenaires ? ». Ou pour aller plus loin : « de quoi avez-vous besoin pour convaincre vos partenaires ? ». ■

C'est au commercial que revient la responsabilité de la conclusion

Avantages

- Les techniques de conclusion aident le client à se décider.
- Vous sécurisez votre vente en obtenant un engagement formel du client.

Précautions à prendre

- Certains clients au profil analytique préfèrent prendre leur décision seuls et supportent mal d'être sollicités. Respectez leur manière de fonctionner.
- Les ventes complexes nécessitent plusieurs entretiens. Dans ce cas, la conclusion consite à engager le client sur les prochaines étapes du processus de vente (assister à une démo, etc.)
- Utilisez avec parcimonie et toujours avec une bonne raison la technique de dramatisation car elle véhicule une émotion négative et peut effrayer le client.

OUTIL 40

La vente additionnelle

PROFITER D'UN CONTACT AVEC LE CLIENT POUR VENDRE UN PRODUIT SUPPLÉMENTAIRE

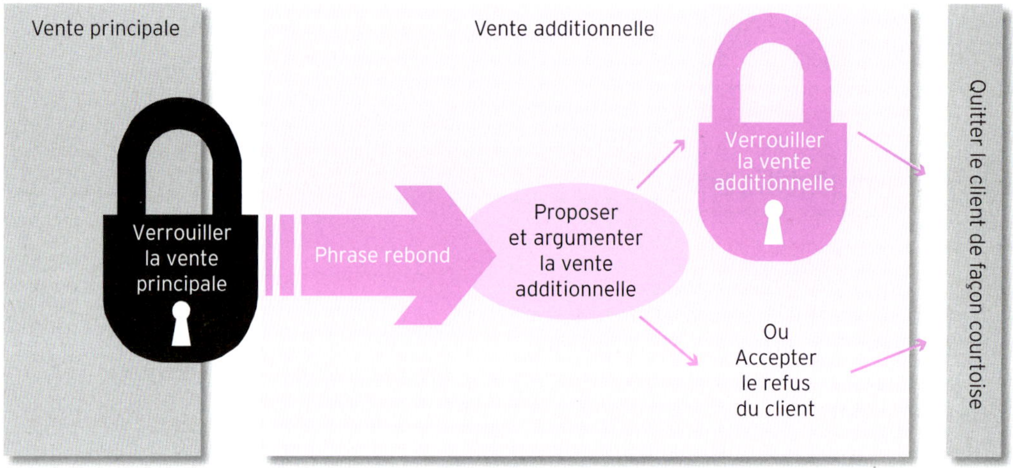

En résumé

La vente additionnelle consiste à vendre des produits ou services supplémentaires à un client qui vient de donner son accord pour une vente dite principale ou initiale.

- Une **phrase rebond** permet d'introduire les produits et services à présenter et que le client n'a pas demandés.
- Le reste de la vente se déroule comme pour la vente principale, avec une phase d'argumentation, de réponse aux questions et objections du client.
- **La vente additionnelle doit aussi être verrouillée** pour éviter tout malentendu, le client doit donner explicitement son accord pour ajouter les nouveaux produits et services à son contrat.
- La fin de l'entretien se déroule comme habituellement de façon courtoise.

Insight

Additional selling consists in selling products or services to a client who has just signed up for a main purchase.

- *A **bounce sentence** introduces the subject: products or services the client didn't ask for in the first place.*
- *The usual sales methods apply to additional selling, including argumentation, dealing with the client's questions and objections.*
- ***Additional selling must be carefully locked up**, in order to avoid any misunderstanding, bad surprises and doubt. The client must clearly give their consent to the addition on their contract.*
- *The interview ends with courteous manners as usual.*

Pourquoi l'utiliser ?

Objectif

La vente additionnelle permet de profiter d'un contact avec un client pour lui vendre un produit ou un service supplémentaire qui dépasse sa demande initiale. Le but est de réaliser un chiffre d'affaires additionnel en évitant le coût d'une démarche active de prospection ou de suivi des clients.

Contexte

La vente additionnelle s'applique essentiellement aux contextes d'appels entrants du client ou de vente en boutique, lorsque le client fait lui-même la démarche d'une demande initiale.

Elle est plus rare dans les autres secteurs, puisqu'une découverte bien menée permet d'explorer largement les besoins du client et de proposer d'emblée une offre complète.

Comment l'utiliser ?

Étapes

› Répondez d'abord à la demande initiale du client et gérez la vente principale jusqu'à obtenir son accord sans réserve.

› Utilisez une phrase rebond pour introduire la vente additionnelle : « savez-vous que vous pouvez aussi... » ; « nous proposons également des services... » ; « vous pourrez optimiser l'utilisation de votre appareil grâce à... » ; etc.

› Argumentez la vente additionnelle grâce à la méthode APB (*cf.* outil 36).

› Répondez aux éventuelles questions du client et traitez ses objections (*cf.* outil 37).

› Verrouillez la vente additionnelle simplement, en proposant de rajouter les produits et services sur la facture initiale, et en expliquant les étapes ultérieures (livraison, etc.).

› Quittez votre client de façon très courtoise, quelle que soit sa décision concernant les produits ou services supplémentaires que vous lui avez proposés.

Méthodologie et conseils

› Faites une liste des phrases rebond que vous pouvez utiliser dans votre secteur d'activité.

› Utilisez-les de façon systématique pour chaque client avec qui vous réalisez une vente initiale : plus vous le ferez, plus cette démarche vous sera naturelle. De plus, les résultats consolidés de la vente additionnelle sont significatifs sur la masse des affaires traitées, car souvent les montants unitaires sont faibles comparativement à la vente principale.

› Dans la phase de découverte, explorez largement les besoins du client pour détecter les opportunités de lui proposer des services utiles. ■

Certaines entreprises réalisent jusqu'à 15 % de CA en plus grâce à la vente additionnelle.

Avantages

- Simple à mettre en œuvre, la vente additionnelle permet de réaliser un chiffre d'affaires supplémentaire avec une économie de moyens record.
- Les clients apprécient de se voir conseiller des produits ou services auxquels ils n'avaient pas pensé et qui répondent à des besoins latents.

Précautions à prendre

- Bien verrouiller la vente principale avant de proposer un produit ou service supplémentaire.
- Si le client refuse la vente additionnelle, n'insistez pas au risque de mettre en danger la vente principale. Renoncez si le client émet plus de deux objections.

DOSSIER

6 VENDRE À UN GROUPE DE DÉCIDEURS

Il est de plus en plus rare d'avoir affaire à un seul décideur dans un processus de vente. D'après une étude de SiriusDecisions, le nombre de personnes impliquées dans une décision d'achat a été multiplié par 3,5 depuis 2001. La pression sur les objectifs, la réduction des moyens, la complexité croissante des problèmes à résoudre augmentent les enjeux de l'achat. En conséquence, les responsabilités sont réparties sur plusieurs personnes, « le » décideur est de plus en plus difficile à identifier et les circuits de décision sont plus longs.

La vie de l'affaire chez le client

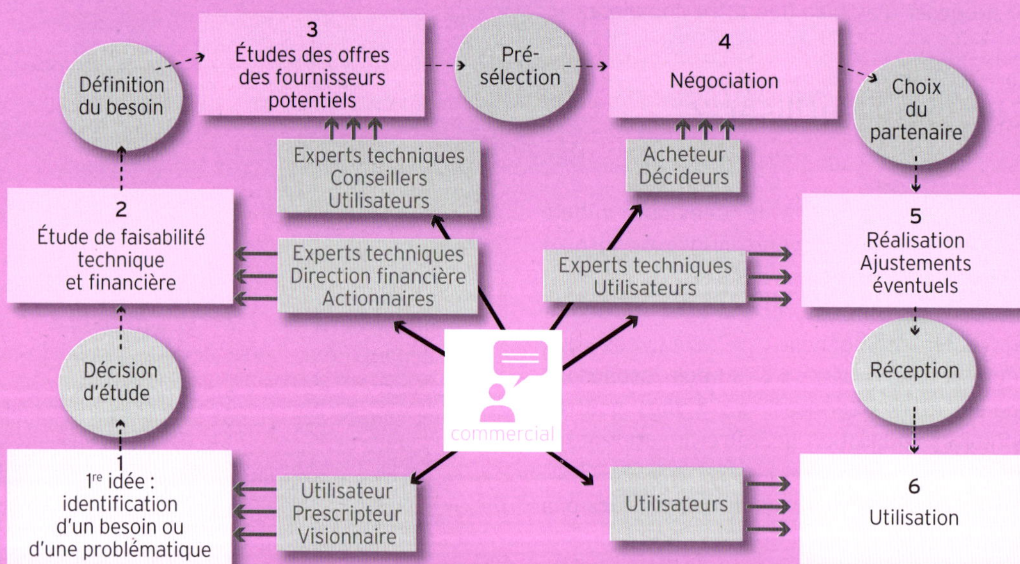

Le pouvoir d'influence du commercial dans le processus d'achat

En tant que commercial, vous pouvez agir sur le processus d'achat de votre client à chacune des étapes de la maturité du projet. Plus vous intervenez en amont, plus votre pouvoir d'influence est important.

› **Dès la première étape,** vous pouvez agir en tant que prescripteur et aider vos interlocuteurs à prendre conscience d'un besoin.

› **L'étape d'étude** est l'occasion d'aider votre client à préciser ses attentes, ses objectifs, pour définir avec lui de manière précise son besoin. C'est ici que vous pouvez prendre une avance décisive sur vos concurrents, à la fois dans la proximité que vous établissez avec vos interlocuteurs en leur donnant des conseils avisés, et dans la connaissance du groupe de décision.

› **Dans l'étape 3**, vous présentez votre offre, au même titre que vos concurrents. Il est capital d'avoir un contact privilégié avec chaque décideur.

› **L'étape de négociation** est souvent la première occasion qui vous est offerte de rencontrer un acteur important du processus : l'acheteur. Si vous avez pu le rencontrer avant et connaître ses critères, ses motivations et enjeux personnels, vous aurez un temps d'avance sur vos concurrents et serez mieux à même de défendre vos prix.

› **L'étape de réalisation** est l'occasion de rencontrer de nouveaux interlocuteurs dans un climat plus détendu. Ces rencontres sont précieuses pour développer votre connaissance du groupe de décision et détecter de nouveaux projets.

› **La dernière étape** est celle de l'utilisation de votre produit ou service par les personnes auquel il était destiné. Valider leur satisfaction augmentera votre réseau d'influence ou d'informateurs dans le compte.

Les talents à développer : le commercial chef de projet

Vendre à un groupe de décision nécessite des talents de vendeur, bien sûr, et aussi une bonne maitrise des outils de la vente développés dans cet ouvrage. Deux cordes supplémentaires sont à ajouter à votre arc :

› votre capacité à identifier les interlocuteurs clés et influencer l'ensemble du groupe de décision, y compris les décideurs « invisibles » ;

› votre capacité à agir comme un chef de projet :

- définir pour chaque étape vos objectifs, les problématiques à résoudre, jalonner votre parcours en sous-étapes ;
- identifier chez votre client les interlocuteurs les plus influents ;
- identifier les ressources internes et externes à impliquer pour faire avancer la décision en votre faveur, planifier et préparer leurs interventions ;
- prévoir l'imprévu en restant en alerte : développer le réflexe de l'information pour anticiper les évolutions du contexte chez le client (événements, jeux de pouvoir, etc.) ; garder des marges de manœuvre et une souplesse de fonctionnement.

LES OUTILS

OUTIL 41

L'analyse du groupe de décision

IDENTIFIER LES INTERLOCUTEURS DU GROUPE RÉEL D'INFLUENCE ET DE DÉCISION (GRID)

ANALYSE QUALITATIVE DU GRID

Interlocuteur + *tel* + *e-mail*	Fonction & Rôle dans l'achat	Besoins, motivations, Critères de décision	Nos atouts et arguments
Pierre Lagrange *Tel* *e-mail*	Directeur général Décideur	CRM performant qui permette de recouper les informations et détecter les opportunités de vente	Un système riche en champs Les requêtes par critères
Bertrand Tifany *Tel* *e-mail*	Directeur commercial Décideur & Utilisateur	CRM performant (idem DG) CRM facile à utiliser pour ses commerciaux, accessible à distance	Système riche, requêtes Fonctionnel et intuitif, accessible à distance
Carole Atrabou *Tel* *e-mail*	Directeur des services informatiques Décideur & Conseiller	CRM fiable et facile à maintenir dans la durée Sécurité des data	Système stable éprouvé Service de maintenance autonome & à distance Back-up automatique
Philippe Gartan *Tel* *e-mail*	Ingénieur commercial Utilisateur	CRM facile à utiliser et fiable Qui prenne peu de temps à utiliser	Interface conviviale et intuitive, utilisable à distance dans le flux d'activité
Julie Paral *Tel* *e-mail*	Assistante du directeur commercial Filtre et Utilisateur	CRM facile àutiliser, surtout les requêtes Aide à la formation	Interface... (idem) Formation initiale et service d'aide à distance

Exemple pour la vente d'un système CRM (Customer Relation Management)

En résumé

Le GRID, ou Groupe réel d'influence et de décision, est composé de toutes les personnes intervenant dans le processus de décision du client.

- Les **Utilisateurs** sont directement concernés par l'achat qui leur est destiné.
- Les **Décideurs** sont incontournables et décident *in fine*.
- Les **Conseillers** (internes à l'entreprise) ou **Prescripteurs** (externes), influencent la décision.
- Les **Filtres** ne sont pas parties prenantes officiellement dans la décision, mais peuvent donner un coup d'accélérateur ou de frein.

Une personne peut cumuler plusieurs rôles dans le processus de décision.

Insight

The GRID (Group of Real Influence and Decision), is composed of all those involved in the decision-making process.

- ***Users:*** *are the most impacted by the decision.*
- ***Decision-makers:*** *take an important part in the process and have the final say in the decision.*
- ***Consultants:*** *(internal or external to the customer's company) influence other people involved in the decision-making.*
- ***Filters:*** *they do not officially belong to the process, but they can hinder or accelerate it.*

One person can take on several of those roles during the decision-making process.

Pourquoi l'utiliser ?

Objectif

L'analyse du GRID permet de comprendre le processus de décision chez le client et d'adapter votre stratégie commerciale pour maximiser les chances de convaincre chaque acteur afin de remporter l'affaire.

Contexte

Cette analyse doit être effectuée et mise à jour tout au long de l'affaire, dès lors que vous êtes en présence de plusieurs interlocuteurs.

Comment l'utiliser ?

Étapes

› Adoptez un état d'esprit ouvert en prenant conscience de la multiplicité d'interlocuteurs qui peuvent influencer la décision de votre client en votre faveur - ou pas.

› Mettez-vous en état d'alerte pour recueillir les informations nécessaires sur le GRID :
- soyez attentif aux personnes que vous rencontrez fortuitement chez votre client ;
- questionnez vos interlocuteurs au sujet du processus de décision et des personnes impliquées dans le projet d'achat.

› Faites la liste des personnes impliquées dans le processus de décision : notez leur fonction, (la place qu'ils occupent dans l'organigramme), mais aussi **leur rôle dans l'achat** :
- **Utilisateur :** directement concerné par l'achat, il jugera « sur le terrain » le produit ou service et ses impacts sur leur activité.
- **Décideur :** il est incontournable et arbitre la décision in fine. Plus le projet est complexe, plus il est haut placé. Il faut toujours essayer de le rencontrer pour mieux percevoir ses critères de choix.
- **Conseiller** ou **Prescripteur :** il influence la décision en suggérant des critères de sélection ou en donnant un avis technique. Il peut être interne à l'entreprise (conseiller) ou externe (prescripteur).
- **Filtre :** il n'apparaît pas officiellement comme partie prenante dans la décision. Mais il peut donner un coup d'accélérateur ou de frein.

› Notez pour chacun ses critères de décision, et les atouts de votre offre à mettre en avant.

› Enrichissez votre tableau à chaque rencontre pour adapter votre stratégie commerciale.

Plus le projet est complexe, plus le nombre d'intervenants dans la décision est important.

Méthodologie et conseils

› Une personne peut cumuler plusieurs rôles dans l'achat (exemple : Utilisateur et Décideur).

› Mettez en place un réseau d'informateurs chez votre client : faites-vous des alliés auprès de personnes qui peuvent vous tenir informé des jeux de pouvoir en place.

› Cherchez les acteurs du GRID non seulement à l'intérieur de l'organisation cliente, mais aussi à l'extérieur : bureau d'étude, organisation syndicale, pair leader d'opinion, conseiller, consultant, fournisseur, client.

Avantages

- L'analyse du GRID permet de mettre au point une stratégie réaliste et de gagner en efficacité en agissant en parallèle auprès de tous les interlocuteurs concernés par la décision.
- Elle permet d'éviter la mauvaise surprise de voir surgir au dernier moment un nouvel interlocuteur dans la négociation.

Précautions à prendre

- Attention aux interlocuteurs cachés, ayez des alliés informateurs, validez le circuit d'influence et de décision en recoupant vos informations.

SUITE OUTIL 41 →

L'analyse du groupe de décision

Comment être plus efficace ?

L'analyse quantitative du GRID

Pour affiner la stratégie commerciale et prioriser les actions à mener sur chaque acteur de la décision, vous pouvez mener une analyse quantitative du GRID, en vous donnant des critères objectifs pour évaluer vos chances de remporter l'affaire à un instant *T*. Vous pouvez alors vous donner pour sous-objectif de faire progresser tel ou tel indicateur.

Interlocuteur	Poids P_1	Préférence P_2	Cote $P_1 \times P_2$	Proximité	Actions

Les critères de poids

Le poids d'un acteur dans la décision s'évalue sur une échelle de 1 à 5 :

5 : fait partie du comité de décision avec un pouvoir fort (souvent le directeur général ou le directeur du service concerné par la décision d'achat).

4 : fait partie du comité de décision et/ou dispose d'une forte influence sur la décision. Lorsqu'il est extérieur au comité, il est consulté et très écouté par les décideurs.

3 : il peut ou non faire partie du comité de décision, avec un pouvoir d'influence moyen : par exemple, il bénéficie de l'écoute d'un décideur mais n'est pas le seul référent.

2 : ne fait pas partie du comité de décision, mais bénéficie d'une certaine écoute d'un décideur ou membre influent. Il n'est pas le seul référent, et n'est pas toujours consulté.

1 : Personne au pouvoir d'influence faible, mais qui peut transmettre des informations aux décideurs ou personnes influentes - ou au contraire bloquer des informations.

Les critères de préférence

+2 : Il vous est très favorable.

+1 : Il vous est plutôt favorable.

0 : Il est neutre.

-1 : Il vous est plutôt défavorable, ou favorable à votre concurrent.

-2 : Il vous est très défavorable, ou il est très favorable à votre concurrent.

Le produit de l'indice de poids multiplié par l'indice de préférence est utile pour évaluer vos chances à un instant *T*. c'est la somme de ces produits qu'il faut faire progresser.

Les critères de proximité

3 : Les rendez-vous sont faciles à obtenir, les rencontres fréquentes, votre interlocuteur est ouvert et vous donne beaucoup d'informations, y compris sur le GRID et sur la concurrence.

2 : Vous le voyez régulièrement, seul ou en groupe, il vous donne des informations professionnelles concernant l'achat.

1 : Vous ne le rencontrez qu'en présence et à l'initiative d'autres personnes du GRID. Il reste distant et centré sur l'achat.

0 : Vous n'arrivez pas à entrer en contact avec cet interlocuteur.

EXEMPLE pour la vente d'un CRM

Représentation graphique du GRID

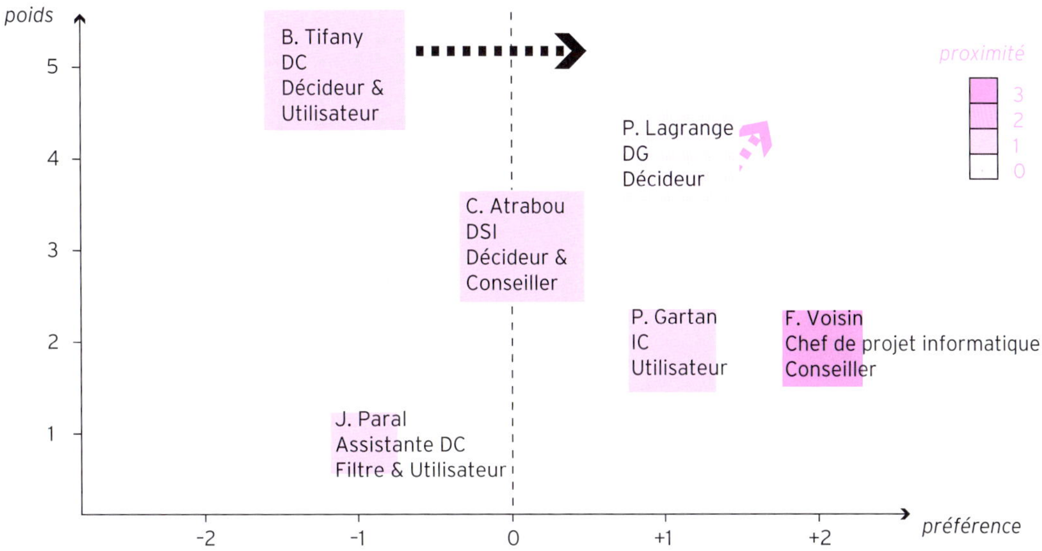

CRM : Customer Relation Management, base de données regroupant toutes les informations clients.

Commentaires

François Voisin, nouveau chef de projet informatique, est en charge de l'étude technique du dossier. Le commercial a pu le rencontrer plusieurs fois, la démonstration a été convaincante, François Voisin est séduit par la performance, la convivialité et la sécurité de l'outil.

L'ingénieur commercial, Philippe Gartan, était présent à la démonstration, il est séduit.

Le directeur général, Pierre Lagrange, est plutôt favorable du fait de la notoriété de l'entreprise. Il a un poids important dans la décision qui impacte l'organisation des ventes et représente un budget sensible. **Action à envisager : augmenter la proximité et faire passer sa préférence à +2.**

Le directeur commercial, Bertrand Tifany, a un poids encore plus important car il est également Utilisateur. Mais il a travaillé dans sa précédente entreprise avec un concurrent avec qui il s'entend bien. Cependant, l'enjeu de l'achat est tel qu'il ne peut se permettre de décider uniquement sur ses bonnes relations. **Actions à envisager : obtenir un rendez-vous pour faire passer sa préférence à +1. Lui donner des références d'autres clients satisfaits, mettre en avant les bénéfices pour sa direction.**

La directrice des services informatiques, Carole Atrabou, est bien placée pour être le relais de son collaborateur François. Elle peut passer assez facilement en préférence +1, si le commercial parvient à organiser une démonstration probante avec elle.

L'assistante, Julie Paral, a de bonnes relations avec le concurrent que connaît son patron. Action à envisager : lui montrer la convivialité du système en l'invitant personnellement à une démonstration, puisqu'elle n'a pas pu assister à la précédente. ■

OUTIL 42

La stratégie d'influence

ETENDRE SA ZONE D'INFLUENCE POUR ATTEINDRE LES PERSONNES PEU ACCESSIBLES

Obtenir un GRID exhaustif

- Poser les questions sur le GRID à chaque entretien
- Connaître leurs besoins, motivations, enjeux, et les jeux de pouvoir en place
- Lire la presse du secteur
- Consulter internet sur les noms des dirigeants
- Interroger les partenaires externes

Rallier les personnes les plus difficilement accessibles

Neutraliser mes opposants

- Les écouter et les valoriser lors des rencontres
- Utiliser la méthode SAFI pour modifier leurs critères

Influencer les VITO(1)

- Utiliser des appuis externes pour tenter de les rencontrer (pairs, autres clients, syndicat...)
- Faire intervenir ma direction générale pour les rencontrer

GRID

Motiver mes alliés à défendre mon offre

- Les conforter sur la fiabilité, la performance de mon offre, leur faire rencontrer les personnes qui réaliseront le projet
- Les aider à se valoriser en interne et à l'extérieur
- Les sur-satisfaire, leur rendre des services, les mettre en relation avec des personnes de mon réseau importantes pour eux
- Les valoriser dans la création, les consulter sur des idées

Aider mes alliés à revendre mon offre en interne

- Analyser avec eux les critères des VITO et réfléchir ensemble à la manière d'y répondre
- Faire des démonstrations didactiques pour qu'ils s'approprient le discours et les arguments
- Leur donner un kit de présentation avec les messages clés, les échantillons nécessaires

(1) Le terme VITO est donné par Laurent Dugas et Bruno Jourdan dans *La vente complexe*, Dunod, 2003. Il désigne les managers au plus haut niveau des grands groupes, en général surprotégés et peu accessibles.

http://goo.gl/vqjif

Pour aller plus loin (en vidéo)

En résumé

La stratégie d'influence sur le groupe de décision consiste à s'appuyer sur les personnes avec lesquelles le contact est facile ou qui vous sont acquises, pour étendre votre zone d'influence et toucher les décideurs qui restent peu accessibles.

Insight

Building a strategy to influence the decision group is about reaching the hard-to-see decision-makers by getting help from the people you already know inside the client's organisation and with whom you have a good relationship.

Pourquoi l'utiliser ?

Objectif

La stratégie d'influence vise à atteindre les **décideurs les moins visibles** chez le client.

Contexte

› La stratégie d'influence est indispensable dans les cas de vente complexe où des décideurs haut placés sont très difficilement accessibles par un circuit de vente normal.

› Elle se met en place dès le début de l'affaire, car les circuits d'influence peuvent être longs, ou hors affaire pour conquérir un grand compte.

Comment l'utiliser ?

Étapes

Ces étapes sont itératives. Des mises à jour peuvent être menées sur un rythme mensuel (stratégie de compte) ou hebdomadaire (affaire chaude).

› Identifiez les acteurs du GRID et menez l'analyse qualitative et quantitative (*cf.* outil 41). Repérez vos alliés, vos opposants (favorables à votre concurrent), et les personnes « cachées » ou « difficilement accessibles ».

› Faites la liste des actions concrètes que vous pouvez mener à court terme pour :

- mieux connaître les acteurs du GRID, leurs besoins et enjeux personnels (y compris ceux des personnes « cachées »), les jeux d'influence en place ;
- sur-satisfaire vos alliés et les impliquer dans la défense active de votre offre ;
- aider vos alliés à revendre votre offre en interne auprès des décideurs cachés ;
- entrer en contact avec les VITO.

› Mobilisez vos ressources en impliquant largement votre réseau d'influence :

- les ressources internes de votre entreprise : experts, direction générale, etc. ;
- les ressources de l'entreprise cliente : vos alliés, influents et informateurs ;
- les ressources extérieures : prescripteurs de votre client, réseaux divers (syndicats, clubs, confrères, fournisseurs, bureaux d'étude, etc.).

Si le décideur est invisible, utilisez la technique de la « bande avant » comme au billard.

Méthodologie et conseils

› Recherchez l'alliance des personnes les plus **influentes**, pas forcément celles qui ont le plus grand poids hiérarchique.

› N'hésitez pas à sortir du cadre de l'entreprise : passez par les clubs, la vie politique, etc. Elargissez votre culture pour tenir une conversation hors business avec les VITO.

› Plus vous intervenez en amont du projet, plus vous pouvez valoriser et aider un nombre important d'interlocuteurs et en faire vos alliés en les aidant à définir leur projet : objectif, cadrage technique et financier, etc.

› Méfiez-vous des clients qui se disent décideurs : recoupez vos informations. Une vente en apparence simple peut comporter des décideurs cachés. ■

Avantages

- Permet de faire un travail de lobbying efficace en impliquant chacun des interlocuteurs chez le client et dans l'environnement du client.
- Permet d'accéder directement ou indirectement aux personnes cachées qui influencent la décision.

Précautions à prendre

- Proposez habilement comme un service de rencontrer les managers de vos alliés, pour qu'ils ne se sentent pas discrédités.
- Ayez chez votre client des informateurs qui vous renseignent sur les jeux de pouvoir.

OUTIL 43

La synthèse de l'offre écrite

VALORISER L'ESSENTIEL DE LA PROPOSITION COMMERCIALE POUR LES DÉCIDEURS

Introduction

Établit un contact humain et sympathique, valorise le client.

Corps de la synthèse personnalisée

Rappel des besoins et enjeux du client

Rassure le client et les interlocuteurs nouveaux sur le fait que leur problématique est bien prise en compte.

→

Solution et bénéfices associés

Établit un lien entre la solution et les besoins du client
Met en valeur les avantages concurrentiels.

Conclusion

Montre l'implication et la proactivité du commercial qui garde l'initiative d'un prochain contact.

En résumé

La synthèse personnalisée est le résumé de la valeur ajoutée de la solution proposée au client. Elle accompagne l'offre écrite, et doit être placée visiblement avant le descriptif détaillé de la solution. Elle se compose de :

- Une introduction qui établit un contact humain et valorise le client en faisant référence aux entretiens précédents.
- Un corps principal comprenant le résumé des besoins, motivations et enjeux du client, pour qu'il se sente compris ; et les bénéfices de la solution proposée en lien avec ces besoins et enjeux.
- Une conclusion où le commercial montre son implication et sa proactivité en proposant un prochain contact pour continuer d'accompagner le client dans sa décision d'achat.

Insight

The executive summary is an overview that enhances the added value of the solution proposed to the client. It is sent together with the detailed proposal, which it prefaces. It contains:

- *An introduction designed to make contact at a human level, by referring to previous meeting.*
- *A main part, composed of a summary of the customer's needs, motivations and issues, making him feel understood; the benefits of the solution, related to those needs and issues.*
- *A conclusion, where the sales person shows their commitment and proactivity by proposing a follow-up meeting to work with the customer on their purchasing decision.*

Pourquoi l'utiliser ?

Objectif

La synthèse personnalisée est destinée à pouvoir être lue rapidement par les décideurs. Son but est de les rassurer sur l'adaptation de votre offre à leurs besoins, et de mettre en avant vos avantages concurrentiels.

Contexte

Elle constitue un atout majeur de votre proposition dans tous les cas de vente de solutions, vente conseil, et d'une façon générale pour toutes les affaires à enjeux que vous traitez.

Comment l'utiliser ?

Étapes

› Introduisez votre synthèse personnalisée en établissant un contact agréable, par exemple en remerciant vos interlocuteurs de vous avoir reçu et accordé du temps.

› Dans le corps de votre synthèse, **rappelez les besoins et enjeux du client**, et explicitez de quelle manière vous y répondez en valorisant pour chaque solution apportée le bénéfice pour le client. **Mettez en avant vos avantages concurrentiels.**

› Concluez en montrant votre implication, gardez l'initiative d'un prochain contact.

› Testez la personnalisation de votre synthèse :

- Pourrait-elle être envoyée à un autre client ? Si oui, revoyez votre offre et prenez mieux en compte les spécificités de votre client et/ou de son métier.
- Votre concurrent pourrait-il l'envoyer ? Si oui, mettez plus en avant vos avantages concurrentiels pour vous différencier.

Méthodologie et conseils

› Votre synthèse personnalisée sera d'autant plus pertinente que vous aurez pu rencontrer un grand nombre de décideurs, et inclure dans votre proposition les besoins, motivations et enjeux de chacun d'eux. Insistez particulièrement sur le lien entre votre offre et les enjeux.

› Adressez-vous aux personnes, en employant la deuxième personne du pluriel : « vous ».

› Soignez la présentation. Si votre synthèse comporte plus de trois pages, agrémentez-la de schémas pour la rendre plus attractive et plus lisible.

› Pour le corps de la synthèse, vous avez le choix de dresser un panorama complet des éléments essentiels de la situation avant de présenter votre offre, ou de présenter pour chaque élément la réponse associée.

› Faites suivre votre synthèse d'un dossier structuré où chaque lecteur trouvera facilement la partie qui l'intéresse (technique, financière, planning de réalisation, etc.). ■

53 % des décideurs consacrent moins de 15 minutes à la lecture d'une proposition (Dugas, Jourdan, La vente complexe, Dunod, 2003).

Avantages

- Reliée aux enjeux du client, elle s'adresse à toutes les personnes du groupe de décision, y compris celles qui n'ont aucune compétence technique.
- Écrite, elle circule sans déformation chez le client et vous permet de toucher les personnes que vous n'avez pas pu rencontrer.
- Elle crée un *a priori* positif car elle permet aux décideurs de gagner du temps par une lecture rapide.

Précautions à prendre

- Elle doit rester courte (deux ou trois pages, une dizaine au maximum pour les offres complexes).
- Cet outil prend du temps, il n'est donc pas recommandé pour les petits clients à faible potentiel, pour lesquels vous pouvez employer des propositions standardisées.

OUTIL 44

La démonstration produit

APPORTER AU CLIENT LA PREUVE VISUELLE DES INNOVATIONS DU PRODUIT

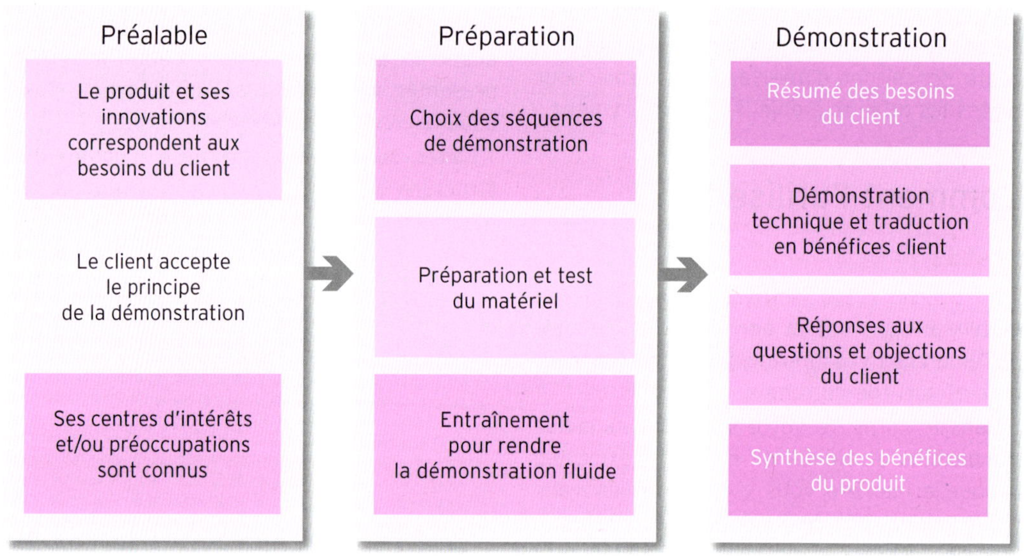

En résumé

La démonstration consiste à montrer au client tout ou partie du produit, dans des conditions d'utilisation réelles ou simulées.

Son succès repose sur :

- une bonne adaptation de son scénario aux attentes du client ;
- une bonne préparation, pour éviter tout incident et rendre la démonstration fluide ;
- une traduction permanente lors de la démonstration des spécificités techniques en bénéfices client.

Insight

The product demonstration consists of showing the customer part or all of a product, in a real or artificial situation.

Its success depends on:

- *A perfect adaptation of the scenario to the customer's expectations.*
- *Very careful preparation, to avoid any kind of problems, demonstrating ease of use.*
- *A permanent translation of technical features into benefits for the client.*

Pourquoi l'utiliser ?

Objectif

La démonstration produit permet de rendre concrètes des caractéristiques ou fonctionnalités que le client ne connait pas, et de le rassurer sur ses performances ou son confort d'utilisation.

Contexte

Elle s'applique dans tous les domaines où l'innovation est importante, et lorsque le client a besoin d'un aperçu pratique au-delà de la description fonctionnelle théorique du produit.

Comment l'utiliser ?

Étapes

› Au préalable, validez avec votre client que le produit correspond bien à ses besoins, et qu'il est prêt à assister à une démonstration. Relevez ses centres d'intérêt spécifiques.

› Préparez soigneusement votre démonstration :

- sélectionnez les séquences que vous voulez montrer ;
- préparez votre matériel et vérifiez son bon état de fonctionnement.

› Face au client ou au groupe de décision, et pour chaque séquence de la démonstration :

- résumez les besoins et motivations du client ;
- procédez à la démonstration en fournissant les explications techniques ;
- traduisez immédiatement chaque argument en bénéfices fonctionnels pour le client.

› Répondez aux questions et objections du client au fur et à mesure.

› Terminez en faisant la synthèse des arguments clés.

Méthodologie et conseils

› Entraînez-vous pour que la démonstration soit fluide, afin que le client puisse percevoir la facilité d'utilisation du produit. Pour les produits très techniques, il est recommandé de laisser faire la démonstration par un expert (voir les règles de la visite à deux, *cf.* outil 30).

› Si besoin, prévenez le client en début de démonstration qu'il s'agit d'une version spéciale qui n'offre pas toutes les fonctionnalités dont disposera sa version personnelle, qui sera plus stable, mieux configurée, adaptée, complète, etc.

› Pour répondre aux questions et objections du client, utilisez les questions en retour pour lui faire préciser ce qu'il recherche, ou la méthode CRAC pour comprendre l'origine de l'objection (*cf.* outils 24 et 37).

› Enfin, veillez à présenter au moins un argument adapté à chacun des membres du GRID. ■

Voir le produit fonctionner aide le client à s'imaginer en train de l'utiliser lui-même.

Avantages

- La procédure décrite s'applique à une multiplicité de cas de démonstrations : la visite sur le site d'un autre client ou sur le site de production, la démonstration chez le client, et même les essais clients (ex : test automobile).
- Elle s'adresse à tous les clients, qu'ils aient une compétence technique ou non.
- Plus le client peut visualiser concrètement le produit, plus il se rapproche de l'étape de décision.

Précautions à prendre

- La préparation et l'entrainement sont essentiels : mieux vaut aucune démonstration qu'une démonstration ratée qui ferait fuir le client.
- Résistez à la tentation de tout montrer, focalisez-vous sur les bénéfices que le client souhaite voir. Une démonstration trop complète risquerait de faire percevoir le produit comme trop complexe et de faire peur.

OUTIL 45

La soutenance de l'offre

VALORISER LA QUALITÉ DE L'OFFRE PAR UNE PRÉSENTATION PROFESSIONNELLE

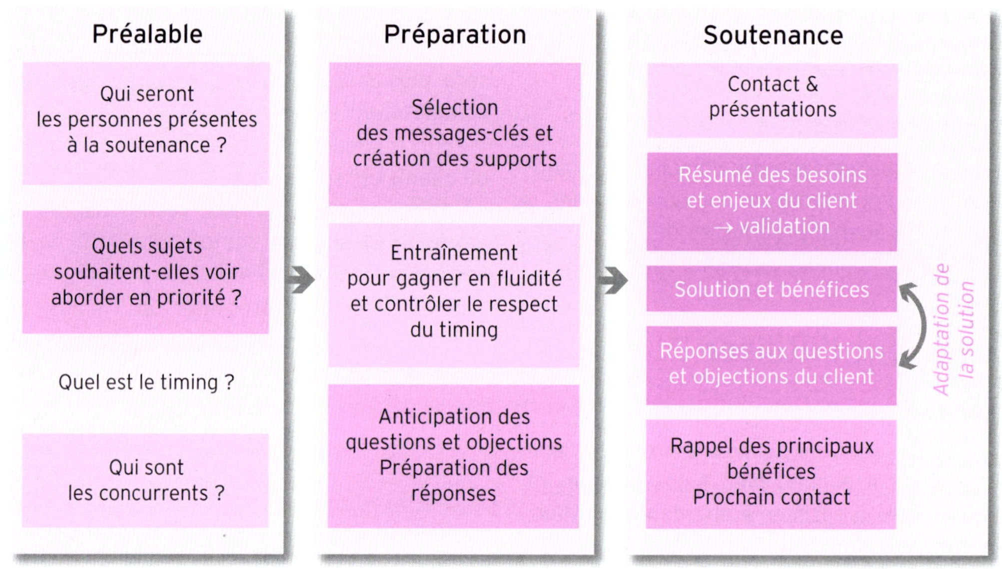

En résumé

La soutenance de l'offre est la présentation orale de la solution devant le groupe de décision. C'est un moment très important du processus commercial, dont le succès repose sur trois éléments.

Un cadrage rigoureux des conditions et des attentes du client, qu'il faut obtenir de la part du client en amont de la préparation.

Une préparation sérieuse, pour avoir un discours percutant et dégager un sentiment d'assurance et de dynamisme.

Une attitude centrée sur le client pendant la soutenance, qui se manifeste par :

- un contact personnalisé avec chacun ;
- un rappel des besoins et enjeux du client ;
- le lien permanent établi entre la solution et les besoins et enjeux du client ;
- souplesse et réactivité dans la réponse aux questions, remarques et objections du client ;
- proactivité en enthousiasme pour la suite du projet.

Insight

The sales presentation in front of the decision-making group is an important step in the sales process. Its success depends on three elements.

A precise view of the conditions of the process, and of the decision-makers expectations, which should be sought beforehand.

Thorough preparation, to convey the right messages and increase confidence and dynamism.

A customer-focused approach to the presentation, evidenced by:

- *Personal contact with each member of the decision group.*
- *A summary of their needs and issues.*
- *A clear link between the solution presented and their needs and stakes.*
- *Flexibility and responsiveness when they ask questions, make objections or remarks.*
- *Proactivity and enthusiasm expressed in following-up on the project.*

Pourquoi l'utiliser ?

Objectif

L'enjeu de la présentation orale est l'adhésion finale du client : renforcer son intime conviction de choisir le bon partenaire, séduire les interlocuteurs jusqu'alors inaccessibles.

Contexte

Cet outil s'applique aux situations de soutenance d'offre, lorsque les fournisseurs potentiels sont invités à défendre leur proposition devant le groupe de décision. Dans la plupart des cas, l'offre a été envoyée par écrit en amont de la présentation orale.

Comment l'utiliser ?

Étapes

› Au préalable, validez avec votre client les personnes présentes à la soutenance, les sujets qu'elles souhaitent voir aborder en priorité, le timing exact (incluant les questions et réponses), et si possible le nom des concurrents présélectionnés.

› Préparez soigneusement votre soutenance :

- sélectionnez vos messages-clés pour qu'ils répondent au mieux aux enjeux du groupe de décision et vous différencient des concurrents ;
- entrainez-vous pour gagner en fluidité et assurance, respecter le timing imposé et anticiper les potentielles questions ou objections.

› Le jour de la soutenance :

- prenez le temps du contact : présentez-vous (nom et rôle dans le projet du client), invitez chaque membre du groupe de décision à se présenter, notez mentalement leur rôle - et leurs potentielles préoccupations ;
- exposez la synthèse de leurs besoins et enjeux. Validez avec votre client la pertinence de votre analyse, et demandez si vous n'avez rien oublié d'important ;
- présentez votre solution et ses bénéfices, en lien avec leurs besoins et enjeux ;
- répondez aux questions et objections avec souplesse (*cf.* outil 37). Prenez en compte les remarques et intégrez-les dans votre proposition en l'adaptant ;
- pour conclure, rappelez les principaux bénéfices, exprimez votre envie de travailler avec eux, et proposez un prochain contact pour répondre à leurs questions. Remerciez le groupe pour son écoute.

Au-delà de la pertinence de l'offre, la présentation orale fait basculer le choix du client.

Méthodologie et conseils

› Faites des supports didactiques, légers et clairs. Limitez le nombre de diapositives, optez pour des annexes que vous ne montrerez que pour répondre aux questions.

› Utilisez des phrases courtes, des mots simples et positifs. Rendez vos propos concrets en exprimant les bénéfices client, illustrez vos démonstrations par des exemples.

› Créez le contact par votre regard, adressez-vous à chacun, sollicitez leurs réactions. Interpelez ceux qui froncent les sourcils pour lever les objections. Après, il sera trop tard.

› Adoptez une posture corporelle tonique et souple. Restez debout pour parler, votre voix portera mieux, et vous dégagerez plus de dynamisme. ■

Avantages

- Une soutenance réussie valorise votre solution technique et donne envie au client de travailler avec vous, s'il vous a perçu souple, réactif, adaptable.

Précautions à prendre

- Résistez à la tentation de tout dire, vos clients ont la proposition écrite pour les détails. Quelques messages clés sont plus forts que trop de messages dilués.

OUTIL 46

L'adaptation de la présentation avec Process Com®

SATISFAIRE LES BESOINS DES DÉCIDEURS LIÉS À LEUR PROFIL DE PERSONNALITÉ

Les **besoins** des décideurs au cours d'une présentation	Profils de Personnalité Process Com® sous-jacents *Besoins psychologiques de Kahler*
Besoin de réflexion	Rêveur *Calme*
Besoin de défi	Promoteur *Excitation*
Besoin d'émettre son avis	Persévérant *Reconnaissance pour ses convictions*
Besoin de logique	Travaillomane *Structure dans le temps*
Besoin de montrer sa compétence	Travaillomane *Reconnaissance pour son travail*
Besoin d'être surpris	Rebelle *Contact*
Besoin d'attention personnelle	Empathique *Reconnaissance pour sa personne*
Besoin d'une atmosphère privilégiée	Empathique *Sensoriel*

En résumé

Au cours d'une présentation commerciale pour convaincre un groupe de décideurs, il est fondamental de répondre aux besoins opérationnels de chacun mais aussi de tenir compte des attentes inconscientes liées à leur profil de personnalité.

L'adaptation de votre présentation avec Process Com® permet de satisfaire les attentes des décideurs à travers les 8 besoins suivants : Besoin de réflexion, de défi, d'émettre son avis, de logique, d'être surpris, d'attention personnelle, d'une atmosphère privilégiée. L'impact de votre présentation s'en trouve amplifié.

Insight

When in front of a group of decision-makers, it's extremely important to address the purchasing criteria and needs of each one, whilst at the same time catering to the unconscious expectations driven by their individual personality traits.

Using Process Com® helps you adapt your presentation to meet the psychological needs of the decision-makers : the need to reflect; the need to be challenged; the need to share opinions; the need for logic; the need for surprise, the need for personal attention., the need to feel an atmosphere of intimacy. This will make them more receptive to your arguments during the presentation and increase your impact.

Pourquoi l'utiliser ?

Objectif

L'adaptation de la soutenance aux différents profils de personnalité permet, au-delà des besoins opérationnels, de satisfaire les besoins psychologiques de chaque décideur. Chaque client passe de l'état « je suis satisfait » à « je suis pris en compte ». La réceptivité de la présentation est amplifiée et les chances de signature augmentées.

Contexte

Cet outil est à utiliser pour toute soutenance face un groupe de clients. Comme la personnalité des décideurs est a priori peu ou pas connue avant une présentation, il est utile avant chaque intervention de préparer aussi bien le fond que la forme en satisfaisant l'ensemble des besoins psychologiques.

Comment l'utiliser ?

Étapes

› Au préalable, validez avec votre client les personnes présentes à la soutenance. Pour celles que vous connaissez, présupposez les types de personnalité les plus représentés (*cf.* outil 22).

› Reprenez le travail préparatoire de votre présentation (*cf.* outil 45) pour intégrer dans la forme les différents besoins des décideurs. Préparez notamment ceux-ci :

- Besoin de défi (type Promoteur) : Laissez un point non traité dans votre présentation pour faire naître une question dont vous avez préparé la réponse sur un support spécifique.
- Besoin d'être surpris (type Rebelle) : Surprenez votre interlocuteur soit par un point qu'aucun concurrent n'aura mis en avant, soit par la forme de votre intervention : une étude de marché spécifique, une vidéo, commencer par la conclusion.
- Besoin d'une atmosphère privilégiée (type Empathique): Si vous accueillez vos clients, soignez le cadre et l'accueil.

› Pendant la soutenance, prévoyez de satisfaire les besoins suivants :

- Besoin de réflexion (type Rêveur) : Trop souvent oublié ou omis par peur du silence. Laissez, après la présentation d'un point de fond, 40 secondes de réflexion à vos interlocuteurs avant de réagir.
- Besoin d'émettre son avis (type Persévérant) : Prévoyez une séquence où vos interlocuteurs pourront émettre leurs opinions. Il sera important d'écouter leurs avis.
- Besoin de logique (type Travaillomane) : Démarrez et terminez à l'heure. Annoncez votre plan et faites-y référence à chaque nouvelle séquence.
- Besoin de montrer sa compétence (type Travaillomane) : Valorisez l'expertise et le fond de toute intervention où votre interlocuteur met en avant son analyse, son travail, ses rapports d'études.
- Besoin d'attention personnelle (Type Empathique) : Soyez bienveillant, intéressez-vous sincèrement à votre client.

« La manière de dire les choses a souvent plus d'importance que ce qui est dit » (T. Kahler, fondateur de la Process Com®)

Méthodologie et conseils

› Un individu ne se réduit pas à un seul type de personnalité. Il est normal de retrouver plusieurs composantes chez un même client. D'où l'importance de satisfaire plusieurs besoins au cours d'une même intervention.

› En cas de soutenance à plusieurs, choisissez des collègues complémentaires à vous.

Avantages

- Vous variez votre présentation sur différents registres : votre présentation est plus vivante.

Précautions à prendre

- Pour la majorité de la présentation, gardez votre propre personnalité.

L'adaptation de la présentation avec Process Com®

SUITE OUTIL 46 →

OUTIL 46 L'adaptation de la présentation avec Process Com®

Comment être plus efficace ?

La présentation commerciale face à un groupe de décideurs est un moment particulier où vous êtes jugé à la fois sur votre solution mais aussi sur votre capacité à « rassurer ». Or, chacun se sent rassuré selon ses propres critères, son ressenti ou sa conviction d'avoir été pris en compte. Au-delà de la présentation de votre solution, qui doit satisfaire les besoins psychologiques de vos clients, il est important de savoir interagir avec chacun d'eux.

Les Parties de Personnalité

La Process Com® met en évidence quatre Parties de Personnalité1, que nous activons pour communiquer : « Réconforteur », « Ordinateur », « Émoteur », « Directeur ». Votre objectif est d'identifier celles que votre client active et de répondre sur la même longueur d'onde pour le rassurer.

Partie de Personnalité « Réconforteur » :

Partie préférée des personnes de type Empathique, elle est activée lorsque votre interlocuteur utilise un ton chaleureux, montre un visage souriant, une attitude orientée avec sincérité vers vous. Il communique avec le registre de son ressenti et de ses émotions. Il est important de la détecter pour apporter au client une attention particulière : un sourire, un mot sincère, un regard.

Partie de Personnalité « Ordinateur » :

Partie préférée des personnes de types Travaillomane, Persévérant Rêveur, elle est activée lorsque votre interlocuteur vise votre réflexion, votre analyse, votre opinion. Il utilise un ton monocorde, peu de gestes, et son visage est peu expressif. Vous entendez beaucoup de questions et des affirmations donnant des informations. Il est important de comprendre la demande pour y répondre avec pertinence : simple demande d'information ou besoin sous-jacent - besoin d'émettre son avis, besoin de montrer sa compétence.

Partie de Personnalité « Émoteur » :

Partie préférée des personnes de type Rebelle, elle est activée lorsque votre interlocuteur fait de l'humour ou apporte de l'énergie dans la soutenance. Il utilise beaucoup de gestes, des expressions du visage marquées (yeux pétillants, clin d'œil, mimique), un ton enthousiaste. Répondez à l'humour de votre client, soyez spontané comme lui mais évitez la surenchère car il n'est pas le seul interlocuteur. Il peut être aussi utile de savoir en jouer au bon moment pour détendre l'atmosphère avant de poursuivre.

Partie de Personnalité « Directeur » :

Partie préférée des personnes de type Promoteur, elle est activée lorsque votre interlocuteur donne des instructions précises et directes en employant l'impératif. Il vise votre Partie pensante. Mais à la différence de la Partie « Ordinateur » (qui attend une réponse ou une affirmation), cette Partie sous-entend une action. Le ton est ferme, les gestes rares, le visage peu expressif. Répondez de façon brève, soyez bref, concis, direct.

1 Ces Parties de Personnalité ont été mises en évidence par Taibi Kahler à partir des états du Moi d'Eric Berne (*Analyse transactionnelle et psychothérapie*, Ed. Payot 1990).

EXEMPLES d'interactions en soutenance pour rassurer le client

Pour répondre au mieux aux interactions de vos différents interlocuteurs en soutenance, activez la même Partie de Personnalité et visez les besoins psychologiques sous-jacents.

Type de personnalité	Partie de Personnalité activée	Exemples d'interactions clients	Exemples de réponses
Empathique	*Réconforteur*	« Bonjour, ravi de vous rencontrer. » *Ton chaleureux, avenant avec un poignée de main et un regard.*	« Je suis heureux de pouvoir mettre un visage sur votre nom. » *Ton sincère, échange authentique pour satisfaire le besoin d'attention particulière.*
Travaillomane	*Ordinateur*	« Comment est-ce que cela fonctionne ? » *Ton monocorde, peu de gestes.* *« J'ai vu une étude similaire aux USA. »*	« En trois points, premier...., second....., troisième..... » *Pour satisfaire le besoin de logique.* *« Fort intéressant, vous vous informez avec précision. »* *Pour satisfaire la besoin montrer sa compétence.*
Persévérant	*Ordinateur*	« Est-ce que vous pensez que c'est la solution la plus écologique ? »	« J'ai un avis sur ce point, quel est le votre ? » *Pour satisfaire le besoin d'émettre son avis.*
Rebelle	*Emoteur*	« Ouah, c'est génial votre vidéo » *Ton enthousiaste.*	« Et vous n'avez encore rien vu ! » *Avec de l'énergie dans la voix et pour satisfaire le besoin d'être surpris.*
Rêveur	*Ordinateur*	*Client souvent silencieux.*	*Sollicitez-le* : « En fin de présentation, communiquez-moi votre réflexion, si vous en êtes d'accord... » *Pour lui laisser le temps de la réflexion.*
Promoteur	*Directeur*	« Prouvez-moi que ça marche ! »	« Prenons rendez-vous dans 10 jours à notre usine, vous verrez les échantillons » *Ton direct, pour satisfaire le besoin de défi.*

Commentaire

En situation de soutenance, il arrive que vos interlocuteurs ressentent une tension due à la pression des enjeux de l'affaire et au stress de la décision à prendre. Les situations évoquées ci-dessus ne décrivent que des comportements positifs, et ne traitent pas des interactions sous stress. (*cf. Comment leur dire... : la Process Communication...* de G. Collignon, InterÉditions, 2005). ■

L'adaptation de la présentation avec Process Com®

DOSSIER

7 FIDÉLISER POUR RENTABILISER L'INVESTISSEMENT COMMERCIAL

Selon les secteurs d'activité, la conquête de nouveaux clients coûte de 7 à 10 fois plus cher que la fidélisation, qui représente donc un véritable enjeu économique pour l'entreprise. De plus, la satisfaction des clients génère une image positive qui facilite le travail de prospection. Votre travail de commercial ne s'arrête donc pas à la signature de la vente. Il vous faut mettre en place les conditions de la satisfaction client, et gérer les inévitables accrocs qui peuvent survenir au cours de la vie d'un contrat.

La fidélisation du client est un travail d'équipe

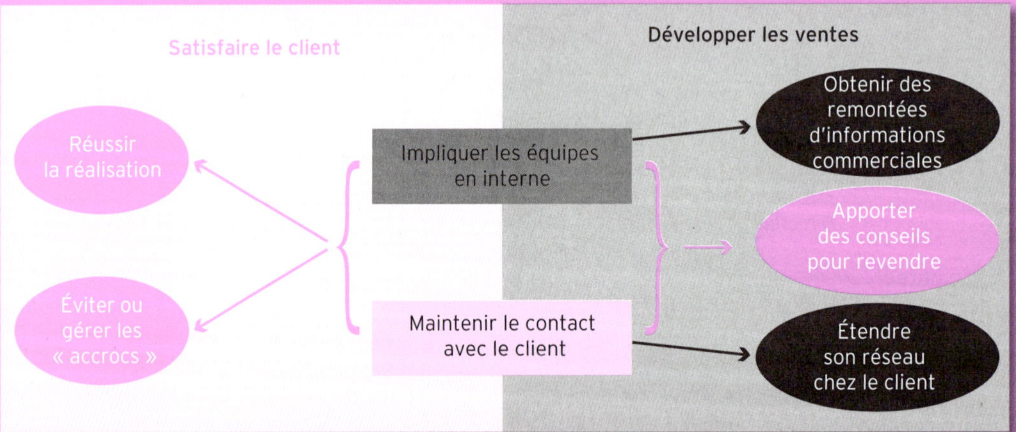

Après la signature de la vente, le client est en contact avec les équipes de réalisation de la commande, et vous devez compter sur vos collègues pour satisfaire le client. Il est possible que vous ressentiez un léger malaise face à cette perte de contrôle sur la relation que vous avez instaurée avec votre client. C'est pourquoi vous devez passer le relai avec doigté pour que les autres collaborateurs de votre entreprise agissent dans la continuité de votre action commerciale : il s'agit de réaliser les promesses de la vente et de satisfaire le client pour le fidéliser.

Vos équipes de réalisation sont aussi une ressource précieuse pour établir des relations avec le client sur un autre registre que le vôtre. Ils peuvent plus facilement obtenir des informations commerciales dans un climat détendu, auprès d'interlocuteurs nouveaux, ou apporter des conseils en tant qu'experts techniques pour vendre des services complémentaires. Une seule précaution à prendre : en aucun cas ils ne doivent dénigrer la vente que vous avez faite en insinuant que vous auriez pu vendre un meilleur service. C'est pourquoi il est important d'expliquer en interne les enjeux de la vente, votre démarche commerciale, l'importance du client et son potentiel de vente.

De la fidélisation à la préférence client

On estime qu'un client satisfait d'un produit ou service n'est fidèle à la marque qu'à hauteur de 60%. Pour garantir un niveau de fidélité à plus de 80%, satisfaire n'est pas suffisant. L'objectif est de faire vivre une expérience d'achat différente et personnalisée à votre client afin de lui faire préférer votre marque, votre boutique ou vos services.

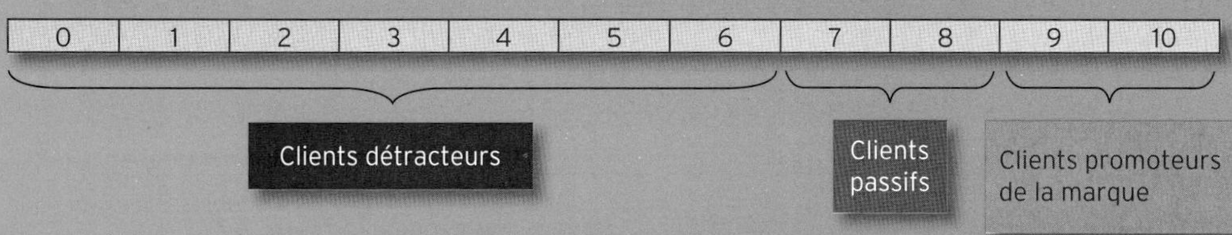

L'indicateur NPS©, ou Net Promoter Score, permet de mesurer ce niveau de préférence. C'est un indicateur de référence utilisé par les plus grandes compagnies. Par l'intermédiaire d'enquêtes de satisfaction, les entreprises demandent à leurs clients de les évaluer sur leur capacité à générer l'envie de les recommander. La question est : « Recommanderiez-vous le produit X ou la marque Y à votre entourage ? » sur une échelle de 0 (non, pas du tout) à 10 (oui, très certainement).

Pour fidéliser vos clients, faites d'eux de vrais promoteurs de votre marque. Soyez orienté sur leurs préoccupations, apportez-leur de la valeur, surprenez-les de façon positive. Ce sont les actions gagnantes pour pérenniser et développer votre entreprise.

LES OUTILS

OUTIL 47

L'implication des équipes en interne

RESPONSABILISER CHAQUE COLLABORATEUR POUR LA RÉALISATION DE LA COMMANDE

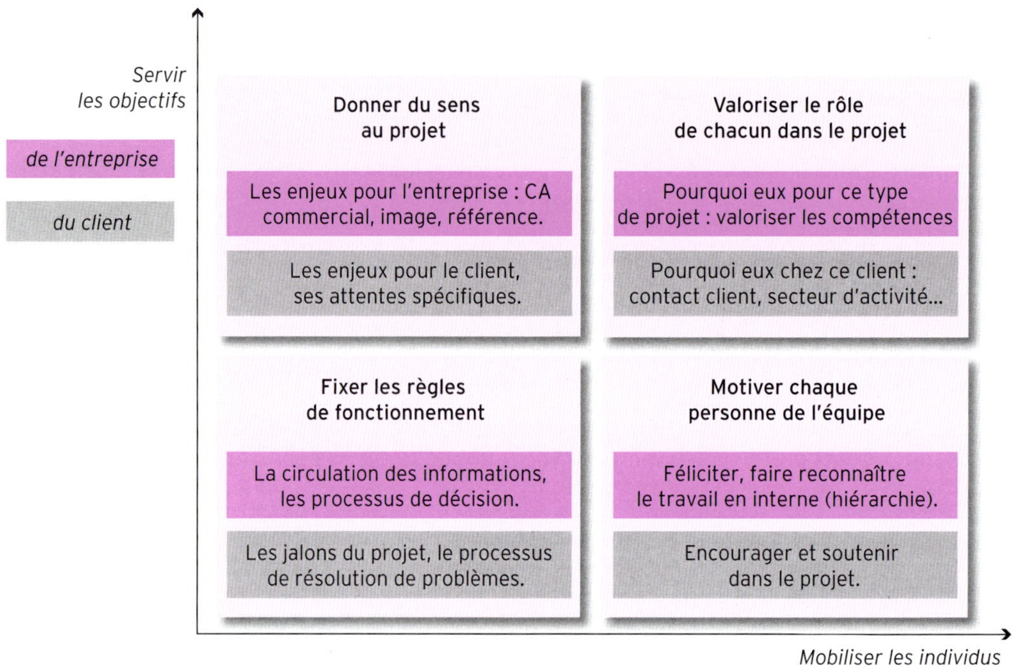

En résumé

L'implication des équipes en interne est nécessaire pour que les promesses que le commercial a faites au client avant la vente soient tenues par les équipes en charge de la réalisation de la commande. Le commercial a un rôle de management hors hiérarchie des équipes de réalisation, que l'on peut synthétiser autour de deux axes :

- veiller à la réalisation des objectifs, aussi bien pour le client que pour l'entreprise, en expliquant le projet et la façon de fonctionner pour le réaliser au mieux des intérêt mutuels ;
- mobiliser les individus pour que chacun se sente investi de la mission qui lui est confiée dans le cadre du projet, et motivé pour la mener à bien.

Insight

It's vital to invest time internally, to make sure that the promises made by the sales person are kept by the teams responsible for implementing the contract. The sales person has to manage the implementation teams indirectly; that is, without formal line management responsibility. These indirect management responsibilities can be plotted on two axes:

- *Being responsible for acheving the objectives, for the client as well as for the company, by explaining the project and how to make it work, focusing on the mutual interest in the result.*
- *Mobilise the people allocated to the project so that they are on board with their role within it, and are motivated to complete their tasks.*

Pourquoi l'utiliser ?

Objectif

› L'implication des équipes en interne vise avant tout la satisfaction du client par un engagement fort de chaque personne contribuant à la réalisation des promesses de la vente.

› Une implication réussie permet aux équipes de prendre des initiatives pertinentes et les motive à remonter des informations commerciales.

Contexte

› Les affaires dont la réalisation est effectuée par une équipe projet (BTP, informatique...).

› Les contrats de service gérés dans la durée par une équipe back office.

Comment l'utiliser ?

Étapes

› Au moment de la signature de la vente :

- Rassemblez les ressources adéquates (compétences, expérience du secteur, etc.).
- Donnez-leur les enjeux commerciaux de l'affaire pour votre entreprise.
- Expliquez-leur les enjeux du projet pour le client, ses attentes particulières.
- Valorisez leurs talents en expliquant le rôle, la mission et les responsabilités de chacun dans le projet.
- Déterminez les règles de fonctionnement du projet, les circuits de communication, les jalons et les objectifs intermédiaires, la façon dont les imprévus seront gérés.

› Pendant la vie du projet ou du contrat :

- Montrez-vous disponible pour gérer avec eux les éventuelles difficultés.
- Organisez des rencontres formelles pour faire des bilans intermédiaires et valoriser leur travail, informelles pour entretenir un contact convivial et confiant. Echangez vos informations sur la perception de vos solutions par les interlocuteurs clients.

› À la fin du projet ou lors de la reconduction du contrat par le client :

- Félicitez l'équipe pour son implication et valorisez le travail de chacun.
- Précisez les conséquences positives pour le client et votre entreprise (image, CA).

La fidélisation du client est une chaine collective qui tient par son maillon le plus faible.

Méthodologie et conseils

› Il est parfois nécessaire d'impliquer certaines ressources rares en amont du projet, avant la signature du client.

› Pour gérer un problème dû à une erreur d'un membre de l'équipe, utilisez la méthode DESC pour communiquer avec lui (*cf.* outil 52) ■

Avantages

- Le contrat ou le projet sont menés avec une plus grande efficacité et souvent une meilleure marge.
- Les équipes impliquées participent activement à la revente.
- Le client ressent la cohésion de l'équipe et son enthousiasme, ce qui le conforte dans son choix.
- Les collaborateurs sont plus fidèles, le turnover plus faible et le client ne subit pas des changements d'interlocuteurs trop fréquents.

Précautions à prendre

- Impliquez dans le circuit de communication la hiérarchie des ressources : en amont pour obtenir les ressources, en aval pour qu'elles aient une reconnaissance officielle de leur travail.

OUTIL 48

La réunion de lancement

PRENDRE AVEC LE CLIENT LES DISPOSITIONS POUR ASSURER LE SUCCÈS DE LA RÉALISATION

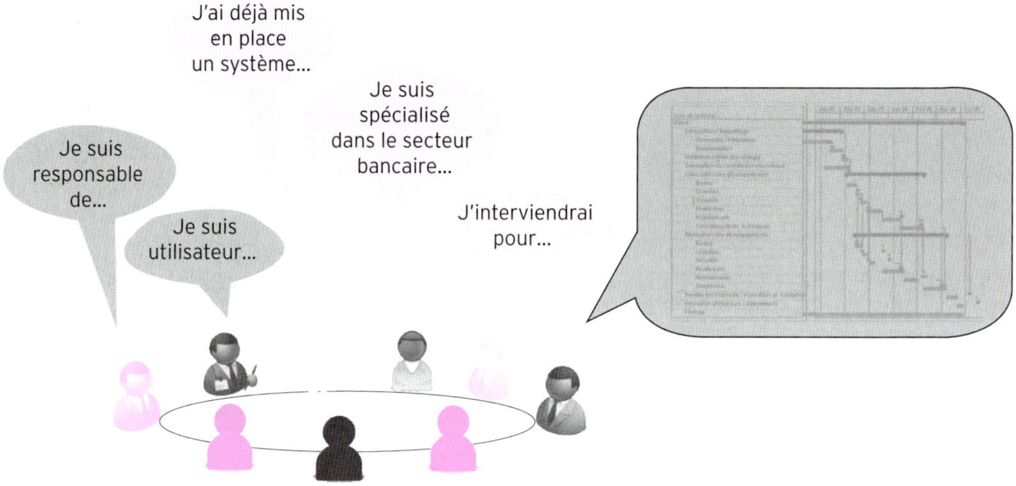

En résumé

La réunion de lancement chez le client vise à cadrer la réalisation du projet en coordonnant les actions de chacune des deux équipes (client et prestataire). Son ordre du jour comporte quatre points essentiels :

- le rappel du projet, ses objectifs et enjeux ;
- la présentation de chacun et son rôle dans le cadre du projet, son domaine d'expertise ;
- le cadrage de la réalisation proprement dite, avec les grandes phases et jalons du projet, les règles de fonctionnement des équipes, les rythmes des réunions d'avancement ;
- La définition précise des actions de la phase 1, avant le premier jalon.

Insight

The purpose of the kick-off meeting is to set a clear framework for implementing the project, by coordinating the actions of the two teams (client's and company's). The agenda should cover four essential points:

- *Presentation of the project, the goals and stake.*
- *Presentation of each team member, their role in the project and their area of expertise.*
- *Implementation planning: key phases and milestones, rules and processes to be respected by the teams, frequency and dates of project meetings.*
- *Definition of detailed actions for phase one that are due for completion prior to the first milestone.*

Pourquoi l'utiliser ?

Objectif

› La réunion de lancement permet de démarrer la réalisation en partant sur des bases solides et partagées par tous les intervenants du projet (client et entreprise prestataire), avec des conséquences positives sur la marge, le respect du délai et la satisfaction client.

› Elle permet aussi de rassurer le client immédiatement après la commande par le professionnalisme de l'animation de la réunion elle-même.

Contexte

› La réunion de lancement concerne les projets qui ont une durée de réalisation avant que l'objet de la vente soit opérationnel pour le client (BTP, informatique, etc.)

› Elle réunit pour la première fois les deux équipes de réalisation : celle du client (utilisateurs, experts métier, BE, etc.) et celle de l'entreprise prestataire (chef de projet, experts techniques, commercial).

Comment l'utiliser ?

Étapes

› Présentez les objectifs et les enjeux du projet pour le client, et faites valider ou compléter par votre interlocuteur en charge du projet chez le client.

› Invitez chacun à se présenter en donnant un cadre : nom, fonction, rôle dans le projet, domaine d'expertise.

› Présentez dans les grandes lignes les phases du projet, les jalons, les livrables à chaque étape. Proposez un mode de fonctionnement du groupe projet, qui cadre les responsabilités des uns et des autres, et la façon dont les imprévus seront gérés et les décisions prises, le rythme - et les dates - des réunions d'avancement et les personnes concernées. Obtenez la validation de vos interlocuteurs, principalement ceux qui ont un fort pouvoir de décision.

› Déterminez avec précision les premières actions du projet, les premières réunions de travail en sous-groupes et les attendus pour chacune.

› Terminez de façon conviviale en rappelant la date de la prochaine réunion de pilotage.

Rien ne sert de courir, il faut partirà point (Jean de la Fontaine).

Méthodologie et conseils

› Préparez votre réunion avec l'équipe en interne avant cette première rencontre avec le client lorsque les enjeux et la complexité de l'affaire le nécessitent.

› Envoyez l'ordre du jour de la réunion à votre client avant la réunion pour que lui-même puisse préparer ses équipes et que la rencontre fasse déjà avancer le projet.

› Présentez le projet de façon très visuelle, en utilisant des schémas et diagrammes (dont le diagramme de Gantt, qui représente les tâches et le timing du projet).

› Valorisez les expertises et les contributions des équipes - et des interlocuteurs clients. ■

Avantages

- Cette première réunion permet aux équipes de faire rapidement connaissance, et facilite le dialogue dès le démarrage du projet. Elle permet au commercial d'étendre son réseau relationnel chez le client.
- Durant le projet, la résolution des problèmes est plus rapide car les règles de fonctionnement sont connues de tous.

Précautions à prendre

- Soyez prêt à adapter avec souplesse le fonctionnement prévu et le cadrage du projet, tout en alertant votre client sur les conséquences d'un dérapage du timing global.

OUTIL 49

La réunion de fin de projet

FAIRE LE BILAN DE LA RÉALISATION ET POSITIVER L'EXPÉRIENCE

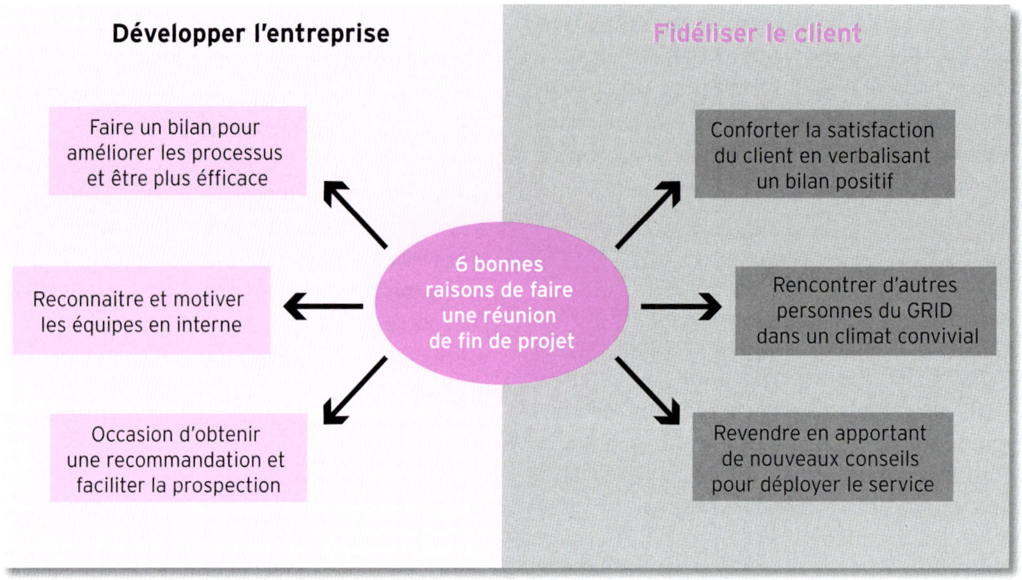

En résumé

La réunion de fin de projet fait le bilan de la réalisation de la commande du client. Elle permet de mettre l'accent sur des aspects positifs, même si des difficultés ont été rencontrées au cours du projet :

- En mettant en valeur la façon dont les difficultés ont été surmontées par les équipes (celle du client et la vôtre).
- En mettant en valeur les résultats obtenus, notamment les dépassements de performance s'il y en a.
- En montrant au client la façon dont les difficultés sont transformées en bonnes pratiques dans un esprit d'amélioration continue des processus.

Le professionnalisme de cette réunion vise à conforter le client dans son choix de partenaire et à conserver sa confiance pour les projets futurs.

Insight

The post-implementation review meeting is about assessing how well the project team implemented the requirements contained in the customer contract. It is an opportunity to enhance positive aspects, even if some difficulties have been encountered during the project :

- *By praising the teams (client's team and yours) for the way in which they have dealt with the difficulties.*
- *By valuing the results achieved, particularly if there are instances where people have exceeded expectations or over-performed in any way.*
- *By showing the customer how you constantly transform difficulties into an opportunity to improve your practices and processes.*

This meeting proves your professionalism and reassures the client that they have chosen the right partner. It will secure their trust in you and your company and help with future projects.

Pourquoi l'utiliser ?

Objectif

La réunion de fin de projet permet de faire le bilan du chantier ou de la mission avec le client. Elle a un double objectif :

› conforter la satisfaction du client et le fidéliser,

› en interne, reconnaître les performances de l'équipe, capitaliser sur l'expérience du projet.

Contexte

Elle concerne toutes les affaires qui nécessitent une phase de réalisation avant que la commande soit concrétisée et le service vendu opérationnel.

Comment l'utiliser ?

Étapes

› Rappelez les objectifs et enjeux du projet tels que définis au début de l'affaire.

› Faites une synthèse du déroulement du projet, soulignez les faits marquants : ce qui s'est bien passé, les difficultés rencontrées, les adaptations réalisées. Valorisez votre équipe et celle du client.

› Présentez les **résultats :** ce qui est fonctionnel, ce qui le sera prochainement, ce qui dépasse les attendus par rapport au projet initial (performance dépassée, effets secondaires positifs…). Donnez la parole à un ou deux utilisateurs pour qu'ils témoignent.

› **Capitalisation :** énoncez les enseignements à tirer de cette expérience pour les projets futurs, qui permettraient d'améliorer la performance, les coûts ou les délais : processus internes chez le client ou dans votre entreprise, communication entre les équipes.

› **Déploiement :** mentionnez les actions court terme ou moyen terme à envisager pour améliorer encore les performances ou étendre le service mis en place.

› Après la réunion, rédigez un compte rendu synthétique (moins de deux pages) facilement accessible aux personnes absentes à la réunion.

Méthodologie et conseils

› Anticipez cette réunion et planifiez-la avec votre client dès le début du projet.

› En fonction de la taille et des enjeux du projet, la réunion peut se tenir à effectif restreint (vous, votre commanditaire, un responsable des utilisateurs, un décideur) ou rassembler l'ensemble des équipes dans un cadre plus festif.

› Pour le témoignage des utilisateurs : s'ils ne sont pas entièrement satisfaits, notez leurs remarques et proposez un plan d'action. Choisissez de donner la parole à un autre utilisateur satisfait pour faire contrepoids sur un autre aspect du projet. ■

Si le projet a rencontré des difficultés, il est d'autant plus important de terminer par une réunion positive.

Avantages

- Le même type de réunion peut servir à faire le bilan d'une année de contrat de service.
- Cette réunion peut être l'occasion de faire inviter un membre du groupe de décision que vous n'arrivez pas facilement à rencontrer, ou de demander une recommandation auprès d'un prospect (*cf.* outil 20).

Précautions à prendre

- Si le projet a rencontré des difficultés, positivez l'expérience en valorisant la réactivité des équipes, la créativité des solutions trouvées, ou simplement la manière dont vous en avez tenu compte pour modifier certains processus.
- La capitalisation peut être menée en interne, pour énoncer librement des améliorations concernant des problèmes dont le client n'a pas connaissance.

OUTIL 50

Le contrôle de la satisfaction client

FAIRE VERBALISER AU CLIENT SA SATISFACTION

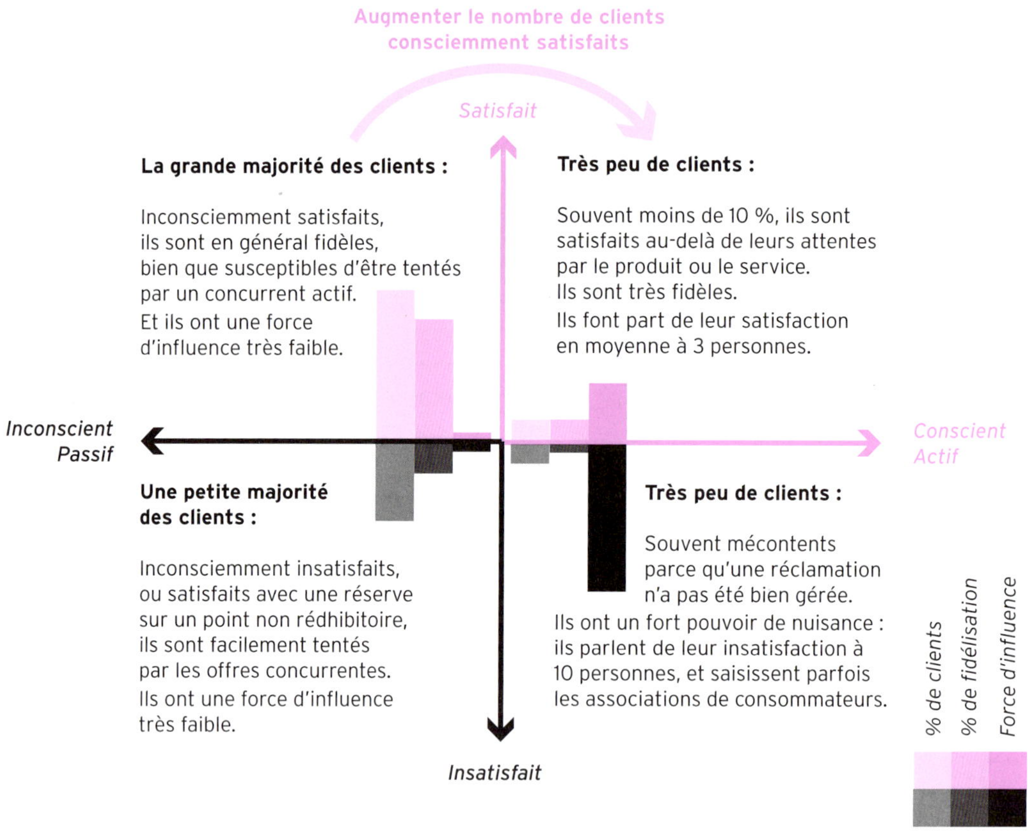

En résumé

Le contrôle de la satisfaction client est un appel téléphonique ou une visite donnés après la mise en service de la prestation vendue. Il s'agit de créer un sentiment de sur-satisfaction du client pour le fidéliser et le rendre potentiellement prescripteur :

- si le client est satisfait, l'amener à verbaliser les raisons de sa satisfaction renforcent sa conviction d'avoir fait le bon choix ;
- si le client n'est pas satisfait, cela permet de devancer une réclamation et créer la sur-satisfaction par la qualité du service.

Insight

The call to check customer satisfaction takes place after the product or service is in place and working. The purpose is to induce a feeling of over-satisfaction, which will generate loyalty and make them more likely to promote you:

- *If the client is pleased, it will reinforce their satisfaction by making them verbalise the reasons for their satisfaction.*
- *If they are not satisfied, it becomes an opportunity to demonstrate your responsiveness by dealing with the issue in such a way that they are then delighted with the quality of service.*

Pourquoi l'utiliser ?

Objectif

Cet outil a pour but de faire verbaliser au client sa satisfaction, pour le rendre plus conscient d'avoir fait le bon choix, plus fidèle et potentiellement plus actif en tant que prescripteur.

Contexte

Le contrôle de la satisfaction client se fait par téléphone très peu de temps après la réalisation de la commande (livraison, installation) : deux ou trois jours (surtout en B to C) à une semaine, selon le secteur d'activité.

Comment l'utiliser ?

Étapes

› En amont, dressez la liste des clients à rappeler si votre secteur d'activité comporte un portefeuille trop vaste pour les appeler tous. Les critères peuvent être :

- les primo-clients (ceux qui commandent pour la première fois chez vous) ;
- un client qui a précédemment rencontré des problèmes et mérite d'être sécurisé ;
- les clients VIP, clients à potentiel ou tout client appartenant aux cibles prioritaires du PAC (*cf.* dossier 1).

› Téléphonez au client, présentez-vous, annoncez d'emblée l'objet de votre appel : « ...pour savoir comment s'est passée la mise en service » ; « ...pour savoir si vous êtes satisfait de votre produit, si vous avez des questions... ».

› Ecoutez le client, faites-le parler sur son utilisation de votre produit ou service, pour qu'il exprime de façon concrète les motifs de sa satisfaction.

› Si le client est satisfait, concluez l'appel en disant « je suis à votre écoute si vous avez des questions », puis les formules de politesses habituelles.

› Si le client n'est pas entièrement satisfait, gérez ce point comme une réclamation (*cf.* outil 51). Une fois la solution mise en place, donnez à nouveau un appel téléphonique pour contrôler la satisfaction de votre client.

C'est à vous d'appeler le client pour qu'il exprime sa satisfaction, il le fait rarement spontanément.

Méthodologie et conseils

› Faire parler le client est essentiel pour le rendre pleinement conscient des motifs de sa satisfaction : faites référence aux avantages qui l'avaient particulièrement séduit pendant la vente, interrogez-le sur les fonctionnalités importantes pour lui.

› Si vous avez un portefeuille de clientèle restreint, vous pouvez aussi faire une visite de contrôle de la satisfaction, plus conviviale et plus riche en informations qu'un simple appel téléphonique.

› Si vous avez un portefeuille de clientèle large, vous pouvez déléguer une partie de ces appels à une assistante commerciale en mettant au point avec elle un scénario de rappel pour les cas où le client ne serait pas entièrement satisfait. ■

Avantages

- Cet outil s'applique quel que soit le degré de satisfaction du client : positif, vous renforcez son sentiment de satisfaction ; négatif, vous devancez une potentielle réclamation et créez une sur-satisfaction.
- La motivation des équipes en interne est renforcée par la fierté d'entendre les clients exprimer leur satisfaction.

Précautions à prendre

- Appelez vous-même les clients VIP avec lesquels vous avez construit un lien privilégié.
- N'utilisez pas le mot « problème » pendant toute la durée de la conversation.

OUTIL 51 Le traitement des réclamations et litiges

PRENDRE SOIN DU CLIENT TANT DU POINT DE VUE ÉMOTIONNEL QU'OPÉRATIONNEL

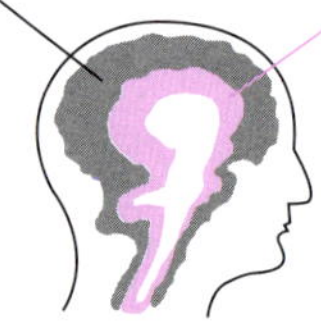

Réclamation

Besoin opérationnel

- **Investiguer :** comprendre les faits, identifier les priorités et les urgences du client pour pouvoir proposer des solutions alternatives ou provisoires.
- **Tenir informé** le client pour qu'il puisse s'organiser.
- **Trouver une solution** acceptable pour le client.

Réaction émotionnelle

- **Faire preuve d'empathie :** écouter attentivement, accuser réception de l'émotion du client pour réduire son intensité, présenter des excuses.
- **Maintenir le contact** pour montrer que l'on s'occupe de lui.
- **Faire un geste** pour compenser la gêne occasionnée.

En résumé

Le traitement des réclamations a pour but de fidéliser le client malgré un dysfonctionnement survenu après la vente. Deux paramètres sont à prendre en compte.

- L'impact émotionnel de la réclamation sur le client (déception, doute, peur, colère...) : il a besoin d'être rassuré et de se sentir « soigné ».
- Le besoin opérationnel : le client a besoin de visibilité pour s'organiser et de voir une solution mise en place rapidement.

Une communication régulière avec le client agit positivement sur chacun de ces deux paramètres.

Les litiges sont traités dans la rubrique « comment être plus efficace » de cet outil.

Insight

Complaints management is about maintaining customer loyalty, in spite of a problems occurring after the sale. There are two key parameters that must be dealt with.

- *The emotional impact on the client (disappointment, doubt, fear, anger...): they need to be reassured and to feel "taken care of".*
- *The operational need : they require transparency in order to organise themselves, and need a solution to be found quickly.*

Staying in constant communication with the client addresses those two parameters in a positive way.

Other contract issues are dealt with under the section "how to be more effective" that follows.

Pourquoi l'utiliser ?

Objectif

L'infaillibilité n'existe pas... et les clients le savent : le but du traitement de la réclamation, c'est de prouver au client en détresse votre réactivité et l'attention que vous lui portez.

L'enjeu est l'image de votre entreprise.

Contexte

Pour tout appel du client au sujet d'une non-conformité par rapport à ce qu'il attendait : dysfonctionnement logistique (retard ou erreur de livraison, produit endommagé, erreur de référence), ou défaut intrinsèque au produit ou service : fonctionnalité en panne, voire malentendu concernant les « promesses » de la vente.

Comment l'utiliser ?

Étapes

› Respirez, gardez votre calme, soyez positif : la réclamation n'est pas une agression personnelle, mais l'expression d'un besoin et une occasion de fidéliser votre client.

› Ecoutez le client, laissez-le s'exprimer sans l'interrompre, puis acceptez son émotion : faites preuve d'empathie (« je comprends votre déception », « je suis désolé ») et rassurez-le sur l'accueil de son appel : « vous faites bien de m'appeler ».

› Identifiez précisément l'objet de la réclamation : posez des questions pour comprendre les faits et pour identifier le besoin opérationnel du client au-delà de son mécontentement. Acceptez la responsabilité des faits, présentez des excuses au client le cas échéant.

› Si possible, explorez les solutions envisageables avec le client. Sinon, engagez-vous **personnellement (« je »)** à le rappeler en fixant un délai précis et court (en fin de journée, le lendemain avant midi).

› Suivez en interne la réclamation, utilisez les niveaux d'escalade adéquats, et tenez le client informé de la progression de vos recherches, même si vous n'avez pas abouti au résultat final : le client a besoin de visibilité pour s'organiser, et se sentir pris en charge.

› Appelez le client pour lui faire part de la solution envisagée et valider son acceptation. Si nécessaire selon la gravité du problème et l'importance du client, faites un geste commercial pour compenser la gêne occasionnée.

› Contrôlez la satisfaction du client quelques jours après la mise en œuvre de la solution.

La réclamation est une formidable occasion de fidéliser le client.

Méthodologie et conseils

› Le client attend avant tout une **visibilité** et une **solution opérationnelle rapidement**, même si cette solution est provisoire.

› Si vous constatez une erreur, devancez l'appel du client, vous créerez un impact positif.

› Si le client réclame pour la deuxième fois, soignez-le encore mieux : plus vite, plus de suivi, plus de moyens, geste commercial plus important.

Avantages

- En prouvant au client que vous vous occupez de lui avec attention lorsqu'il a besoin de vous et que vous le comprenez, vous créez un lien supplémentaire qui contribue à le fidéliser.

Précautions à prendre

- Protégez les « coulisses » de votre entreprise : apportez la solution sans décrédibiliser les services internes : dites « nous » avons fait une erreur et non « le service logistique ».

SUITE OUTIL 51 →

Le traitement des réclamations et litiges

Comment être plus efficace ?

Il arrive que la réclamation ne soit pas due à une faute de votre entreprise, mais résulte de circonstances malheureuses difficilement imputables à l'une ou l'autre des parties : torts partagés, intervention d'un tiers, aléa que ni vous ni le client n'aviez anticipé. Quoi qu'il en soit, le client se retourne contre vous et vous devez trouver un compromis acceptable pour vous deux.

Les risques liés au stress du litige : les comportements refuges

Lorsqu'un litige survient, l'intensité émotionnelle est forte. Vous et votre client avez des intérêts divergents : il ne veut pas payer alors que son budget est déjà investi dans l'achat initial ; vous devez préserver votre marge. Le stress engendré par la situation et l'urgence peut générer de part et d'autre des comportements « refuges », inefficaces et contreproductifs.

› **La passivité :** le client accepte de payer, mais son ressentiment l'empêchera de vous consulter lors de son prochain achat. Vous acceptez de payer, mais votre marge en pâtit ; peut-être chercherez-vous à compenser cette perte lors de la prochaine affaire, quitte à semer le doute dans l'esprit du client.

› **L'agressivité :** vous ou votre client adoptez une attitude dure, chacun essayant de faire porter la responsabilité à l'autre. Cette attitude peut engendrer une rupture coûteuse pour chacun, voire des procédures juridiques onéreuses.

› **La manipulation :** le client peut user de son pouvoir d'influence, vous menacer ; vous pouvez chercher à le court-circuiter ou le discréditer auprès de ses pairs. Dans tous les cas, la rupture est inévitable à court ou moyen terme.

L'attitude efficace : l'assertivité ou affirmation de soi

L'assertivité repose sur des croyances positives sur vous, votre client et la situation : vous avez chacun des droits, des besoins et des contraintes, et il est possible de trouver un compromis acceptable pour les deux parties. Elle consiste à rechercher activement des solutions plutôt que des coupables. Elle utilise des outils de communication efficaces pour dénouer les situations tendues en préservant la relation :

› Le **DESC** (*cf.* outil 52), et les formules grammaticales passives pour décrire les faits de façon neutre.

› L'**édredon** face aux agressions : admettre les faits avérés (« c'est vrai ») ou amortir les opinions négatives : « je comprends que vous puissiez le penser ». Il accuse réception de la colère du client pour en diminuer l'intensité.

› Le **disque rayé** consiste à répéter la même idée en variant les phrases, mais toujours de façon neutre.

Une clé de succès dans la recherche de solutions : la créativité

› Sortez du litige en focalisant votre recherche de solutions sur le **besoin opérationnel** plutôt que sur le montant que devra payer chacun. Aux exigences du client, répondez par la question : « pour quoi ? Dans quel but ? ».

› Soyez créatif : sortez du cadre en **agrandissant le gâteau**, en demandant des **contreparties** en dehors du présent litige : autre affaire, recommandation active, etc.

EXEMPLE de résolution de litige dans le BTP

Le cas : six mois après les travaux d'éclairage dans un espace de bureaux, l'entreprise d'installation électrique reçoit une lettre recommandée la sommant de venir refaire à ses frais les travaux, car le niveau d'éclairage sur les bureaux est insuffisant, et les salariés se plaignent de troubles de la vue. L'ingénieur d'affaires qui a signé la réception des travaux avait constaté – sans le signaler au client ni émettre de réserve sur le document – que les plafonds avaient été modifiés après les travaux : au lieu d'être blancs et plats, le décorateur du client, un ami personnel du président, avait fait installer des plafonds à caisson dorés.

INGÉNIEUR D'AFFAIRES

Je souhaite que nous trouvions un accord satisfaisant pour nous deux.

CLIENT

Vous êtes responsables, vous devez payer !

Je comprends que vous puissiez le penser. Cependant, nous avons posé suffisamment de réglettes pour assurer un éclairage de 300 lux sur les bureaux dans des conditions standards, avec un plafond blanc et plat. Les plafonds ont été modifiés après la fin de nos travaux, sans que nous soyons avertis au préalable de leur configuration.

Mais vous êtes experts, et vous avez signé le bon de réception des travaux !

C'est vrai. La situation aurait été similaire il y a 6 mois si nous avions refusé de signer : il aurait fallu déposer les faux-plafonds, faire des travaux supplémentaires non prévus dans le contrat initial, reposer les faux plafonds. Le tout pour un montant de 20 k€, dont 4 k€ de matériel supplémentaire et 16 k€ de main d'œuvre, et 6 jours d'immobilisation de la salle.

Mais alors je n'aurais pas actuellement une menace de grève à gérer, avec les coûts que cela engendre, ni à supporter les frais d'un absentéisme grandissant ces dernières semaines.

Je vous l'accorde. C'est pourquoi je vous propose de réfléchir à une solution qui nous satisfasse tous les deux : ce que vous voulez, c'est 300 lux sur les bureaux ?

Oui, c'est la norme et vous le savez.

Bien entendu. Nous devons obtenir cet éclairage sur chacun des bureaux. J'ai une idée à vous proposer : si nous répartissons 8 lampadaires halogènes dans l'espace, nous pouvons obtenir ce résultat à moindre coût : l'achat des lampadaires, le câblage supplémentaire pour ajouter des prises au sol coute 6,2 k€, et seulement 2 jours de travaux.

L'idée est tentante, mais ça reste une somme qui s'ajoute à mes frais d'absentéisme...

L'avantage est que cela vous permet de satisfaire vos salariés plus vite. Concernant les frais, je vous propose de vous facturer uniquement la somme de matériel que vous auriez déboursée si nous avions fait les travaux plus tôt, soit 4 k€, et nous prenons en charge la main d'œuvre.

Entendu. Mais commencez les travaux dès lundi !

Commentaires

- L'ingénieur d'affaires affirme son assertivité d'emblée : un accord satisfaisant pour les deux parties. Il utilise le disque rayé pour réitérer cette intention positive.
- La structure du dialogue reprend les étapes du DESC, à ceci près qu'il exprime son empathie avant de décrire les faits. La phrase « les plafonds ont été modifiés sans que nous soyons avertis » évite de porter un jugement négatif sur le décorateur, ami du président.
- Il utilise l'édredon trois fois : pour amortir la colère du client (« je comprends que vous puissiez le penser ») ; pour admettre qu'il n'a pas signalé lors de la réception la modification du plafond ; pour accuser réception des problèmes rencontrés par le client (« je vous l'accorde »).

OUTIL 52

La relance des impayés : DESC

S'AFFIRMER POUR OBTENIR LE PAIEMENT TOUT EN MAINTENANT LA RELATION

Description des faits
Neutre et sans jugement.

Nous avons livré le matériel le 15 avril. La facture stipulait un paiement à 30 jour fin de mois, soit le 31 mai. Nous sommes le 7 juin, nous n'avons encore rien reçu...

J'ai été très débordé ces derniers temps...

Expression des sentiments
Votre ressenti ou votre empathie pour sa situation.

Je comprends. Je suis embêté, car vous avez une commande de consommables en cours, et je ne peux pas l'honorer tant que le paiement ne nous est pas parvenu.

Bon, il faut que je retrouve la facture dans ma pile de dossiers, je vous envoie le règlement dans la semaine.

Solutions possibles
Solutions court terme (situation présente) et long terme (sécuriser pour le futur). La solution doit être acceptable par le client.

Je peux vous envoyer une facture pro-format. Nous pouvons aussi mettre en place le prélèvement automatique pour les consommables.

Merci pour la pro-forma. Ça me fera gagner un temps précieux. Le prélèvement, pourquoi pas, il faut que je réfléchisse...

Conséquences positives
Pour vous et pour votre client.

Cela vous permettra de sécuriser vos approvisionnements et vous économiserez du temps de gestion administrative

Entendu. Je vous envoie un RIB en même temps que le chèque.

En résumé

La méthode DESC est un outil de communication assertive (affirmation de soi) qui permet de sortir des situations délicates de la relation commerciale. Son but : **obtenir un résultat satisfaisant tout en préservant la relation avec le client.**

Elle est particulièrement adaptée à la relance des impayés. Elle se déroule en quatre étapes :

- **D**escription factuelle et neutre de la situation ;
- **E**xpression des sentiments (ressenti ou empathie) ;
- Recherche de **S**olutions satisfaisantes pour les deux parties ;
- Valorisation des **C**onséquences positives.

Insight

The DESC method is an assertiveness tool that you can use with your client in a large number of delicate situations: to ***achieve a satisfying result whilst maintaining positive relations with your client.***

It is particularly recommended in cases such as chasing delayed payment. There are four steps:

- *A factual, neutral* ***D****escription of the situation.*
- ***E****xpressing your feelings (or empathising with theirs).*
- *Searching for* ***S****olutions that are satisfactory to both you and your client.*
- *Reinforcing the positive* ***C****onsequences of the solution selected.*

Pourquoi l'utiliser ?

Objectif

L'objectif de la relance des impayés est d'obtenir le paiement qui est dû par le client. Le but de la méthode DESC est de maintenir une relation positive.

Contexte

Cette méthode est à utiliser après un court délai, une fois l'échéance de paiement dépassée. Elle peut intervenir dès le début du processus de recouvrement de créance ou après un courrier de relance automatique envoyé par la comptabilité.

Comment l'utiliser ?

Étapes

› **D**écrivez les faits de façon neutre : le client ne doit pas se sentir agressé.

› **E**xprimez vos sentiments pour lui faire mesurer l'impact de son retard. Expliquez-en les conséquences pour vous, votre entreprise ou lui-même. Ecoutez votre client et exprimez votre empathie.

› Proposez et recherchez avec votre client des **S**olutions ou des alternatives.

› **C**oncluez en synthétisant les avantages de la solution adoptée pour les deux parties.

Méthodologie et conseils

› Pour la description des faits, préférez le « je » au « vous », ou les formes passives : « le chèque ne nous est pas parvenu ».

› L'étape **E** n'est pas toujours évidente dans notre culture cartésienne. Il s'agit d'exprimer un ressenti, et non des opinions. Les sentiments peuvent être de deux ordres :

– L'expression de votre propre ressenti : « Je suis embêté, désolé, gêné... » voire « déçu », « désemparé ». Elle sert à sensibiliser votre interlocuteur à l'impact de son retard de paiement.

– L'expression de votre empathie vis-à-vis de votre client : « Vous avez raison, ce n'est pas normal ».

› Explorez de manière large les solutions :

– Les solutions à court terme pour obtenir le paiement du contrat en cours peuvent se débloquer si vous aidez votre client à sortir du cadre qui est le sien : report sur un autre budget de façon temporaire par exemple.

– Pensez à évoquer des solutions long terme, pour sécuriser les paiements futurs : prélèvement automatique, règles du jeu claires avec un client coutumier des retards de paiement, acompte à la commande, compensation financière (agios), etc.

› Veillez au moment de la conclusion à valoriser les conséquences positives pour les deux parties : le client doit percevoir le bénéfice pour lui de la solution adoptée. ■

Le client a des droits, mais aussi des devoirs, dont celui de payer les prestations fournies.

Avantages

- La méthode DESC s'applique à toutes les situations tendues : annoncer une mauvaise nouvelle, résister à une demande excessive, résoudre un litige.
- Cette méthode peut être utilisée par tous les acteurs de l'entreprise, aussi bien en interne qu'en externe.

Précautions à prendre

- Soyez compatissant, mais gardez en tête votre objectif : obtenir le paiement de vos prestations.
- Nuancez vos sentiments en fonction de la situation : est-ce la première relance ? la troisième ? Est-ce récurrent chez ce client ?

OUTIL 53

Le suivi des modifications du contrat

OBTENIR L'ACCORD FORMEL DU CLIENT AVANT TOUTE MODIFICATION

DOCUMENT DE SUIVI DES MODIFICATIONS

Date	À l'initiative de... Suite à...	Description du besoin fonctionnel (Pourquoi cette modification ?)	Accord client (nom + signature)	Travaux effectués	Montant engagé (mat. / mdo.)	Montant facturé (mat. / mdo.)

En résumé

Le suivi des modifications du contrat est nécessaire pour tout projet dont la réalisation est susceptible d'évoluer dans le temps :

- soit à l'initiative du client, qui ajuste ses besoins au fur et à mesure que le projet prend forme ;
- soit du fait d'aléas imputables à des tiers (autres entreprises travaillant sur un chantier) ou d'autres causes (intempéries...) ;
- soit parce qu'une donnée n'a pas été prise en compte en amont ou est découverte après-coup (conditions spécifiques, erreur d'appréciation...).

Pour fidéliser le client sans sacrifier la marge de l'entreprise, les ajustements doivent se faire **au fur et à mesure**, en toute **transparence** et dans un état d'esprit **gagnant/gagnant**. Un document de suivi permet de formaliser les accords et de mettre à jour les contours du contrat.

Insight

Tracking contract changes is vital for any project where implementation is likely to involve changes in the solution over time:

- *Either at the client's request, because they develop a clearer view of their needs as the project becomes more concrete.*
- *Or when unexpected events arise from the involvement of third parties (other companies involved in the project), or for other reasons (bad weather...).*
- *Or if a specification has not been taken into account beforehand or is discovered during implementation (specific requirements, misunderstandings...).*

In order to maintain customer loyalty, all changes should be made ***as soon as they arise****, in total* ***transparency****, and with a* ***win-win mindset****, and only after the client has agreed to them. A tracking document allows the capture of formal agreements and of any updates to the design of the project.*

Pourquoi l'utiliser ?

Objectif

› Le suivi des modifications du contrat permet de maintenir la marge du projet.

› Il contribue à la fidélisation du client en permettant d'opérer des ajustements par rapport au projet initial, dans un climat de confiance mutuelle.

Contexte

Tous les cas de vente d'affaires, lorsque le produit « n'existe pas encore » au moment de la signature du contrat et nécessite une phase de réalisation.

Comment l'utiliser ?

Étapes

› **Anticipez les modifications** en amont de la signature de la commande : prévenez votre client des aléas qui risquent de survenir, étayez de preuves avec des ratios de référence. Négociez en même temps que le contrat des formules de révision et d'ajustement (indice de révision des prix, pourcentage de modifications autorisé).

› Envisagez avec le client dès la commande des **procédures de décision courtes** pour ne pas pénaliser le délai de réalisation du projet (signataire habilité, montant autorisé, etc.). Ouvrez un **document de suivi** - qui sera partagé avec le client - dans lequel seront consignés les modifications et compléments de commande.

› **Tout au long du projet** (et pas seulement à la fin), négociez avec le client dès qu'une modification doit être réalisée par rapport au contrat initial :

- Si l'initiative revient au client, vendez les prestations complémentaires en restant factuel et en vous référant au contrat.
- Si l'initiative vous incombe (aléa imprévu ou erreur d'estimation), alertez le client le plus tôt possible pour négocier dans un climat de confiance. Exposez les faits, mettez en avant les bénéfices de la modification, et recherchez un compromis gagnant/gagnant (exemple : le client paye le matériel et vous la main-d'œuvre).
- Dans tous les cas, **demandez une confirmation écrite ou faites signer le document de suivi**. Spécifiez la raison qui a présidé à la modification.

› Faites le bilan à la fin du projet et ajustez vos ratios de référence.

Les bons comptes font les bons amis (proverbe populaire).

Méthodologie et conseils

› Dès la signature du contrat, faites un bilan des forces et faiblesses du projet, et notez les points de vigilance à surveiller pour éviter les dérapages coûteux (planning, pénalités...).

› **Ne mettez jamais le client devant le fait accompli :** soit il refuse les travaux et vous faites les frais de la modification, soit il les accepte mais garde le soupçon de s'être fait avoir.

› Il peut parfois être opportun de faire un geste commercial face à une demande du client qui a sous-estimé ses besoins. Conservez un état d'esprit gagnant/gagnant pour négocier. ■

Avantages

- Le suivi des modifications prouve votre professionnalisme et valorise vos prestations.
- Il vous permet de négocier les adjonctions dans un rapport de force équilibré (*cf.* outil 56).
- Il permet d'entretenir des relations dans la durée avec le client.

Précautions à prendre

- Soyez factuel et apportez les preuves des suppléments que vous voulez faire payer au client, pour qu'il vous garde sa confiance.

DOSSIER

8 PRÉPARER LA NÉGOCIATION

Présente de tout temps, la négociation commerciale s'est amplifiée ces dernières années suite à des facteurs économiques, culturels, techniques. Elle ne peut pas être dissociée du processus de vente, dans lequel elle puise ses racines : plus vous anticipez la négociation, meilleures sont vos chances de la réussir.

Les facteurs clés de l'évolution de la négociation commerciale

› **La satisfaction totale des clients**, leitmotiv des années quatre-vingt-dix : le client a été placé sur un piédestal compte tenu des deux principes :

– 60 % des clients satisfaits restent fidèles.
– Il faut sept à dix fois plus d'investissement pour conquérir un nouveau client que pour le fidéliser.

Les entreprises ont accordé plus d'importance, plus de services à leurs clients avec la croyance « le client est roi ». Par voie de conséquence, les clients sont devenus de plus en plus exigeants et critiques. Aujourd'hui, la satisfaction totale est toujours d'actualité mais plus à n'importe quel prix.

› **La « culture du gratuit » :** initiée avec le hard discount, puis amplifiée avec l'arrivée des téléphones portables à 1 €, les communications téléphoniques gratuites, le téléchargement et plus récemment la presse, la « culture du gratuit » a modifié les croyances et les comportements des clients. De « il est normal et habituel de payer un service », les clients sont passés à l'interrogation : **« Est-il normal de payer ce prix pour ce produit ou ce service ? ».**

› **L'accès à l'information avec Internet :** les clients, les acheteurs peuvent sélectionner de nombreuses entreprises grâce aux moteurs de recherche, aux comparateurs de prix ou autres forums. Ils disposent d'un choix plus important de fournisseurs pour une même prestation. De fait, les négociations se normalisent et certains industriels n'hésitent pas à mettre en concurrence leurs prestataires avec des enchères inversées.

› **La professionnalisation de la fonction achats** : depuis la mondialisation, au début des années quatre-vingt-dix, l'économie de marché centrée sur la réduction des coûts s'oriente vers un objectif de marge. Les achats deviennent alors stratégiques car tout gain impacte directement la marge. Des services achats se créent, le métier d'acheteur autrefois réservé aux ingénieurs se professionnalise avec des outils et processus spécifiques. Aujourd'hui, la négociation, partie intégrante du processus d'achat se systématise.

http://goo.gl/f1Kwh

Pour aller plus loin (en vidéo)

DOSSIER 8

L'émergence de nouvelles lois - lois Galland, Dutreil, Chatel et, aujourd'hui, loi de modernisation économique - imposent de nouvelles formes de négociation. De même, le RAF (Récapitulatif annuel des frais) suscite chez les clients du secteur bancaire une volonté de négocier.

Quand faut-il se préparer à la négocaition commerciale ?

Cette question est caduque. La bonne question à se poser est désormais : « **Quelles sont les informations dont j'ai besoin pour mener à bien une potentielle négociation ?** ». En effet, les demandes de remises de la part des clients sont de plus en plus fréquentes et elles interviennent de plus en plus tôt dans l'entretien de vente.

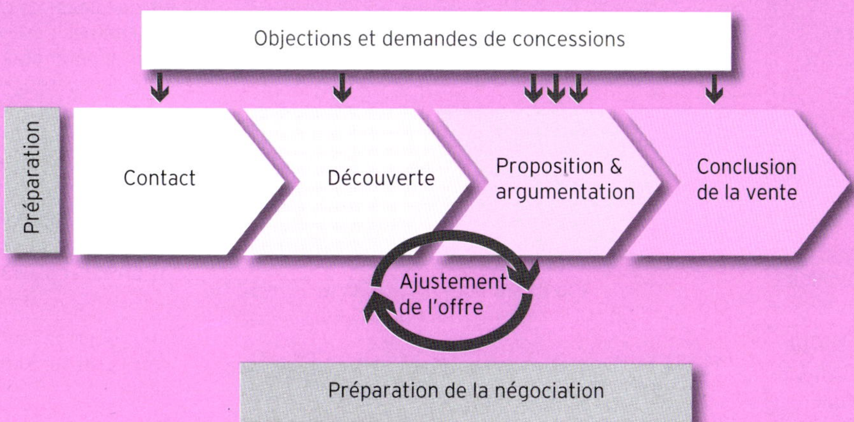

Ainsi un prospect n'a pas de scrupule à annoncer son budget et sa volonté de ne pas le dépasser juste après avoir dit bonjour. Préparer sa négociation est aujourd'hui aussi important que de préparer sa vente.

LES OUTILS

OUTIL 54

La matrice des arguments et conditions : MAC

PRÉPARER SA NÉGOCIATION POUR ATTEINDRE SES OBJECTIFS

MAC POUR UN CONSEILLER BANCAIRE
PRÊT IMMOBILIER À TAUX FIXE DE 200 000 € SUR 20 ANS

Points de l'offre potentiellement négociables	Points prioritaires pour moi	Exigences initialement élevées et réalistes	Objectifs	Planchers	Arguments
Taux Mensualité	1	5 % 1 320 €	4,80 % 1 298 €	4,70 % 1 287 €	Ce que vous voyez sur Internet, c'est pour vous appâter afin de vous récupérer...
Frais de dossier	3	450 €	350 €	300 €	- 3 personnes travaillent et analysent votre projet. - C'est lié au conseil et au service que je vous apporte depuis 8 ans...
Assurance Décès, Invalidité	2	100 % sur M. 100 % sur Mme	100 % 100 %	50 % 50 %	Il est important de protéger les vôtres... ...
Indemnités de remboursement anticipé	3 idem	3 % dans tous cas	3 % sauf Δ	sans	Vous pourrez reporter votre prêt sur votre futur achat. ...
.....					

En résumé

La MAC, matrice des arguments et conditions, est l'outil clé pour préparer la négociation de l'offre. Elle met le focus sur six questions essentielles à se poser avant toute négociation :

- Quels sont les points de mon offre potentiellement négociables ?
- Qu'est ce qui est prioritaire pour moi ?
- Quels sont mes objectifs ?
- Quelles sont les limites que je ne souhaite pas dépasser ?
- Quelles sont les marges de manœuvre à ma disposition ?
- Quels sont mes arguments pour défendre ma position en cas de demande de concession du client ?

Insight

The Arguments and Terms Matrix is a key tool for preparing a negotiation.
It focuses on six main issues:

- *Which of the terms in your proposal are likely to be negotiated?*
- *Which ones do you consider as a priority?*
- *What are your objectives?*
- *What are the limits you don't want to go beyond?*
- *Where can you allow yourself some latitude for negotiation - some room for manoeuvre?*
- *What arguments are you going to use to defend your proposal when the client asks for a price reduction?*

Pourquoi l'utiliser ?

Objectif

Cette matrice permet de formaliser vos objectifs et de structurer votre pensée pour faire face aux demandes de concessions des clients, afin de trouver un accord tout en préservant vos marges.

Contexte

Dès que vous avez plus de deux éléments de votre offre susceptibles d'être négociés, c'est le premier outil de préparation à votre entretien de négociation.

Comment l'utiliser ?

Étapes

› Identifiez tous les éléments de votre offre potentiellement négociables (éléments techniques, logistiques, financiers, juridiques, SAV) et placez-les dans la première colonne (points de l'offre).

› Priorisez les points qui sont pour votre entreprise et/ou pour vous les plus importants à défendre (colonne 2). Vous pourrez remplir conjointement la matrice de l'échiquier (*cf.* outil 57) pour analyser les tactiques de l'acheteur.

› Déterminez les conditions de votre offre selon les trois critères : Objectif, Plancher, Exigence initialement élevée et réaliste. Les objectifs doivent être déterminés avec précision selon le coût de revient ou la valeur estimée (le prix du marché couplé au positionnement de votre offre). Les conditions plancher vous permettent d'avoir en tête des garde-fous pour ne pas céder en deçà sous la pression du client pendant l'entretien. Les exigences initialement élevées vous évitent de démarrer votre entretien au compromis ; elles sont indispensables pour vous créer une marge de négociation.

› Complétez la dernière colonne par des arguments (*cf.* outil 36).

Méthodologie et conseils

› L'exigence initialement élevée de chaque point peut être déterminée par le minimum entre :

1) le seuil de crédibilité

$$= \frac{\text{prix plancher}}{1 - \%\ \text{de baisse acceptable}}$$

et (2) le seuil de compétitivité, niveau au-dessus duquel votre offre n'est plus acceptable par rapport au marché.

› L'exigence initiale sur 1 ou 2 points peut être équivalente à votre objectif. Ce qui est fondamental, c'est d'avoir une marge de manœuvre sur le global.

› Le pourcentage de baisse entre l'exigence et le plancher (variation Δ) doit être tangible. Si vous annoncez 1 000 € pour finir à 400 € sans contrepartie, que pensera l'acheteur de votre professionnalisme ?

› Prenez le temps de lister vos arguments car dans l'entretien de négociation, c'est l'outil qui vous permettra de résister aux demandes de concessions de vos clients. ■

Préparez vos exigences initialement élevées, il sera plus facile de les annoncer !

Avantages

- La vision matricielle permet de structurer votre pensée.
- La MAC vous permet de vous sentir serein et maître de votre négociation pendant l'entretien.

Précautions à prendre

- Le plancher ne doit pas être considéré comme une limite acceptable mais comme une condition possible à réaliser moyennant des contreparties.
- Pour déterminer vos objectifs, il peut être important d'en parler avec votre manager pour analyser la marge de manœuvre sur chaque point.

OUTIL 55

La matrice des concessions et contreparties

ÉCHANGER DE FAÇON ÉQUITABLE

MATRICE C/C POUR UN CONSEILLER BANCAIRE PRÊT IMMOBILIER À TAUX FIXE DE 200 000 € SUR 20 ANS

Niveau d'acceptation	Demandes de concessions	Contreparties
Facilement acceptable	Remise sur les frais de dossier % Assurance décès invalidité Suppression des indemnités de remboursement	Placer la remise des frais de dossier en parts sociales Ouvrir une assurance vie Engagement pour le futur prêt voiture
Acceptable sous conditions	Suppression des frais de dossier ↑ Réduire **Remise sur le taux de − 0,2** Délégation d'assurance	Placer la remise des frais de dossier sur un placement OPCVM Échanger → Ouverture de 2 forfaits plus Dissuader ↘ Mettre en place un abonnement sur le contrat d'assurance vie du montant gagné
Difficilement acceptable	Remise sur le taux > 0,3 % Pas de garanties	Collecte de 300 k€ Rapatrier les comptes et les avoirs de…

D'après Ph. Korda, *Vendre et défendre ses marges*, 3e éd., Dunod, 2010.

En résumé

La matrice des concessions et contreparties structure la démarche des échanges d'un entretien de négociation. À chaque concession est affectée une contrepartie correspondante selon trois catégories : facile, sous conditions, difficile.

Cet outil permet en cours d'entretien de choisir ses tactiques soit pour faire un échange avec le client, soit pour le dissuader de ses demandes, soit pour réduire sa requête vers des concessions moins coûteuses pour vous.

Insight

The concessions and trade-offs matrix provides a framework for the negotiation meeting.

You need to find a trade-off that you can ask of your customer, for each concession they might ask for. Concessions and trade-offs can be split into three categories: easy to give/obtain, ok to give/obtain on condition one receives an appropriate return, and difficult to give/obtain.

You can use this tool during the negotiation to adjust your tactics: making a fair deal with your client, dissuading them from making more/excessive demands, or proposing a less generous concession than the one they seek.

Pourquoi l'utiliser ?

Objectif

Cette matrice permet de répertorier les contreparties à obtenir auprès de votre client en juste proportion de ses demandes de concessions. C'est aussi un excellent outil pour préparer vos tactiques d'entretien.

Contexte

La matrice et concessions des contreparties est utilisée après avoir préparé votre MAC (la matrice des arguments et des conditions, *cf.* outil 54).

Comment l'utiliser ?

Étapes

› Mettez-vous à la place de votre acheteur et recensez les concessions les plus probables qu'il va vous demander.

› Classez les demandes de concessions en trois catégories : facilement acceptables, acceptables sous conditions, difficilement acceptables.

› Identifiez toutes les contreparties potentielles que vous pourrez demander à votre client en échange. Puis, répertoriez-les dans les trois catégories en adéquation avec les demandes de concessions.

› Pendant l'entretien, face à une demande de concession, vous pourrez choisir entre plusieurs tactiques : échanger, dissuader, réduire.

Méthodologies et conseils :

› Pour dissuader votre client : face à une concession difficilement acceptable, demandez une contrepartie inacceptable afin que le client puisse prendre conscience de la mesure de l'effort qu'il est en train de vous demander. L'objectif est alors de ramener l'entretien de négociation sur des demandes acceptables de part et d'autre.

› Pour réduire la demande de votre client, choisissez des concessions moins coûteuses, plus faciles à négocier. Procédez de la manière suivante : « sur ce point, je ne peux rien faire en revanche, je peux sur... ».

› Pour chaque concession, ayez au moins une contrepartie en échange. N'écartez aucune contrepartie, soyez créatif : une demande de recommandation peut être une contrepartie. ■

Face à des concessions difficilement acceptables pour vous, demandez des contreparties coûteuses pour lui !

Avantages

■ Faire la liste des contreparties avant l'entretien permet de se programmer à les demander pendant.

Précautions à prendre

■ Votre client sera d'autant plus réceptif aux contreparties que vous lui demandez, qu'elles seront en adéquation avec ses propres besoins. C'est soit au cours de la phase de découverte qu'il faut rechercher ses besoins complémentaires, soit au cours de la phase reformulation/implication (*cf.* outil 35) qu'il faut tester ses intérêts pour certains points de la proposition.

OUTIL 56

L'analyse du rapport de forces

MAÎTRISEZ LES SIX CURSEURS POUR NE PAS SUBIR LE POUVOIR DE L'ACHETEUR

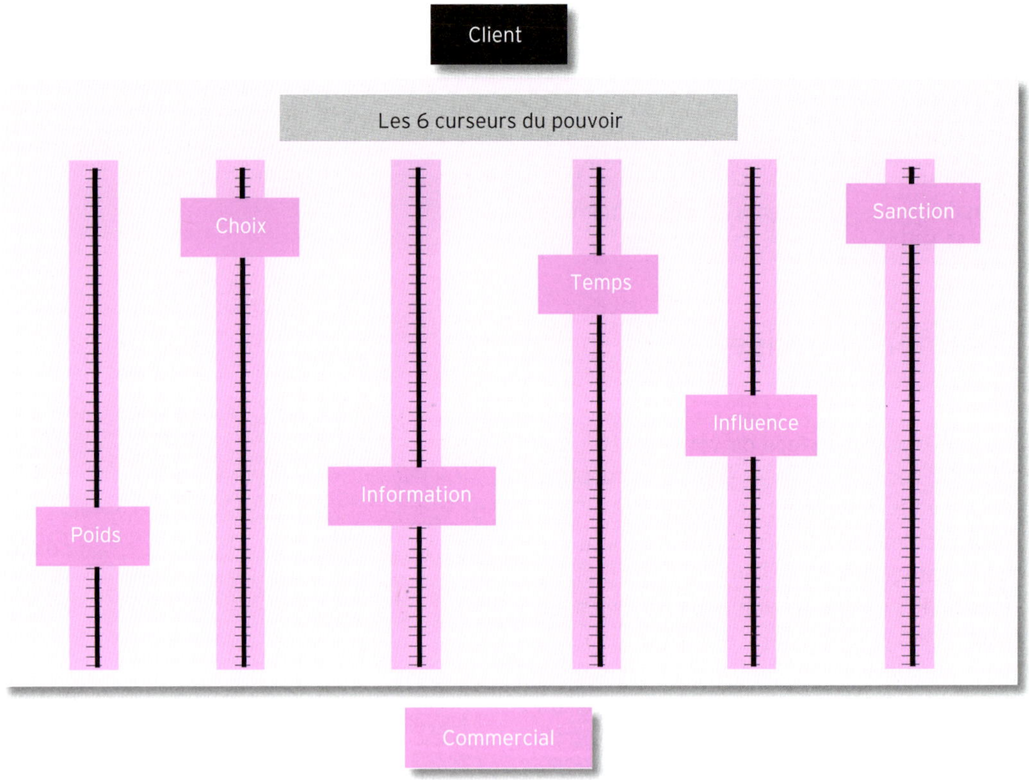

Source : d'après Ph. Korda, *Vendre et défendre ses marges*, 3e éd., Dunod, 2010.

En résumé

Pour analyser le rapport de forces, on recense six pouvoirs : poids, choix, information, temps, influence, sanction. Pour des négociations à enjeux, maîtriser l'origine des jeux de pouvoir est un atout considérable. Il s'agit de positionner chaque curseur au niveau le plus probable de celui qui a le pouvoir. Cela vous permet d'anticiper des parades pour mettre en avant vos forces et minimiser les pouvoirs de votre acheteur.

Insight

The balance of power can be divided in six items for easier analysis: weight, choice, information, time, influence, sanction. For negotiations where the stakes are high, you can gain considerable advantage if you have mastered the concept of power games. Before the meeting, put the marker at the level on each power item that reflects your understanding of the situation. Then you can prepare a strategy to build on your strengths and minimise your buyer's powers.

Pourquoi l'utiliser ?

Objectif

Les six curseurs du pouvoir permettent d'analyser le rapport de forces dans une situation de négociation, d'analyser et de gérer les prises de pouvoir du client sans les subir, ni être en posture définitive face à lui.

Contexte

Les curseurs sont efficaces pour tout entretien et plus particulièrement dans des négociations complexes ou avec des acheteurs expérimentés. Ils sont utilisés soit en amont de l'entretien pour définir le niveau d'exigence (*cf.* outil 53), soit pendant l'entretien pour avoir des clés pour inverser le rapport de forces.

Comment l'utiliser ?

Étapes

Le rapport de force peut se décomposer en six pouvoirs : Poids, Choix, Information, Temps, Influence, Sanction.

Le **poids** est fonction du chiffre d'affaire du projet, du CA du compte et du CA potentiel par rapport à vos objectifs. Si votre client représente 20 % de votre CA ou seulement 5 % mais avec un CA potentiel de 20 %, il a un pouvoir réel fort.

Votre client a souvent le pouvoir du **choix** soit parce que les produits qu'il achète sont des produits indifférenciés, soit parce qu'il peut les produire lui-même (à nuancer selon les coûts de transfert, *switching costs*). Cependant, si vous concevez du sur-mesure ou si vous êtes sur un marché de voisinage, ou encore si vous êtes sur-sollicités, alors le pouvoir du choix est plutôt de votre côté.

Le pouvoir de **l'information** appartient à celui qui dispose d'informations complètes sur les produits et le marché. Celui qui possède du temps pour consulter, analyser, comparer a le pouvoir du **temps** de son côté et inversement s'il est pressé. Certains commerciaux ont créé un réseau relationnel qui leur permet de jouer de leur **influence** dans la prise de décision. Le pouvoir de **sanction** est généralement du côté du client : il peut vous sanctionner de manière négative, un refus mais aussi de manière positive en vous confiant de nouveaux projets.

Ayez toujours une porte de sortie pour ne pas vous sentir captif dans la négociation.

› Pour chaque pouvoir posez-vous les questions : « Qui a le pouvoir et pour quelles raisons ? »

› Positionnez chaque curseur. C'est votre analyse du compte qui vous permet de déterminer la position objective de chacun.

Méthodologie et conseils

› Pour les curseurs qui se trouvent de votre côté, renforcez votre argumentation pour amplifier leur effet. Pour ceux qui penchent du côté de votre client, trouvez des parades pour en minimiser l'impact.

› Selon R. Fischer et W. Ury, le pouvoir d'un négociateur réside dans sa BATNA (*Best Alternative To a Negotiated Agreement*), c'est-à-dire sa meilleure solution de repli. ■

Avantages

- La décomposition du rapport de forces en six éléments met en évidence que le client n'a pas toujours tous les pouvoirs de son côté.

Précautions à prendre

- Au-delà de l'analyse du pouvoir réel, il est important de mesurer, pour chaque curseur, le pouvoir perçu. Car à moins d'avoir des informations précises nous n'avons souvent qu'une représentation du pouvoir. Vous pouvez penser que votre concurrent a une solution équivalente à la vôtre et que le pouvoir du choix est du côté de votre client parce que c'est ce qu'il veut vous faire croire, alors qu'en réalité vous proposez une solution unique.

OUTIL 57

La matrice de l'échiquier

COMPRENDRE LA STRATÉGIE DE L'ACHETEUR

MATRICE DES OBJECTIFS DE L'ACHETEUR

Code	Clauses	Offre Fournisseur	Objectifs	Priorité	
				Acheteur	Vendeur
a	Prix	3 MF	2,8 MF	1	1
b	Délai	6 mois	3 mois	1	3
c	Garantie	1 an	2 ans	2	3
d	Paiement	60 jours	90 jours	2	2
e	Livraison	18 jours	15 jours	3	3

MATRICE DE L'ÉCHIQUIER

Acheteur / Vendeur	1	2	3
1	V a	IV c	I
2	IV	III d	II
3	I b	II	II Joker

: Les flèches symbolisent le parcours dans la négociation de l'acheteur

V zone de blocage potentiel : ni l'acheteur, ni le vendeur ne voulant céder
IV négociation difficile mais possible : l'un des deux interlocuteurs est ouvert à la discussion
III zone d'échange : chacun est prêt à discuter
II négociation fluide : l'un des deux, voire les deux sont prêts à céder
I zone d'intérêt : négociation fluide avec un intérêt fort pour un des interlocuteurs (point de départ de la négociation)

Source : Cegos

En résumé

La matrice de l'échiquier est un outil conçu par et pour des acheteurs afin de définir leur stratégie de négociation. La connaître en tant que commercial vous prépare à la contrecarrer et vous incite à maîtriser les fondamentaux de la négociation.

Insight

The chessboard matrix was created by buyers to define their negotiation strategy. As a sales person, you can be better prepared to combat this approach if you understand how they will handle the meeting, and it will also reinforce the need to master the essential negotiation methods.

Pourquoi l'utiliser ?

Objectif

L'acheteur utilise la matrice de l'échiquier pour définir sa stratégie et pour faire apparaître les zones de fluidité et de blocage de l'entretien. En tant que commercial, elle vous permet de ne pas céder rapidement sur des concessions accessoires pour vous mais importantes pour votre client.

Contexte

Dès que vous avez une bonne connaissance de l'acheteur, de ses priorités ou de celles de son entreprise, cette matrice est un sérieux atout pour faire face à leur expertise.

Comment l'utiliser ?

Étapes

› Reportez tous les éléments de votre offre dans la 2e colonne (Clauses). Ajoutez les conditions que vous avez communiquées à votre acheteur dans la 3e colonne (Offre fournisseur). Evaluez les objectifs de votre acheteur en vous appuyant sur votre découverte (4e colonne, Objectifs). Sinon arbitrez si son attente est supérieure ou inférieure à votre offre.

› Réfléchissez aux priorités de votre acheteur selon les trois niveaux de priorité (5e colonne, Acheteur). Niveau 1 très prioritaire « ne rien céder, à priori », Niveau 2 prioritaire « sujet à discussion », Niveau 3 peu prioritaire « peut être cédé » puis faire de même en priorisant les clauses qui sont pour votre entreprise et/ou pour vous les plus importantes à défendre (6e colonne Vendeur). Enfin, placez les codes de chaque clause dans la matrice de l'échiquier.

› Tracez le chemin pertinent (stratégie de l'échiquier) pour l'acheteur et trouvez des parades pour les contrecarrer.

Méthodologie et conseils

› L'acheteur utilise la matrice de l'échiquier pour séquencer sa négociation. Son objectif est souvent d'avancer dans sa négociation par la technique du point par point. Il commence par les points importants pour lui et faciles à céder pour le commercial (zone I) puis il définit le chemin pertinent en passant respectivement par les zones II, III, IV pour terminer sa négociation sur la zone de blocage V.

› Pour contrer la stratégie de l'acheteur, vous pouvez utiliser plusieurs techniques : Négocier de manière globale (ne rien céder de suite, obtenir des contreparties), utiliser le point de la zone I comme « un os à ronger » (vous céderez mais après une longue bataille pour le fatiguer avant la négociation des points plus importants).

› Lors de la phase de découverte, vous pouvez questionner votre client sur ses priorités afin d'anticiper sa stratégie par rapport à la vôtre. ■

Savoir négocier, c'est aussi se mettre à la place du client pour déjouer sa stratégie.

Avantages

- La matrice de l'échiquier permet de comprendre le sens de certaines questions de vos acheteurs !
- Elle met en évidence les zones de fluidité et de blocage de l'entretien.

Précautions à prendre

- Il n'y a pas toujours dans une négociation des clauses en zone I, les attaques se feront alors en partant de la zone II.
- En cas de blocage, autorisez-vous une interruption pour donner de l'air au débat. C'est souvent dans ce cas que l'acheteur utilise le « joker », une clause de faible importance pour les deux parties afin de repartir de plus belle.

OUTIL 58

La matrice des achats du client

COMPRENDRE LES ENJEUX DE L'AFFAIRE POUR L'ACHETEUR

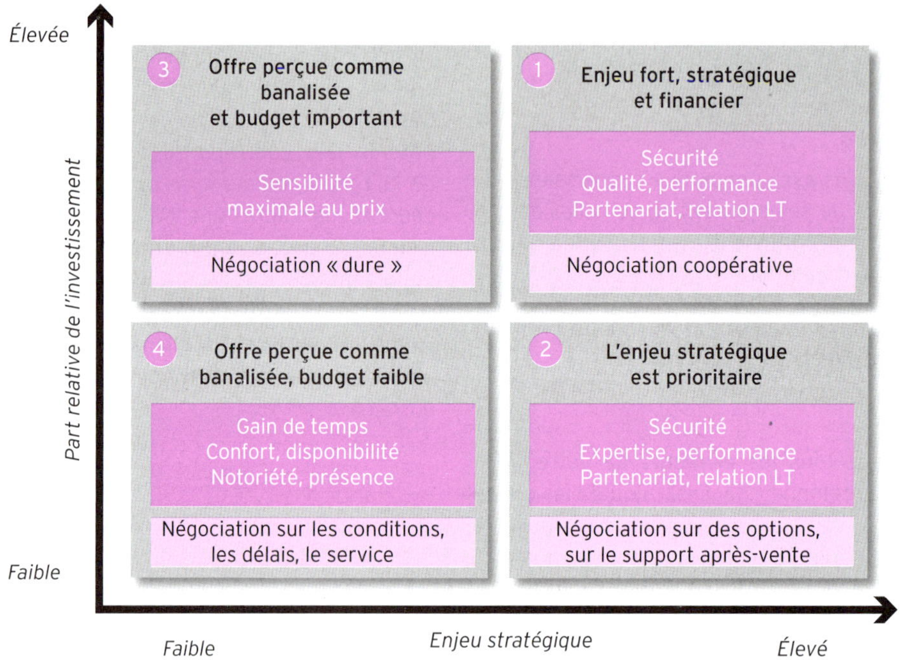

En résumé

La matrice des achats positionne l'importance de la négociation du point de vue de l'acheteur, selon deux axes :

- l'enjeu financier dépend de la part relative de l'investissement dans le budget global du client ;
- l'enjeu stratégique mesure l'importance de l'investissement pour le client en terme de performance, de développement, d'image, etc.

Le client abordera la négociation de manière différente dans chacune des quatre situations ainsi délimitées. En les anticipant, vous pouvez vous préparer avec plus de pertinence.

Insight

The buying matrix identifies four negotiating situations from the client's point of view, depending on the relative importance of the purchase:

- *Financial stakes (what part of the global budget is this particular business?).*
- *Strategic stakes (performance expected, contribution to the company's development or image, etc.).*

Each situation leads the customer to behave in a particular way during the negotiation. Having a clear view of your customer's interests allows you to prepare yourself appropriately.

Pourquoi l'utiliser ?

Objectif

Cette matrice permet d'anticiper la manière probable de négocier de l'acheteur, pour préparer une stratégie et des arguments adaptés.

Contexte

Elle s'utilise avant de préparer une négociation avec des interlocuteurs nouveaux ou sur un segment de marché avec lequel vous n'êtes pas familier.

Comment l'utiliser ?

Étapes

› Au cours du processus de vente, explorez l'enjeu de l'affaire pour le client :

- Financier : part relative de son budget total (budget annuel ou montant global d'une affaire pour laquelle vous fournissez une partie seulement des prestations).
- Stratégique : importance de l'achat pour son développement, son image, etc.

› Positionnez l'affaire sur la matrice selon les deux axes - enjeu stratégique/financier - en vous plaçant du point de vue du client. Par exemple, la négociation d'articles de papeterie en hypermarché peut relever de la situation 4 tout au long de l'année, sauf au moment de la rentrée des classes où la part relative du rayon la fait passer en situation 1

› Préparez votre négociation (*cf.* outils 54 et 55) en anticipant la façon dont votre client va négocier, et en préparant les arguments adaptés :

- Case 1 : insistez sur vos avantages concurrentiels, la performance et la fiabilité de votre solution. C'est le cas le plus favorable à des échanges de concessions et contreparties de valeur.
- Case 2 : mettez en avant vos services et la fiabilité de votre solution.
- Case 3 : préparez des marges de manœuvre et ouvrez la négociation avec des contreparties originales.
- Case 4 : soyez présent, offrez du confort et de la sécurité plutôt que de faire des concessions sur le prix.

À chaque type de situation correspond une approche de la négociation efficace.

Méthodologie et conseils

Dans chaque situation, vous pouvez renforcer vos positions en agissant sur le long terme :

› Situations 2 et 4 : faites-vous connaître sur le marché, offrez-vous des références prestigieuses ou menez des actions de notoriété. Adoptez un mode de fonctionnement commercial souple et réactif pour que vos clients vous apprécient.

› Situation 3 : soyez créatif pour vous démarquer sur d'autres critères que le prix ou le produit, si celui-ci est banalisé. Offrez des services qui permettent au client de faire des économies sur d'autres points.

› Situation 4 : soyez très en amont des affaires pour coller au plus près au cahier des charges dans un esprit de conseil partenaire. ■

Avantages

- Cette matrice vous permet de vous préparer psychologiquement à la négociation.
- Vous pouvez aussi l'utiliser pour bâtir une approche stratégique de long terme de vos marchés.

Précautions à prendre

- Au-delà de la situation révélée par la matrice des achats, soyez vigilant aux enjeux personnels de l'acheteur : un jeune embauché voulant faire ses preuves peut adopter un style de négociation dur dans une situation de type 4.

OUTIL 59

Le budget global de l'acheteur : le TCO

TRAVAILLER EN COÛT GLOBAL POUR PRÉPARER SA NÉGOCIATION

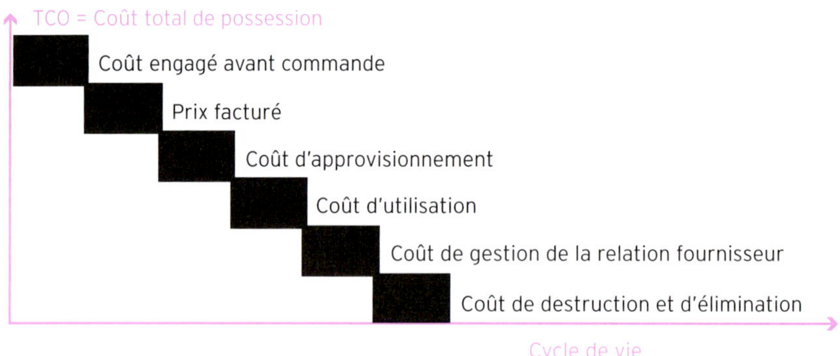

Source : d'après *La boîte à outils de l'acheteur*, Philippe Petit et Stéphane Canonne, 2e éd. Dunod, 2013.

En résumé

En tant que commercial, nous sommes trop souvent focalisés sur les avantages de notre solution. L'acheteur raisonne, lui, en Coût total de possession, TCO. Son objectif n'est pas forcément d'acheter la solution la moins chère sur la proposition mais d'obtenir la solution avec le meilleur coût de revient sur le cycle de vie. En être conscient vous permet de valoriser votre offre sur de nouveaux avantages ou de comprendre vos faiblesses.

Insight

Sales people naturally see the negotiation from their own perspective and are focused on their own solution. The customer, on the other hand, has a more long term vision of their purchase. They think TCO (Total Cost of Ownership). Their objective may not be to buy the cheapest solution, but rather to optimize costs over the whole life cycle. If you keep this in mind, you can better position the advantages of your offer, or reassess the weaknesses of your solution.

Pourquoi l'utiliser ?

Objectif

Adopter la vision de l'acheteur permet de se donner des arguments complémentaires en tant que commercial pour valoriser son offre. L'acheteur, lui, utilise le coût total de possession, TCO, pour sélectionner son fournisseur au regard des différents coûts à supporter avant, pendant, et après l'existence du produit.

Contexte

Il s'agit d'un outil de préparation complémentaire à utiliser sur des négociations exclusivement en B to B, à enjeux stratégiques pour vous et pour l'acheteur (négociations de types 1 ou 2, *cf.* outil 58).

Comment l'utiliser ?

Étapes

› Recensez l'ensemble des dépenses directes et induites par l'acquisition de votre produit par votre client.

› Appuyez-vous sur les postes suivants :

- coûts engagés avant la commande : sourcing, consultation, commande... ;
- prix d'achat : Prix, licences, formation, conditions de paiement, ingénierie, construction... ;
- coûts d'approvisionnement : manutention, emballage, transport, stockage... ;
- coûts d'utilisation : consommables, énergie, assistance technique, maintenance, SAV... ;
- coûts de gestion de la relation fournisseur : reporting, salaires + charges, charges fiscales... ;
- coût de destruction et d'élimination (fin de vie du produit) : recyclage, démontage, revente, éliminations des déchets...

› Analysez chacun des items pour déterminer les points sur lesquels vous avez des avantages certains. Par exemple, si vous avez déjà travaillé avec cette entreprise, les services de gestion ou de maintenance ont l'habitude de travailler avec vous. Ces éléments qui peuvent vous sembler anodins ont en fait un impact sur les coûts d'achat. Travailler avec un nouveau fournisseur nécessite de nouvelles habitudes, de nouvelles façons de travailler, et par conséquent des coûts supplémentaires. À proposition équivalente, votre acheteur y sera sensible.

À performance équivalente, le meilleur produit n'est pas toujours celui dont le prix est le plus faible !

› Transformez les avantages en arguments (*cf.* outil 36).

Méthodologie et conseils

› Les acheteurs ont aussi pour objectifs de faire progresser certains fournisseurs sur les coûts induits. Il peut être intéressant de faire des ouvertures dans ce sens dans la négociation.

› Avec les réglementations sur l'environnement, les acheteurs sont de plus en plus sensibles aux coûts induits par le recyclage ou la destruction du produit. ■

Avantages

- Le TCO permet de ne pas vous focaliser seulement sur les prix de votre offre mais sur le coût de revient de celle-ci pour votre acheteur.
- Il permet de prendre conscience des forces et faiblesses de votre produit tout au long de son cycle de vie.

Précautions à prendre

- Attention à vos propres filtres : limitez les risques de généralisation, omission, interprétation en vous concentrant sur la situation spécifique de votre acheteur.

DOSSIER 9 NÉGOCIER AVEC LE CLIENT

La négociation n'est pas un entretien à part entière. C'est un processus complémentaire dans lequel le client souhaite modifier les conditions du contrat. Elle débute à la première demande de concession du client : « Faites-moi une remise de 3 % » ; « Avant d'échanger, alignez-vous sur les délais de paiement de votre confrère ! ». Attaqué sur votre offre, quelle est la bonne attitude à adopter ? Et comment répondre avec efficacité aux demandes de concessions de votre client tout en préservant vos objectifs commerciaux (CA, marge, productivité...) ?

Les postures en négociation

Quels comportements adopter dans un processus de négociation ? Le concept des positions de vie d'Eric Berne (fondateur de l'analyse transactionnelle) permet d'appréhender trois postures en négociation.

› Certains commerciaux ont du mal à résister à la pression. Ils sont souvent mal à l'aise face au client et préfèrent fuir la négociation pour négocier en interne et demander des conditions dérogatoires. Il s'agit d'une attitude de **soumission**. Le commercial a une estime de lui-même inférieure à celle qu'il porte à son client.

› Face à une demande de concessions, certains commerciaux considèrent que la meilleure des défenses est l'attaque. Ils adoptent une attitude combative sans ouverture pour préserver leurs conditions initiales. Il s'agit d'une attitude de **domination**. Le commercial a une estime de lui supérieure à celle qu'il porte à son client.

› L'objectif est de considérer la demande de concession du client non pas comme une attaque mais comme une volonté de sa part de faire progresser ses fournisseurs. Il s'agit alors de trouver avec lui un terrain d'entente où les deux parties vont chercher à obtenir un résultat supérieur à celui qu'elles auraient obtenu sans négociation. Il s'agit d'une attitude de **coopération**. Même si chacune des deux autres attitudes apporte des résultats, seule la coopération permet de travailler dans la durée avec son entreprise et avec ses clients.

(La position de **démission** est une posture de repli qu'il faut éviter d'atteindre dans tout type de situation, elle correspond à un état de stress négatif avancé.)

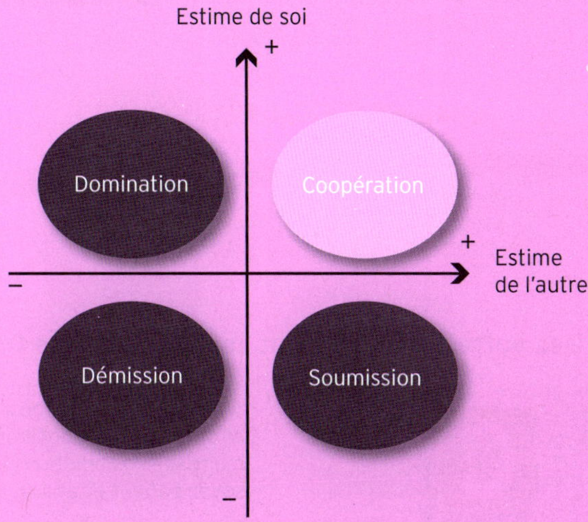

Des outils au service d'une stratégie :

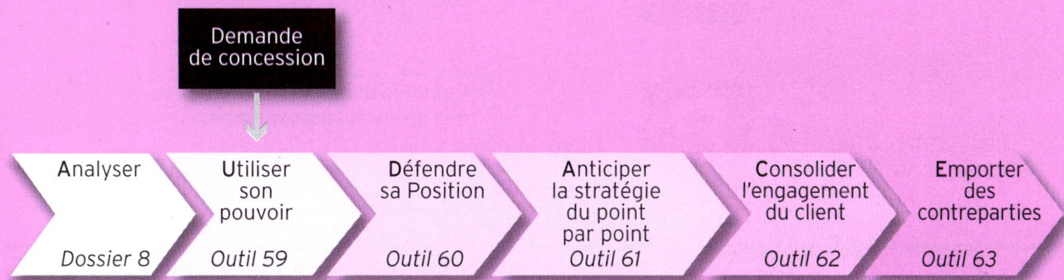

Travailler en coopération avec votre client implique d'une part que vous adoptiez un comportement adapté et d'autre part que le résultat de la négociation soit le plus équitable possible dans l'intérêt des deux parties. Pour atteindre cette **stratégie gagnant/gagnant**, plusieurs outils et comportements sont nécessaires. Apprivoiser la pression du client, faire preuve de créativité, adopter une approche systémique, autant de qualités qui demandent de l'AUDACE® dans votre négociation.

LES OUTILS

OUTIL 60

Le comportement gagnant

UTILISER SON POUVOIR

Maîtrisez votre comportement, maintenez votre CAP

Au moment d'annoncer votre proposition	**C**alme	Ayez confiance en vous et dans votre proposition, maîtrisez vos émotions, soyez patient et utilisez les silences.
Face à des demandes de concession	**A**ffirmatif	Affirmez votre position. Osez annoncer les exigences élevées et réalistes de votre offre avec simplicité.
Pour contrecarrer les pièges du client	**P**récis	Communiquez avec des chiffres, des preuves, des exemples.

En résumé

Habitué à sourire, à séduire dans l'entretien de vente, il est parfois difficile de changer de posture dans la phase de négociation. Le CAP est un moyen mnémotechnique pour adopter le bon comportement face à un client qui vous demande de rentrer en négociation. Avoir confiance en vous, oser annoncer les exigences de votre offre, communiquer avec précision permet d'utiliser votre pouvoir pour défendre vos marges tout en respectant votre interlocuteur.

Insight

Having spent the sales meeting smiling and being charming, it is sometimes difficult to change your behaviour when entering the negotiation phase. Remembering the CAP concept will help you to stand your ground in front of a customer who wants you to negotiate terms. Be Calm, Affirmative and Precise. Having the confidence to announce your highest price and terms, and communicating your arguments clearly, allows you to use your negotiating power to defend your margin whilst at the same time remaining respectful of the other person.

Pourquoi l'utiliser ?

Objectif

Le CAP donne les comportements fondamentaux à adopter en négociation.

Contexte

Votre envie de satisfaire votre client, votre peur d'échouer ou votre volonté de gagner à tout prix peut vous conduire soit à vous soumettre, soit à dévaloriser votre offre, soit à dominer votre interlocuteur. En négociation, il est important de maîtriser votre comportement et plus particulièrement pendant les transitions : au moment où vous annoncez vos conditions ou face à une demande de concession de votre client, ou face à une tentative de déstabilisation de sa part (*cf.* outil 66).

Comment l'utiliser ?

Étapes

Calme :

› Ayez confiance en vous-même, connaissez votre mode de fonctionnement (*cf.* outil 22).

› Soyez convaincu de votre offre sinon vous risquez d'être en infériorité et de céder aux demandes de concessions de votre client.

› Contrôlez vos émotions. Votre préparation doit vous aider à rester maître de vous-même.

› Maîtrisez les silences : « silence d'écoute » pour écouter avec attention votre interlocuteur, « silence de sagesse » pour vous laisser du temps de réflexion avant de répondre, voire pour reporter votre réponse, « silence d'or » - savoir se taire après son offre, après un argument, pour lui donner tout son impact.

Affirmatif :

› Osez affirmer l'ensemble des exigences de votre offre. Si vous n'annoncez que le prix, il y a toutes les chances pour que l'acheteur se focalise sur ce point. Même si votre acheteur tente de vous interrompre lors de l'annonce de votre offre, terminez, allez jusqu'au bout, utilisez le « je vais y revenir ».

› Soyez simple. Si vous hésitez, si vous vous sentez mal à l'aise, vous risquez d'engendrer des doutes chez votre interlocuteur (une communication négative de l'un engendre une communication négative chez l'autre).

› N'annoncez jamais que « on va pouvoir s'arranger ».

Précis :

› Le flou profite à votre client. Annoncez vos conditions avec des chiffres précis, des exemples, supprimez les fourchettes de prix.

Méthodologie et conseils

Pour maintenir le CAP dans l'entretien, si en amont vous ressentez de l'anxiété, travaillez votre dossier, vos techniques de négociation ou faites une simulation de négociation avec votre manager ou un collègue. Si vous ressentez de l'ennui face à cette négociation, attribuez-vous un défi supplémentaire comme obtenir une contrepartie coûteuse pour l'acheteur. Se sentir « bien » consiste à atteindre le *flow* (théorie de Csikszentmihalyi). ■

Pour la connaissance de soi et des autres, formez-vous aux outils comportementaux reconnus Process Com©, MBTI©, PNL.

Avantages

- Le CAP vous permet de prendre la main de l'entretien.

Précautions à prendre

- En tant que commercial vous avez intérêt à négocier de manière globale. Votre acheteur cherchera à négocier point par point selon sa stratégie de l'échiquier. Négocier une seule condition de votre offre, c'est marchander. Pensez toujours à ouvrir votre négociation en annonçant au moins trois conditions.

OUTIL 61

La première réponse efficace

DÉFENDRE SA POSITION FACE À UNE DEMANDE DE L'ACHETEUR

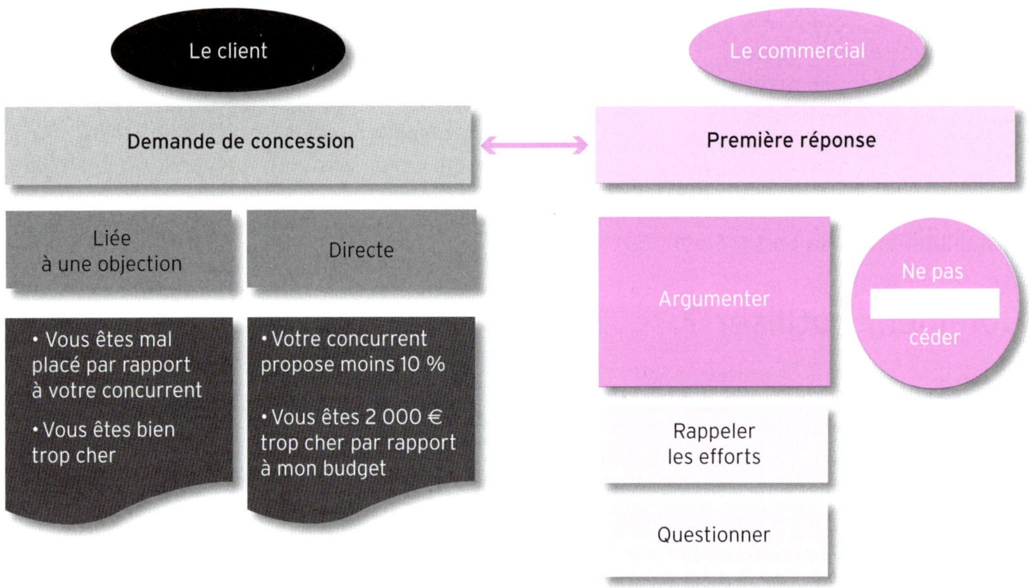

En résumé

La finalité de la négociation est de trouver un terrain d'entente pour conclure l'affaire. Céder à la demande ou engager votre client pour emporter des contreparties ne doit pas se faire trop tôt. La première réponse efficace est d'argumenter selon la technique APB. Rappeler les efforts ou questionner sont deux alternatives à l'argumentation.

Insight

The purpose of the negotiation process is to find common ground in order to close the deal. But it's not a wise move to surrender too soon, nor to get the customer to agree to trade-offs right away. The most effective initial response to a request for a price reduction is to defend your proposal using the FAB (Features, Advantages, Benefits) style of arguments. You may also remind your client of the effort you've already made in your proposal, or even question them about their reason for their request.

Pourquoi l'utiliser ?

Objectif

Argumenter face à une demande de concession de votre client répond à six objectifs :

› Préserver vos marges de manœuvre au démarrage de la négociation.

› Valoriser votre offre.

› Rester crédible : que peut penser votre client si vous cédez tout de suite à sa demande ?

› Vérifier la volonté de sa demande.

› Affaiblir ses demandes. La présence de résistance oblige l'acheteur à se retrancher sur ses exigences essentielles.

› Donner le sentiment que la potentielle concession que vous ferez a de la valeur à vos yeux.

Contexte

Votre client peut vous demander une ou plusieurs concessions après, voire pendant l'annonce de votre proposition ou suite à une objection. Lui faire une contre-proposition immédiatement est une erreur.

Comment l'utiliser ?

Étapes

Pensez à préparer votre matrice d'arguments et conditions **MAC** et à en maîtriser le contenu. Face à une objection, traitez-la (*cf.* outil 37). Selon les réponses de votre client, certaines objections débouchent sur une demande de concession de sa part. Dans ce cas ou face à une demande de concession directe, **argumentez** en utilisant la technique APB (*cf.* outil 36). Vous pouvez utiliser deux techniques complémentaires :

› Rappelez-lui les efforts déjà consentis. Certains de vos clients ont des conditions particulières par rapport au standard, énumérez-les.

› Questionnez-le sur les motivations de sa demande. Cette technique offre les avantages de gagner du temps, de comprendre votre client mais comporte le risque de renforcer sa demande. Soyez prêt à argumenter suite à son explication.

L'absence de résistance de l'un face à une demande accroît les exigences de l'autre.

Méthodologie et conseils

› Donnez vos arguments un par un. Une bonne préparation peut vous inciter à répondre par plusieurs arguments suite à une demande de concession de votre client. Conservez vos munitions, la négociation peut être longue.

› Attention face à une demande de concession peu précise : « faites un geste ! », ne posez pas la question « de combien ? », cela sous-entend que vous êtes en mesure de le faire et vous prenez le risque face à un négociateur expérimenté qu'il fasse une demande exagérée.

Avantages

- Argumenter ne coûte rien.

Précautions à prendre

- Attention de ne pas lancer la négociation suite à une objection de votre client. La négociation commence si et seulement si votre client formule une demande de concession.
- Ne sur-argumentez pas au point d'énerver votre client.
- Ne défendez pas trop fermement votre position, sentez le moment où vous pouvez l'engager pour obtenir des contreparties.

SUITE OUTIL 61 →

Comment être plus efficace ?

Quand l'argumentation ne suffit plus

Il arrive que les techniques d'argumentation classiques ne suffisent plus à défendre votre offre face à des clients « durs ». Ceux-ci refusent d'entendre vos avantages concurrentiels - ou font semblant - pour mieux vous mettre la pression sur le prix, et vous vous épuisez en ayant le sentiment d'envoyer vos balles sur un mur et non à un partenaire de jeu. Que votre client ait la conviction bien arrêtée que « tous les fournisseurs se valent » ou qu'il joue un rôle factice pour vous impressionner, dans les deux cas il vous faut reprendre de l'ascendant sur lui et la maîtrise de la négociation.

La question de confrontation ou question de doute

Depuis que la négociation a commencé, « Faites moi une remise de 3 % » ; « Avant d'échanger, alignez-vous sur les délais de paiement de votre confrère ! », c'est votre client qui est dans la position du demandeur, et vous qui réfléchissez pour trouver une réponse adéquate. L'acheteur qui utilise la technique du disque rayé, répétant inlassablement sa demande de concession, vous force à épuiser vos cartouches et tire sur vos ressources personnelles (agilité intellectuelle et résistance nerveuse).

La question de confrontation renverse le mécanisme et **rétablit un rapport de force psychologique** : vous posez votre question, vous vous mettez en attente. C'est maintenant à lui de réfléchir. Plus votre question sera confrontante et sèmera le doute dans son esprit, plus vous reprendrez de l'ascendant sur lui. Il est vital à ce moment de laisser planer le plus grand silence. Si vous l'avez amené à réfléchir, s'interroger, vous avez marqué des points.

Sur quoi confronter le client ?

Cette méthode est à rapprocher de l'outil 25 (méthode SAFI). Il s'agit en fait d'alerter le client sur les risques potentiels qu'il prend s'il ne choisit pas votre solution. Puisqu'il met en avant vos concurrents, vous avez intérêt à bien maitriser vos avantages concurrentiels (utilisez l'argumentation comparative, *cf.* outil 27).

Le plus efficace est d'ouvrir très large le champ de l'investissement que s'apprête à faire votre client, et de faire référence au TCO (coût total de possession, *cf.* outil 59).

Ainsi, vous pouvez le faire réfléchir sur :

- les coûts induits par un changement de fournisseur (si vous êtes déjà fournisseur) ;
- la conséquence de délais incertains ou mal maitrisés ;
- le coût induit par de la non-qualité (retours, rebuts, frais de transport, image) ;
- le coût d'une rupture d'approvisionnement (lorsque votre concurrent offre moins de souplesse que vous, ou a des stocks plus faibles) ;
- le coût du changement d'interlocuteur lorsque le turnover de votre concurrent est fort ;
- le coût de la maintenance à long terme ;
- le coût de recyclage des produits en fin de vie, le traitement des produits toxiques... ;
- etc.

Tout l'art consiste à poser une question en apparence neutre et sans citer votre concurrent.

EXEMPLES de questions de confrontation

Situations	Exemples de dialogue
Vous êtes fournisseur historique, mis en concurrence par un *outsider* qui fait du *dumping*. L'acheteur vous demande de vous aligner pour conserver le marché.	– Combien de temps faudra-t-il à vos équipes pour mettre au point un nouveau mode de fonctionnement avec un nouveau fournisseur ? – Ce sera l'affaire de quelques semaines, sans plus. – À combien estimez-vous la perte de productivité engendrée sur vos chaines de fabrication ?
Vous vendez des baignoires en Toplax®. Le client - un hôtel - vous répète que le prix de votre solution ne rentre pas dans le budget alloué pour cet équipement. Après réflexion, il se dit séduit par la solution d'un de vos concurrents, qui propose des baignoires en acier émaillé, moins chères à l'achat.	– Vous refaites la décoration de vos salles de bain à quelle fréquence ? – Tous les dix ans, notre établissement doit rester propre et attractif. – Que ferez-vous des baignoires en acier ? – Je ne sais pas. – La loi vous oblige maintenant à recycler l'acier. Savez-vous le coût d'une telle opération ? – Non...
Vous vendez des aspirateurs avec sac, vous êtes attaqué sur le prix des consommables (les sacs). Le client vous demande une réduction de 50 % sur les sacs, sinon il achètera un aspirateur sans sac.	– C'est vrai, avec nos aspirateurs, il faut changer le sac régulièrement. Savez-vous ce qu'il faut changer dans les aspirateurs sans sac ? – Le filtre. Mais 5 fois moins souvent que les sacs. – C'est vrai. Combien coûtent ces filtres ? – 38 €. – Combien de sacs achetez-vous pour cette somme ? – 10... Vous avez raison, votre solution est moins chère.
Vous êtes un architecte, vous avez une affaire potentielle avec un particulier. Celui-ci vous dit qu'il a une proposition d'un de vos confrères, beaucoup moins chère.	*(Vous avez argumenté sur votre organisation et apporté les preuves de la tenue de vos délais... mais le client fait la sourde oreille.)* – *Votre confrère est tout de même 15 % moins cher que vous ! Cela peut permettre d'accepter un léger retard.* – *Combien peuvent vous coûter deux mois d'hôtel ou deux mois de prêt-relais ?* – *(Silence : le client calcule)* Je vois...

Commentaires

On peut utiliser la méthode SAFI (*cf.* outil 25) jusqu'au bout, en posant d'autres questions sur l'impact de la faille, etc.

Evitez de citer votre concurrent, en tout cas ne le dénigrez jamais. La question de confrontation suffit à semer le doute dans l'esprit du client. C'est à lui de tirer les conclusions. ■

OUTIL 62

La délimitation du terrain

ANTICIPER LA STRATÉGIE DU POINT PAR POINT DE L'ACHETEUR

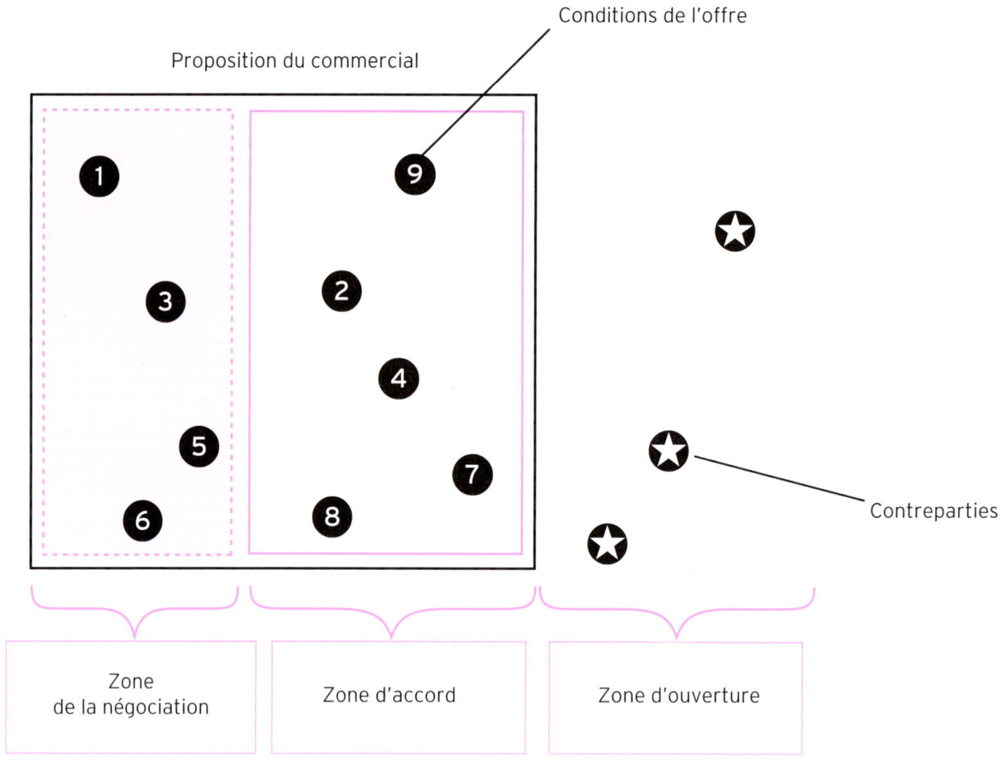

En résumé

Pour définir la zone de négociation, il faut, après avoir argumenté, utiliser la technique de préfermeture : « Mis à part ce point, sommes-nous d'accord sur tout le reste de ma proposition ? ». Cela permet d'obliger le client à s'ouvrir sur les points de désaccord et de sortir de sa stratégie de point par point. De cette manière, vous mettez en évidence les trois zones de votre entretien de négociation : la zone d'accord, la zone de négociation et la zone d'ouverture. Cette dernière est la zone où vous vous êtes préparé à obtenir des contreparties en cas de demande de concession de sa part.

Insight

After you have defended your proposal with appropriate arguments, you need to define the area of negotiation before continuing any further. Use the pre-closing question: "Apart from this point, are we agreed on the rest of the proposal?". This forces your client to mention all the points they want to negotiate, and avoids the dangers of a step by step negotiation, which typically benefits the customer. Having clarified the area of negotiation, you can identify three zones: the agreement zone, the negotiation zone and the opening zone. The latter is where you have prepared what trade-offs you require in exchange for your concessions.

Pourquoi l'utiliser ?

Objectif

La délimitation permet de savoir quels sont les points d'accord et de désaccord. Cette technique permet de négocier en globalité et ainsi d'éviter la technique de négociation du point par point de l'acheteur.

Contexte

La délimitation de la négociation s'exerce dans les propositions où il y a plusieurs conditions et après avoir vérifié en argumentant la volonté de l'acheteur d'obtenir une concession.

Comment l'utiliser ?

Étapes

Votre client vous demande de faire un effort sur la condition 1, vous défendez alors votre position en argumentant (*cf.* outil 61) il continue d'insister. Utilisez alors la technique de préfermeture **« Mise à part la condition 1, sommes-nous d'accord sur tout le reste ? »** Dans la négative, demandez-lui **« Quels sont les autres points ? »**. S'il vous répond la condition 3, reprendre la préfermeture « Mis à part les points 1 et 3, sommes-nous bien d'accord sur le reste ? ». Dans l'affirmative, et lorsqu'il y a beaucoup de conditions dans l'offre, il peut être nécessaire de reformuler la zone d'accord et de négociation. Puis, passez à l'étape de consolidation de l'engagement (*cf.* outil 63).

Certains clients difficiles peuvent vous rétorquer « Il faut voir ! Dites-moi d'abord ce que vous me faites sur la condition 1 ! » ou « si vous n'êtes pas en mesure de faire quelque chose sur ce point, il est inutile de poursuivre notre échange ».

Insistez alors sur la globalité de votre offre et sur votre volonté de trouver un terrain d'entente gagnant/gagnant : **« Mon offre est globale, je ne peux m'engager sur le point 1 que si nous sommes d'accord sur tout le reste »**.

Méthodologie et conseils

› Appliquez avec exactitude la question de préfermeture. Il y a un risque à dire « mis à part [...], quels sont les autres points que vous voulez abordez ? » qui ne ferme pas la négociation, mais qui l'ouvre.

› Pour les plus manipulateurs, au lieu de poser la question « Quels sont les autres points ? », demandez « quel est le dernier point ? ». À utiliser surtout en B to C, face à des clients qui veulent négocier au-delà du raisonnable. ■

Inutile de faire un match sur un terrain qui n'est pas délimité.

Avantages

- La délimitation amène sur le terrain de la coopération.
- Elle permet de minimiser les demandes de l'acheteur.

Précautions à prendre

- Méfiez-vous de la technique du point par point aussi appelée Salami car cette technique permet sans vous effrayer de grignoter petit à petit vos marges. En vous obligeant à céder sur plusieurs « petits points », l'acheteur peut finalement créer des brèches dans votre défense et sortir largement gagnant.

OUTIL 63

La tactique d'engagement

CONSOLIDER L'ENGAGEMENT DU CLIENT

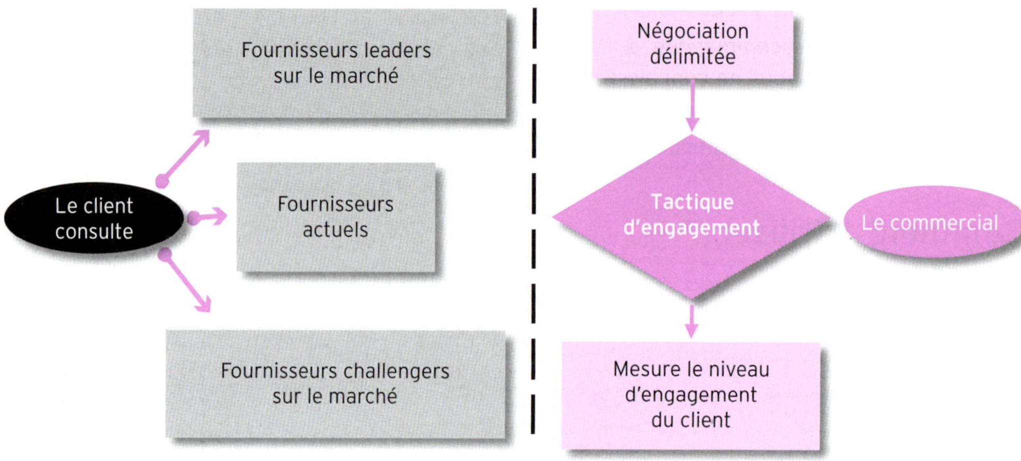

En résumé

Le client a souvent le choix entre plusieurs fournisseurs. Il peut jouer de ce pouvoir pour vous faire céder sur vos conditions. La tactique d'engagement permet de positionner le niveau d'implication de votre client à l'égard de votre offre en lui posant la question « Si nous trouvons un accord sur les conditions, êtes-vous prêt à vous engager avec nous ? ». Au moment de sa réponse, il faut faire preuve d'analyse comportementale pour identifier la moindre hésitation et mesurer son niveau de sincérité. Cela permet d'éviter la tactique du lièvre de l'acheteur qui consiste à se servir de vous pour faire baisser l'offre de son fournisseur préférentiel.

Insight

In most cases, the customer can choose from a range of potential suppliers. They can use this option to put you under pressure and make you concede terms. It's important to obtain a genuine commitment from your customer to negotiate with you, before taking the next step in the negotiation process.

Ask your customer this question: "if we can agree on the terms, are you ready to sign with us?". At this point, observe their behaviour closely: do they hesitate before answering? Do they look sincere? If you doubt their commitment, you may choose to quit the negotiation and avoid wasting any more time by simply helping the buyer to put their preferred supplier under pressure.

Pourquoi l'utiliser ?

Objectif

La tactique d'engagement est une technique pour mesurer le niveau d'implication de votre client à l'égard de votre offre.

Contexte

Cette technique est à utiliser après que le cadre de la négociation a été délimité. Elle est particulièrement recommandée avec de nouveaux clients dont vous ne connaissez pas le mode de prise de décision. Elle est efficace pour contrecarrer la tactique du « Lièvre ».

Comment l'utiliser ?

Étapes

Après avoir identifié la zone de négociation (*cf.* outil 62), impliquez votre client par la question d'engagement : **« si nous trouvons un accord sur les points 1 et 3, êtes-vous prêt à me confier le marché ? »**. Dans l'affirmative, vous êtes serein pour avancer avec lui dans une négociation coopérative. Dans la négative, demandez-lui : « au-delà de ces points, quels sont vos freins ? ». Certains clients difficiles ou peu mûrs dans leur prise de décision, peuvent vous affirmer « je ne peux m'avancer, tout dépendra de vos conditions ». Dans ce cas, insistez et tentez de mesurer vos chances de concrétisation en prétextant par exemple : « je comprends que vous ne pouvez vous engager à 100 % mais quelles sont mes chances de conclure notre affaire ? 20 % ? 50 % ? 70 % ? ».

Méthodologie et conseils

› Quelques exemples pour parer les freins de vos clients : « je ne suis pas le seul à prendre la décision » → **« Qui sont les autres décideurs ? Si vous étiez seul, que décideriez-vous ? »** ; « il me faut du temps pour réfléchir » → il veut sans doute revoir vos concurrents, rétorquez **« moi aussi, j'ai besoin de temps pour voir avec ma direction quelle pourrait être ma dernière proposition »** ; « vous n'êtes plus que deux en lisse » → **« À proposition équivalente ou légèrement supérieure, vous travailleriez avec qui ? »**.

› Bon nombre de clients vous consultent en ayant déjà une idée des deux fournisseurs les plus probables. Certains acheteurs jouent donc la tactique du « lièvre » en négociant avec des fournisseurs tiers. Plus particulièrement ce sont soit des challengers qui font, pour rentrer chez ce client, du *dumping* (proposition avec des conditions à prix coûtants), soit ce sont des fournisseurs leaders sur leur marché, consultés pour rassurer les acheteurs sur les solutions proposées par leurs fournisseurs préférentiels. La tactique d'engagement permet de déterminer si vous faites parti des « *short* listés ».

› Cette tactique peut être utilisée dès la phase de découverte face à des acheteurs qui ont pris l'habitude de vous consulter sans jamais vous retenir, ou dans le cas où vous savez que ce client travaille en exclusivité avec tel fournisseur. Dites-lui « Vous avez l'habitude de travailler avec Y, qu'est ce qui vous ferait changer ? » puis « si nous vous apportons ces conditions, vous serez donc prêt à travailler avec nous ? » ■

Avant de dévoiler votre jeu, assurez-vous que vous êtes dans les petits papiers de votre client !

Avantages

- La tactique d'engagement vous évite de servir de lièvre.
- Elle permet d'avancer dans la négociation sans rien concéder au client.

Précautions à prendre

- Soyez doublement vigilant lorsque vous êtes leader sur votre marché, vous êtes souvent consulté afin de rassurer les acheteurs sur leur choix de travailler avec un de vos concurrents.

OUTIL 64

La stratégie gagnant/gagnant

EMPORTER DES CONTREPARTIES

Niveau d'acceptation	Demandes de concessions	Contreparties
Facilement acceptable	① Remise sur les frais de dossier % Assurance Décès invalidité Suppression des Indemnités de remboursement	☆ Placer la remise des frais de dossier en parts sociales Ouvrir une assurance vie Engagement pour le futur prêt voiture
Acceptable sous conditions	⑤ Suppression des frais de dossier ③ Délégation d'assurance	☆ Placer la remise des frais de dossier sur un placement OPCVM Ouverture de 2 forfaits plus Mettre en place un abonnement sur le contrat d'assurance vie du montant gagné
Difficilement acceptable	Remise sur le taux > 0,3 % Pas de garanties	Collecte de 300 k€ Rapatrier les comptes et les avoirs de...

En résumé

Conclure un accord gagnant/gagnant est l'objectif d'une négociation réussie. Après avoir mesuré le niveau d'engagement du client, il faut le faire avancer sur le terrain des contreparties avec la question d'ouverture : « pour satisfaire votre demande, seriez-vous prêt à reconsidérer le volume confié ? ». Puis, proposer l'échange : « Supposons que vous nous confiiez 10 % de volume supplémentaire alors je pourrais répondre à votre demande ». La formulation est fondamentale pour ne pas tomber dans le registre du chantage. Le travail préparatoire avec la matrice des concessions/contreparties permet d'être serein face à la pression des demandes.

Insight

À win-win agreement is the goal to reach a successful negotiation. Having confirmed your client's real commitment to the deal, you may proceed by asking an open question: "In order for me to meet your demand, would you agree to reconsider the volume of the business?". If the answer is "yes", then you can propose an actual deal: "if you increase the volume by 10 %, then I can meet your demand". The way you ask the question is important, because you don't want to appear to be blackmailing them. The better you have prepared your concessions and trade-offs matrix, the more comfortable you will be during this phase of the negotiation.

Pourquoi l'utiliser ?

Objectif

Négocier gagnant/gagnant consiste à emporter des contreparties pour toute demande de concessions du client, dans des valeurs équivalentes.

Contexte

L'obtention de contreparties peut avoir lieu quand vous avez défendu votre offre en argumentant (votre concession n'en prendra que plus de valeur), quand vous avez délimité le cadre de la négociation, et quand vous avez engagé votre client. Vous pouvez faire un échange avec votre client car vous avez une vision globale de la négociation.

Comment l'utiliser ?

Étapes

Pour demander une contrepartie acceptable et de même valeur que la demande de concession de votre client, il est essentiel de préparer votre matrice concessions/contreparties (*cf.* outil 55). Puis dans l'entretien, après avoir engagé votre client, posez la question d'ouverture : **« pour satisfaire votre demande, de votre côté seriez-vous prêt à revoir le volume confié ? »**. Dans l'affirmative, faites l'échange **« imaginons que vous soyez prêt à m'accorder 15 % de volume supplémentaire, alors je pourrais revoir ma proposition sur le prix »**. Dans la négative, proposez-lui une autre contrepartie, il est important de garder la main : **« dans ce cas, êtes-vous prêt à nous réserver l'exclusivité sur la prochaine commande ? »**. S'il persiste dans la négative, rétorquez **« qu'êtes-vous prêt à faire ? »**. Certains acheteurs coriaces pourront affirmer « rien ». Bluff ou absence de marge de manœuvre de sa part ? Demandez-lui des explications, puis cédez éventuellement selon les différentes tactiques (*cf.* outil 65).

Méthodologie et conseils

› Si votre client demande plusieurs concessions, faites un échange d'une ou plusieurs contreparties de somme équivalente.

› Lorsque l'acheteur possède un pouvoir important, s'il refuse des contreparties de même valeur, acceptez d'emporter des contreparties de valeur moindre. Ce qui importe c'est d'obtenir une contrepartie même symbolique pour éduquer votre client dans cette stratégie gagnant/gagnant.

› Faites preuve de créativité dans la recherche de contreparties tout en vous assurant que les contreparties demandées sont en adéquation avec les potentiels besoins de votre client.

› Face à une demande excessive de votre client, utilisez votre matrice concessions/contreparties pour lui demander une contrepartie de même valeur afin de le dissuader. ■

Céder, satisfaire son client, oui ! Mais pas sans contrepartie.

Avantages

- Cette stratégie permet de concéder mais en emportant d'autres conditions : multi-vente.
- Elle valorise votre offre.
- Elle confirme le niveau d'implication du client.

Précautions à prendre

- Dans la question d'ouverture, évitez les « si… alors… » qui risquent d'apparenter l'obtention de contrepartie à du chantage, préférez les « êtes-vous prêt à… » ; « supposons que vous… alors je pourrais… ».
- La stratégie gagnant/gagnant est d'autant plus efficace que vous avez en amont défendu votre position par des arguments. Votre client ressentira que c'est la meilleure solution pour lui.

OUTIL 65

Les tactiques de repli

PRÉVOIR ET CHOISIR SA TACTIQUE DE REPLI

LES 4 R DU REPLI

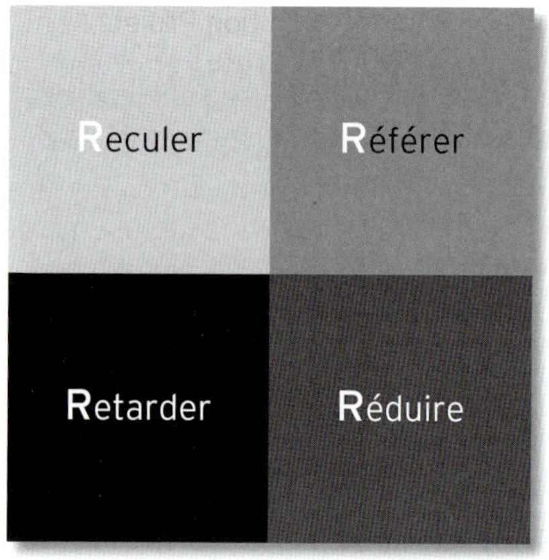

En résumé

Dans la négociation, comme dans un combat, la tactique de repli peut se prévoir. Si vous ressentez une fatigue, de la difficulté à avancer sur un terrain gagnant avec votre acheteur, il peut être bon de choisir une tactique de repli :

- soit reculer en accordant des concessions d'importance décroissantes ;
- soit réduire en choisissant des concessions moins coûteuses ;
- soit retarder en reportant l'entretien de négociation ;
- soit référer en vous appuyant sur le pouvoir de votre direction.

Insight

In the negotiation process, as in warfare, you have to consider a withdrawal tactic. If standing your ground or maintaining a winning position becomes difficult, you may need to choose one of the following fallback moves:

- *Retreat step by step by making smaller and smaller concessions.*
- *Reduce the cost by choosing to make less generous concessions.*
- *Reschedule a new meeting, to let your client understand that you won't sign just at any price. This also gives you time to think over your next move.*
- *Refer to your Board or Director: another technique to postpone the decision on making concessions, that also makes them more valuable in the eyes of your customer.*

Pourquoi l'utiliser ?

Objectif

Céder, satisfaire la demande de concession de votre client ne sont pas les seules solutions pour conclure et faire face à la pression de son client. Les « 4 R » sont quatre tactiques pour maîtriser votre repli.

Contexte

Dans l'entretien de négociation, il arrive que la pression soit forte ou que le temps de négociation soit long. Vous êtes alors tenté de céder pour abréger. Même pour concéder du terrain à votre client, il y a la forme pour le faire.

Comment l'utiliser ?

Étapes

Avant votre entretien, prévoyez votre ou vos tactiques de repli.

› Reculez en cédant des concessions d'importance décroissante pour donner l'impression à votre acheteur « qu'il a pressé le citron jusqu'à la dernière goutte ». Ainsi, pour passer de 500 € à 450 €, cédez une première fois à 470 € puis à 455 € pour finir à 450 €.

› Réduisez la demande de concession en choisissant une demande moins coûteuse pour vous. **« Je ne souhaite pas modifier mon offre en ce qui concerne le prix, en revanche, je peux faire un effort sur** *telle autre condition*... ». Appuyez-vous sur votre matrice concessions/contreparties.

› Retardez votre prise de décision. **« Je ne suis pas en mesure de vous répondre dès maintenant, prenons un rendez-vous »**. Cette tactique montre à votre acheteur que vous n'êtes pas prêt à signer à n'importe quelle condition et vous laisse le temps de la réflexion.

› Référez votre décision en prétextant **« pour de telles conditions, je dois en référer à ma direction »**. Cela vous permet de retarder votre décision, de donner du poids à la demande de votre client et cela lui donnera de l'importance d'avoir réussi à obtenir des conditions négociées en haut lieu.

Prévoir sa tactique de repli avant l'entretien, c'est mettre des chances de son côté pour ne pas l'utiliser.

Méthodologie et conseils

› Retardez et Référez avec finesse, il ne s'agit pas de perdre l'affaire. Faites-le quand vous sentez que vous avez la préférence du client.

› D'après Fischer et Ury, du Harvard Negotiation Project, le moyen d'évaluer l'intérêt ou non à signer un accord repose sur votre « BATNA. » (*Best Alternative To a Negotiated Agreement*), c'est-à-dire sur votre meilleure solution de rechange. Celle-ci apporte de la sécurité et contribue à évaluer votre pouvoir. ■

Avantages

- Les 4 R permettent de ne pas vous sentir à la merci de votre acheteur : c'est vous qui choisissez votre tactique.

Précautions à prendre

- Référez lorsque l'enjeu est fort. Car cette tactique comporte deux risques : très utilisée, elle peut perdre son effet si elle est mal amenée. Elle peut aussi vous décrédibiliser en vous rabaissant à un simple transmetteur d'informations. Préférez alors la tactique « Retarder ».
- Reculez quand vous sentez le client prêt à basculer.

Les sept pièges des acheteurs

DÉJOUER LES PIÈGES DES CLIENTS

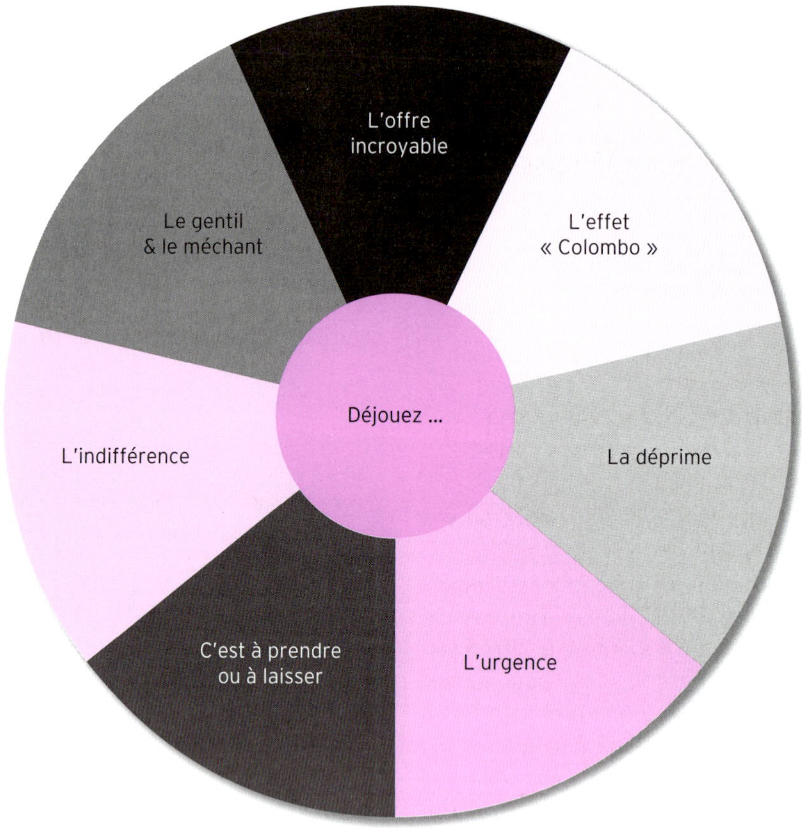

En résumé

Dans une négociation, pour arriver à leurs fins, certains clients en B to C ou acheteurs en B to B, utilisent des techniques pour déstabiliser le commercial. Il est important d'être capable d'identifier les pièges tendus pour ne pas tomber dedans. Il en existe près d'une vingtaine, dont certains se déclinent en variantes subtiles. Voici les sept pièges les plus fréquents : « l'offre incroyable », « le gentil et le méchant », « l'effet Colombo », « l'indifférence », « la déprime », « c'est à prendre ou à laisser » et « l'urgence ».

Insight

Some clients or buyers may try to trick you into giving them better terms than you expected. You must learn to recognize their traps, to avoid being caught out: there are nearly twenty different ones, some of them taking a variety of forms. Here are the seven most common traps: the "unbelievable proposal", the "good cop, bad cop", the "Colombo effect", the "disregard", the "depression", "take it or leave it" and "it's urgent".

Pourquoi l'utiliser ?

Objectif

Connaître et identifier les pièges dans une négociation est le meilleur moyen pour ne pas tomber dedans.

Contexte

Les pièges sont utilisés de manière consciente ou inconsciente par l'acheteur au cours de l'entretien de négociation pour parvenir à ses fins.

Comment l'utiliser ?

Étapes

Avant votre entretien, envisagez les pièges potentiels de vos acheteurs. Apprenez à identifier les sept pièges suivants pour ne pas vous laisser déstabiliser, et maintenir votre stratégie de négociation quoi qu'il arrive.

› **L'offre incroyable :** votre client vous fait miroiter qu'il a une offre bien meilleure sur la majeure partie des points pour vous inviter à douter et à reculer sur les points où vous avez encore de la marge.

› **Le gentil et le méchant,** pratiqué lorsque vous êtes face à deux acheteurs : l'un annonce des exigences élevées avec fermeté (le méchant), l'autre (le gentil) fait mine de vouloir modérer les attentes de son collègue et vous fait une proposition plus intéressante. Vous risquez de considérer l'offre du gentil comme une sortie de secours afin de sortir de l'impasse imposée par le méchant.

› **L'effet « Colombo » :** à la fin de la négociation, au moment où vous avez relâché votre pression, votre client vous annonce une dernière demande de concession de moyenne valeur. (Comme le célèbre inspecteur Colombo qui pose toujours une dernière question à ses suspects pour les coincer) l'effet escompté est de vous faire céder sur ce point car vous ne souhaitez pas remettre en question la négociation.

› **L'indifférence :** les techniques de dévalorisation disparaissent, même en grande distribution. Cependant, vous pouvez être confronté à des clients dénués de considération soit pour le premier geste commercial que vous avez consenti, soit pour votre personne (peu de regard, pas de sourire, pas d'humanité). Il devient difficile de mettre en place une stratégie de négociation coopérative.

Quoi qu'il arrive, n'ayez pas peur du « Woohoo » de votre client, ce n'est pas un loup !

› **La déprime :** votre client vous fait croire que rien ne va, ni lui, ni son entreprise, et il vous le dit. Vous devenez alors inconsciemment son sauveur et vous risquez de ne pas annoncer vos exigences initiales.

› **C'est à prendre ou à laisser :** l'acheteur vous fait croire qu'il n'y a pas d'autre alternative que de satisfaire sa demande sinon vous perdez l'affaire (limite budgétaire, concéder une condition).

› **L'urgence :** votre client prétexte suite à une demande de concession importante qu'une décision rapide s'impose pour vous faire aller au-delà de vos limites.

Méthodologie et conseils

› Préparez des parades à chaque piège pour les négociations à enjeux forts.

Avantages

- Identifier les pièges vous aide à prendre de la distance et vous permet de garder votre sang-froid.

Précautions à prendre

- Attention à ne pas faire perdre la face à votre client en révélant le piège que vous avez identifié.

SUITE OUTIL 66 →

Les sept pièges des acheteurs

Comment être plus efficace ?

Le dessous des cartes

C'est en comprenant comment agissent les pièges de la négociation que vous serez plus à même de prendre du recul et de préparer vos parades.

› Ils agissent d'abord à un niveau **émotionnel** : surprise, gêne, humiliation, peur de perdre l'affaire et de réduire à néant tout le travail réalisé sur cette affaire, les pièges augmentent le stress de la négociation en faisant planer une menace palpable et immédiate.

› Conséquence **intellectuelle**, vous perdez votre maitrise et une partie de vos capacités à penser clairement et rationnellement. De plus, la situation est présentée de telle sorte par l'acheteur que ni la stratégie que vous avez préparée, ni les méthodes de négociation ne vous paraissent applicables.

› Vous risquez alors - et c'est le but de l'acheteur - d'adopter des **comportements inefficaces** : vous porter au secours de votre client en renonçant à vos objectifs pour lui faire plaisir, aller jusqu'au bout d'une négociation au détriment de votre marge, accepter un accord en deçà de vos planchers pour remporter l'affaire à tout prix.

Qu'ils soient utilisés sciemment ou de façon inconsciente, les pièges sont des formes de manipulation qui vous entrainent sur un terrain défavorable et ne vous rapportent même pas l'estime de l'acheteur, qui enregistre simplement qu'il pourra encore utiliser ces stratagèmes lors de la prochaine négociation pour obtenir le maximum.

Comment réagir face aux pièges ?

Pour sortir des pièges, vous devez agir sur vous-même, au niveau émotionnel pour retrouver vos capacités intellectuelles et appliquer les méthodes adaptées à la situation. Vous devez aussi adopter un comportement relationnel spécifique pour inviter votre client à sortir lui-même du piège en sauvant la face.

› **Le recadrage émotionnel :** les identifier en tant que tel est déjà le premier pas, la première prise de distance face aux pièges. En faisant jouer votre imagination, vous pouvez vous distancier de la situation : amusez-vous à visualiser votre client sur une scène de théâtre, dans une pièce de la commedia dell'arte ! Vous ne ressentirez alors plus la peur, mais un certain amusement.

› **Stimulez vos capacités intellectuelles** rationnelles en renforçant votre confiance en vous : repensez aux avantages de votre offre, aux besoins opérationnels du client (ou des autres membres du groupe de décision) ; revoyez mentalement le visage de votre client lorsqu'un argument que vous lui avez présenté a fait mouche. Revenez alors aux fondamentaux de la négociation : argumentez, demandez des contreparties avant de poursuivre, choisissez les concessions les moins coûteuses pour vous.

› **Soyez subtil dans votre réponse** pour ne pas faire perdre la face à votre client et préserver la relation. Vous pouvez choisir d'ignorer le piège en faisant la sourde oreille, de gagner du temps en reportant l'entretien, de jouer la confusion et prendre sur vous un « certain malentendu sur l'offre », etc. Ce n'est qu'en dernier ressort et avec des acheteurs expérimentés que vous pouvez vous permettre de relever le piège : « j'ai l'impression de me trouver dans la position du suspect dans un film policier, avec le gentil et le méchant flic. C'est très bien joué ! Bravo ! Revenons à notre affaire maintenant... ».

EXEMPLES de réactions face aux pièges des acheteurs

Piège	Dialogue
L'offre incroyable	– Ecoutez, les temps changent et vos concurrents veulent prendre des parts de marché. L'un d'eux me propose une solution identique pour 15 % moins cher. – Vous avez une belle offre, bravo... et à prix équivalent, qui choisiriez-vous ? – Vous, bien évidemment ! – Pourquoi ? – Parce que nous travaillons ensemble depuis des années, vous connaissez nos modes de fonctionnement, nous connaissons les vôtres, nous gagnerons du temps... – À combien estimez-vous le temps gagné ? – ... Je vois où vous voulez en venir. Faites au moins un effort !
L'effet Colombo *Après avoir donné son accord, votre client s'arrête à la porte de son bureau...*	– Bien sûr, l'animation des points de vente pour Noël est comprise dans l'offre. – Je suis désolé, non, nous n'en avons pas parlé. – Ah mais cela change tout ! Nous ne pouvons nous passer de cette prestation ! Vos concurrents la proposent, eux. – Je comprends, si c'est important pour vous, nous pouvons sûrement trouver une solution *(vous vous dirigez vers la table de négociation, ouvrez le dossier)*. Voyez-vous, notre offre comprend déjà des moyens promotionnels... de votre côté, seriez-vous prêt à augmenter les volumes de commande pour cette période ? – Je ne sais pas mais... À combien s'élève votre prestation animation ?
L'indifférence *Vous venez de faire une concession sur un point de logistique...*	– Bon ce point mineur étant résolu, je vous demande de faire un vrai effort. – La réorganisation des tournées vous permettra d'économiser *X* k€ de frais de stock. – C'est un minimum ! Maintenant, je vous demande si vous voulez cette affaire ! – J'apprécie votre volonté de trouver un accord satisfaisant. J'ai peut-être une solution : de votre côté, seriez-vous prêt à *(demande de contrepartie d'un montant équivalent à la concession précédemment consentie)* ? – *Ce que vous demandez là est énorme, et vous, que faites-vous ?* – *Moi ? Je viens de vous permettre de réaliser le même montant d'économie. C'est donc un bel effort, et j'apprécie de vous l'entendre dire.*
La déprime	– Bref, rien de va, j'ai l'impression d'être dans une impasse. Et ces prestations sont chères. – Je comprends, je vais vous aider à trouver une solution. En supprimant la partie rangement près de la fenêtre, nous pouvons réduire...
C'est à prendre ou à laisser *Assorti d'une limite budgétaire...*	– Effectivement, c'est le prix que vous pouvez vous attendre à payer pour une prestation standard. Je ne vous ai pas encore parlé de... *(s'ensuit une suite d'arguments)*. – D'accord, mais de toute façon, mon budget, lui, est fixé à *X* k€ ! – Vous êtes précis, travaillons avec les chiffres. La partie formation des utilisateurs peut aisément être reportée sur un autre budget : nous sommes organismes agréés... – Hum... Pourquoi pas, mais ce qui reste est encore trop pour mon budget. – Nous pouvons facturer sur plusieurs exercices comptables. Les frais d'étude peuvent être facturés dès cette fin d'année, et les ajustements sur l'année suivante...

Commentaires :

L'objectif est de désamorcer le piège et de revenir à une négociation normale. Il s'agit d'amener votre client à renoncer à son stratagème (exemples : l'offre incroyable, l'effet Colombo). Parfois, lorsque le client use de procédés peu élégants, vous pouvez vous permettre une réponse un peu plus musclée (l'indifférence). Si votre client déprime, ayez le réflexe de revoir votre offre avant de baisser votre prix : cela peut le guérir !

Bibliographie

Des mêmes auteurs

Corcos M. et Stéphane Mercier, *Les techniques de vente... qui font vendre*, Dunod, 5e éd., 2012.
Pascale Bélorgey et Marielle Jordan, *Le Manager orienté clients*, ESF Editeur, 2010.
Pascale Bélorgey et Brigitte Grollière, *Le Manager de talents*, Dunod, 2011.

Amherdt Ch.-H., *La santé émotionnelle au travail*, Éditions Demos, 2005.

Berne É., *Que dites-vous après avoir dit bonjour ?*, Tchou, 1999.

Blanc M.-A., Disquay M.-P., *Toute la fonction commerciale*, Dunod, 2e éd., 2012.

Caron N., *Vendre aux clients difficiles*, Dunod, 4e éd., 2012.

Cialdini R., *Influence et Manipulation*, First Éditions, 2e éd., 2004.

Collignon G., *Comment leur dire... : La Process Communication*, InterÉditions, 2005.

Collignon G., Legrand P., *Coacher avec la Process Communication*, InterÉditions, 2e éd., 2010.

Debordes P., *Le coaching efficace des commerciaux*, Dunod, 2e éd., 2006.

Dugas L., Jourdan B., *La vente complexe*, Dunod, 2003.

Dugay N., Horwitz L., Lacombe S., Mounissens G., *Transformez vos meilleurs prospects en clients réels*, Éditions Maxima, 2012.

Fischer R., Ury W., *Comment réussir une négociation*, Seuil, 3e éd., 2006.

Fraysse H., *Manuel de l'ingénieur d'affaires*, Dunod, 4e éd., 2005.

Granadel J.-F., *Vendeurs, mettez-vous en scène – les techniques du théâtre appliquées à la vente*, Dunod, 2003.

Heusschen P., Perrotin R., *Acheter avec profit*, Éditions d'Organisation, 2006.

Jezequel B., Gérard Ph., *La boîte à outils du responsable communication*, Dunod, 2e éd., 2012.

Joule R.-V., Beauvois J.-L., *Petit traité de manipulation à l'usage des honnêtes gens*, PUG, 2004.

Kahler T., *Communiquer, motiver, manager en personne*, InterÉditions, 2e éd., 2006.

Le Deuff H., *Entraînement mental du sportif*, Amphora, 2002.

Lellouche Y., Piquet F., *La négociation acheteur/vendeur*, Dunod, 2e éd., 2010.

Mehrabian A., *Non Verbal Communication*, Adline, 1972.

Moulinier R., *Le livre du chef des ventes*, Éditions d'Organisation, 2006.

Petit Ph., *Toute la fonction Achat*, Dunod, 2e éd., 2012.

Petit Ph., Canonne S., *La Boîte à outil de l'acheteur*, 2e éd., Dunod, 2013.

Ury W., *Comment négocier avec les gens difficiles : de l'affrontement à la coopération*, Seuil, 3e éd., 2006.

Van Laethem N., Lebon Y., Durand-Megret B., *La boîte à outils du responsable marketing*, Dunod, 2e éd., 2012.

Van Laethem N., *Toute la fonction Marketing*, Dunod, 2005.

Vendeuvre F., Beaupre Ph., *Gagner de nouveaux clients*, Dunod, 3e éd., 2008.

Welch J., *Winning*, Harper & Collins, 2003.

Webographie

www.abc-prospection.com

www.actionco.fr

www.airplus.com

www.coallis.com

www.focusco.fr

www.france-prospect.fr

www.frederic-chartier.com

www.iprospects.fr : « Réussir une stratégie marketing B to B, par les nouveaux médias », Cyrille Gouyette, octobre 2007

www.journaldunet.com

www.kompass.fr

www.kcf.fr : pour réaliser votre profil Process Com® en ligne

www.siriusdecisions.com

58761-(III)-(2)-CSB 100-2572-BPA-JME - Depôt légal: mars 2013, suite du tirage juin 2015
Imprimé en Espagne par Unigraf S.L.